**Données de catalogage avant publication (Canada)**

Allard, Carole-Marie, 1949-
   Lavalin: Les ficelles du pouvoir
   Comprend des références bibliographiques.
   ISBN 2-920176-89-7

   1. Lamarre, Bernard, 1931-   . 2. Lavalin inc. -
Histoire. 3. Chefs d'entreprise - Québec (Province)
- Biographies. I. Titre.
   HC112.5.L35A44 1990   338.092   C90-096523-1

© *Les Éditions JCL inc., 1990*
*Édition originale: novembre 1990*

# LAVALIN
# LES FICELLES DU POUVOIR

*Éditeurs*
LES ÉDITIONS JCL INC.
CHICOUTIMI (Québec) Canada
Tél.: (418) 696-0536

*Illustration de la page couverture*
MAURICE GERVAIS

*Maquette de la page couverture*
ALEXANDRE LAROUCHE

*Révision linguistique*
ROLAND BOURDEAU
MARIE-JOSÉE DROLET

*Technicienne à la production*
JUDITH BOUCHARD

*Dépôts légaux*
4ᵉ trimestre 1990
Bibliothèque nationale du Québec
Bibliothèque nationale du Canada

*ISBN*
2-920176-89-7

---

*Distributeur pour le Canada*
**LES MESSAGERIES ADP**
955, rue Amherst
MONTRÉAL (Québec), Canada
H2L 3K4
Téls: (514) 523-1182
1-800-361-4806
Télécopieur: (514) 521-4434

*Distributeur pour la France*
**HISTOIRE ET DOCUMENTS**
5, allée des Battues
94431 CHENNEVIÈRE-SUR-MARNE
CEDEX
FRANCE
Téléphone: (1) 45-76-77-41
Télécopieur: (1) 45-93-34-70

# Carole-Marie Allard

# LAVALIN
# LES FICELLES DU
# POUVOIR

**JCL**
**éditions**

# REMERCIEMENTS

Je remercie, pour leur confiance, toutes ces personnes
qui ont accepté de m'accorder des entrevues.
Un merci bien spécial aux employés de la Tribune de la
presse parlementaire, à ceux de la Bibliothèque du
Parlement, et tout particulièrement à Robert Chamberot,
pour son aide précieuse dans la cueillette des données de ce
livre. À tous ceux qui m'ont encouragée à poursuivre au
cours de ces trois années qu'a duré ce projet: Yves
Bellavance, compagnon de travail à Télémédia, Claude
Lévesque, journaliste au journal *Le Droit*, Michel Vastel qui
venait de terminer lui-même un ouvrage, Clinton Archibald,
professeur à l'Université d'Ottawa, Patricia Dunberry, avocate et amie qui a patiemment revu et corrigé les premières
épreuves, Yves Gagnon, à qui il a fallu beaucoup de
diplomatie pour me convaincre de continuer, mon éditeur
Jean-Claude Larouche, qui m'a fourni un nouveau souffle
ainsi qu'à toute son équipe, je veux témoigner ma gratitude.
Ce livre n'aurait pas été le même sans la participation de ma
grande amie Lucie Gravel, restée journaliste dans l'âme et
dont le jugement éditorial aurait été irremplaçable.
Elle seule sait à quel point.
Enfin un merci encore plus spécial à Richard Evoy
pour son amour, son aide et sa patience.

**L'auteure**

*À ma mère,*
*Rose-Hélène Dubois-Allard.*

# TABLE DES MATIÈRES

# PRÉFACE

Quand Carole-Marie Allard m'annonça, il y a trois ans, qu'elle voulait écrire un livre sur Lavalin et Bernard Lamarre, je n'hésitai pas un seul instant à l'encourager.

Bien sûr, la tâche m'apparaissait gigantesque à cause des multiples facettes de la plus importante entreprise de génie-conseil au Canada et de la complexité du personnage qui dirige les destinées de Lavalin depuis 1962. Toutefois, je ne doutais pas du succès de son projet car je la savais courageuse, déterminée et fonceuse, capable d'aller jusqu'au bout pour réaliser une ambition, un rêve... un peu comme Bernard Lamarre, quand il court après un contrat.

— Es-tu commanditée par Lavalin? lui demandai-je après quelques moments d'hésitation.

— Il n'en est pas question. Ça sera mon livre à moi, pas celui de Lavalin.

Le manuscrit que m'a fait parvenir l'éditeur Jean-Claude Larouche pour écrire la présente préface m'a conquis. Je l'ai lu d'un trait, en une journée.

Le livre est écrit comme je les aime. Le style est direct, vivant et alerte. L'approche est concrète et accessible. Le texte fourmille d'anecdotes et d'exemples qui aident à mieux comprendre l'homme derrière les faits d'armes de Lavalin, tant au Québec et au Canada qu'à l'étranger.

Cet ouvrage est en réalité un reportage exhaustif sur les grandes réalisations de Lavalin et sur les stratégies, les batailles et les jeux de coulisses de son président, mais aussi sur certains échecs et certaines bavures de cet homme ambitieux, qui ne recule devant personne pour parvenir à ses fins et devant qui très peu de gens résistent.

Ce récit fournit également un bon éclairage sur la détermination acharnée, la combativité exceptionnelle et l'habileté remarquable du principal actionnaire et président de Lavalin. Bernard Lamarre, qui personnifie le mariage réussi de l'ingénieur et de l'entrepreneur, poursuit également l'imposant défi de diversifier sa firme de génie-conseil dans la construction et la fabrication.

Le livre lève également le voile sur l'imposant réseau de relations d'affaires qu'entretient minutieusement le maître absolu de Lavalin, un réseau complexe formé de ministres et d'ex-ministres de divers gouvernements et de différents partis politiques, d'ex-confrères de Polytechnique, d'associés indéfectibles, d'amis inconditionnels dans la haute fonction publique et d'appuis solides dans plusieurs sphères de la société.

Enfin, cet ouvrage éclaire sur le modèle québécois de développement économique, que caractérisent la forte complicité de l'État et de l'entreprise privée et les relations privilégiées que les gens d'affaires et les politiciens entretiennent soigneusement.

**Jean-Paul Gagné**
Journal Les Affaires

# AVANT-PROPOS

Ce livre n'est pas un ouvrage d'analyse. Il raconte une histoire ou plutôt deux: celle du grand patron de Lavalin, Bernard Lamarre, et celle de Lavalin à travers lui.

Le lecteur ne doit pas se surprendre des accrocs à l'ordre chronologique puisque les chapitres suivent un ordre thématique; il retrouvera Bernard Lamarre en train de négocier et au même moment de réaliser des contrats à Montréal, en Ontario, en Algérie, au Niger, et même en Indonésie. Qu'il ne s'étonne pas surtout! Il découvrira en lisant ce livre que le patron de Lavalin n'est pas un homme ordinaire et que son omniprésence ne représente qu'une seule des nombreuses facettes de sa personnalité.

Pourquoi cette histoire de Bernard Lamarre? J'étais fascinée de découvrir comment un Québécois avait pu réussir de façon aussi spectaculaire. Étant saguenéenne moi-même, tout comme lui, j'avais une autre raison. Également, à titre de journaliste, j'étais désireuse d'approfondir à mon goût un sujet que je considérais important et, ainsi, de m'éloigner de la superficialité de la couverture quotidienne.

Pourquoi Lavalin? Par curiosité d'abord. Ensuite, pour mieux comprendre les rouages d'une telle organisation et pénétrer dans ce monde d'hommes, afin de raconter une histoire avec une approche et une sensibilité de femme. Un homme l'aurait vue et racontée autrement, je le sais et je trouve ça normal.

La rédaction d'articles pour le journal *Les Affaires*, pendant près de deux ans, grâce à la compréhension du rédacteur en chef, Jean-Paul Gagné, m'a permis ce rapprochement avec le milieu des entrepreneurs. Mon travail de journaliste à la Chambre des communes, comme membre de la presse parlementaire, m'a donné cette compréhension du système politique fédéral et du système politique tout court, dont Lavalin est si souvent accusée de profiter.

Aussi ne faudra-t-il pas se surprendre que j'aie travaillé le sujet avec l'approche d'une journaliste: fouiller, questionner, jusqu'à ce que la vérité m'apparaisse enfin; percer le secret de la recette qui a fait de Lavalin le géant d'aujourd'hui.

Ce livre a été mené à terme grâce à la collaboration de dizaines de personnes. Il parcourt cinquante-cinq ans d'histoire et il est écrit au présent. Des conversations ont été recréées à partir d'une cinquantaine d'entretiens et de plusieurs centaines de documents.

C.-M. A.

## NOTE DE L'ÉDITEUR

*Les dialogues de ce livre ne correspondent pas toujours au mot à mot réel mais doivent être considérés par le lecteur comme une forme littéraire utilisée par l'auteure pour mieux résumer une situation, un événement ou nous faire mieux saisir les traits de caractère de chacun des personnages mentionnés.*

# PROLOGUE

Le président de Lavalin, Bernard Lamarre, n'arrête jamais. Ses journées de travail sont un feu roulant de réunions et d'entrevues habilement planifiées par sa secrétaire, Gisèle Dupont, et entrecoupées sans arrêt d'appels téléphoniques. Il aime être occupé, c'est sa façon de gérer ses affaires.

S'il s'accorde quelques instants de répit, ce vendredi vingt-huit octobre 1989, c'est pour célébrer la signature de ce protocole d'entente qui vient de donner le feu vert à la construction du plus haut édifice de Montréal. Un immeuble qui lui donnera accès, pour de bon, au Temple de la renommée.

Il regrette d'avoir attendu si longtemps pour s'engager à fond dans l'immobilier. Ce n'est qu'au début des années 1980 qu'il a décidé de ne plus tenir Lavalin à l'écart de ce secteur. Les employés de sa firme ont dessiné des plans de charpentes mais toujours pour les autres, continuant à ne dépendre que des projets en ingénierie. Quelle erreur de n'avoir pas compris plus tôt que l'immobilier avait permis l'édification de fortunes dont celles des frères Reichmann et de la famille Bronfman!

Les succès de Lavalin font pourtant plusieurs envieux. La firme possède de nombreuses raisons d'être fière de ses réalisations. Elle est devenue la plus importante firme d'ingénierie au Canada. Depuis 1988, elle se classe même parmi les dix plus grandes firmes de ce type au monde, d'après une revue américaine du New Jersey spécialisée dans les questions de génie[1] . Lavalin est première en Afrique, en Amérique latine et en Europe, deuxième aux États-Unis et troisième en Asie. Toujours selon ce magazine, la seule région du monde où elle est absente parce qu'elle a choisi de l'ignorer est le Moyen-Orient. La réussite est extraordinaire pour Lavalin et, par ricochet, pour l'image du Canada, mais Bernard Lamarre ne se console pas pour autant d'avoir négligé l'immobilier. La possession d'un tel immeuble dans les actifs de la compagnie à la fin des années 1960 aurait aidé à solutionner les nombreuses crises de croissance qu'elle a connues depuis.

Chaque jour apporte encore, en effet, sa part de surprises rappelant sans cesse que la partie n'est jamais finalement gagnée. Par exemple, dans l'aventure Maxim, une entreprise de camions d'incendie située au Massachusetts, Lavalin a englouti la somme faramineuse de onze millions de dollars. La prudence dont Bernard Lamarre avait fait preuve depuis le début de ses transactions avec les Américains n'a pu que s'accroître avec cette expérience. Lui qui a toujours été sur ses gardes a eu la preuve qu'il devait l'être encore plus. Lavalin n'avait pourtant payé que la somme symbolique d'un dollar pour cette acquisition en mai 1987. C'était encore trop puisqu'il a fallu investir sans cesse pour renflouer l'entreprise et éponger ses déficits. Deux ans plus tard, après avoir tenté sans succès de la vendre, Lavalin a dû s'avouer vaincue et prendre la décision de fermer Maxim.

L'immobilier n'est pas aussi risqué. À son avis, c'est devenu le meilleur investissement qui soit. Cette idée de posséder le plus haut édifice de Montréal ne date pas d'hier. Il l'a eue pour la première fois en 1958, au cours d'un voyage à New York avec son épouse, Louise. Lorsqu'il a levé la tête devant le *Rockefeller Center* et aperçu des gratte-ciel qui n'en finissaient plus, il en a gardé un souvenir mémorable. «*Seventy floors*», lui avait dit le gardien. Bernard Lamarre avait été impressionné par la puissance et la joie de vivre qui se dégageaient du lieu. Il fut séduit par le son «plaisant» du crissement des lames de patins sur la glace de la patinoire.

L'ingénieur qu'il était ne pouvait s'empêcher d'envier le concepteur du projet et son audace tout en hauteur. La réalité était là, lui aussi était capable d'en construire un, tout aussi haut. Mais à 27 ans, il avait d'autres chats à fouetter et bien des preuves à faire. Dix ans plus tard, il passait bien près de réaliser son projet.

Après avoir terminé Place Bonaventure, la firme Immeubles Concordia ltée convainc l'archevêché de Montréal de lui céder un bail emphytéotique de quatre-vingt-dix-neuf ans sur le terrain situé juste à côté du nouveau centre commercial. Bernard Lamarre, qui vient de participer à la construction du complexe, achète un sixième du terrain. Il revend sa part au même groupe d'actionnaires trois ans plus tard, ayant perdu confiance dans leur capacité de réaliser le projet.

En 1981, un de ses ex-associés de 1967 lui propose d'acheter, seul cette fois, le même terrain toujours grevé d'un bail emphytéotique. Bernard Lamarre veut bien, mais son banquier n'est pas d'accord pour y financer une construction. S'il désire réaliser son projet, il doit d'abord acheter le terrain de l'archevêché.

Sa campagne auprès de l'archevêque de Montréal, Monseigneur Paul Grégoire, part du bon pied. Un comité est créé pour trouver un compromis afin que Lavalin puisse acquérir la propriété. Bernard Lamarre obtient la promesse, mais verbale seulement. Fort de cette assurance, optimiste comme pas un, il acquiert le bail emphytéotique. Quelques semaines plus tard, il tombe des nues en apprenant que le prélat a changé d'idée: «Monseigneur ne veut plus le vendre.»

Bernard Lamarre est furieux. Il hausse le ton sans succès; Monseigneur refuse de revenir sur sa décision. Il passe bien près de poursuivre l'archevêque en justice pour rupture de promesse, mais la crainte de passer pour un mauvais sujet dans l'opinion publique l'emporte. Il ne lui reste qu'à faire de son mieux pour rentabiliser la propriété, tout en maintenant, dans l'intervalle, ses discussions avec Monseigneur:

«Nous perdons 300 000 $ par année avec ce terrain parce

que nous sommes incapables d'avoir votre permission pour y ériger une bâtisse. Si nous construisions un édifice, cela vous rapporterait beaucoup d'argent puisque vous en deviendrez propriétaire en l'an 2067. De nous coincer de cette façon ne nous avance ni l'un ni l'autre. La solution serait que vous acceptiez de nous le vendre ou de vous joindre à nous en échange d'un pourcentage dans le projet.

— Je ne suis pas pressé de voir s'ériger une construction sur ce terrain et je ne crois pas qu'il serait opportun pour le diocèse de s'impliquer dans une telle transaction financière actuellement», de répondre Monseigneur Grégoire.

Toutes les tentatives de Bernard Lamarre pour le faire changer d'idée échouent. Le terrain est transformé d'abord en stationnement, puis en terminus d'autobus pour la Société de transport de la Rive-Sud de Montréal (STRSM). L'ingénieur se décide, en désespoir de cause, à concentrer son attention sur un projet plus accessible. Lavalin érige, en copropriété avec La Laurentienne, un édifice de vingt-cinq étages, boulevard René-Lévesque, en plein cœur du quartier des affaires. Le 1100 a fière allure. En 1985, Lavalin y emménage tous ses effectifs. Le logo de La Laurentienne orne le sommet de l'édifice, tandis que le nom de Lavalin se trouve bien campé à l'entrée, en lettres dorées. Une colossale sculpture en fonte d'allure totémique, de 13,5 mètres, œuvre de Robert Roussil, témoigne de la passion du président de Lavalin pour les arts et les artistes.

Bernard Lamarre n'a pas trouvé important de s'installer à un endroit où il aurait pu contempler Montréal; de toute façon, il n'en aurait pas eu le temps. Il a choisi le cinquième et s'est aménagé un espace à son goût: une grande salle d'attente décorée avec des tons de bleu froid et de rose donnant accès directement à une large salle de conférences où l'une de ses toiles préférées, *Le sex machine* de Guy Montpetit, est omniprésente dans la pièce. Ce lieu de réunions, où le regard peut s'attarder à loisir sur la sculpture d'Ulysse Comtois et les tableaux signés Borduas, Riopelle, Hurtubise, Jask Bush, ses œuvres préférées, donne directement sur son propre bureau qu'il a voulu petit, contrairement aux usages du milieu. Il travaille donc le plus souvent dans cette grande salle, où tablettes de travail et calepins règnent en maîtres au centre de la grande table ovale faite d'acajou rouge.

L'architecte Dimitri Dimakopoulos, un Montréalais d'origine grecque, a insisté pour provoquer le temps en oxydant le cuivre afin d'imiter la patine, ce vert-de-gris qui se forme sur le cuivre à l'air humide, afin que l'édifice se marie davantage avec son environnement immédiat, soit le toit de la cathédrale Marie-Reine-du-Monde, la statue géante de Sir John A. Macdonald dans le parc adjacent, l'édifice Sun Life et le vieil hôtel Windsor: «Mon concept est vert, si nous laissons l'édifice tel quel, ça va prendre vingt ans avant que cette couleur apparaisse», a plaidé l'architecte. L'édifice détonnait dans cet environnement avec le miroitement agressif de son cuivre sous l'éclat du soleil.

Bernard Lamarre a recommandé la dépense de 500 000 $ après avoir constaté *de visu*, au cours d'une promenade avec son épouse un dimanche après-midi, la justesse des propos de l'architecte. Sa fierté vis-à-vis son immeuble l'a emporté. Il n'allait pas lésiner sur une question d'argent. Cette réputation de grand patron des arts qu'il s'est bâtie dans la communauté montréalaise et, surtout des arts visuels, lui impose le bon goût.

Quelle n'est pas sa surprise de découvrir, en 1987, que les réticences des banquiers concernant la construction sur les terrains grevés de baux emphytéotiques ont disparu! Les détenteurs de capitaux ont retrouvé confiance dans l'économie de la métropole et acceptent maintenant de financer le projet.

Bernard Lamarre ne se le fait pas dire deux fois. Il est pressé. Les rumeurs selon lesquelles la hauteur des édifices au centre-ville pourrait décroître à brève échéance l'incitent à procéder sans plus attendre. Il décide de construire son gratte-ciel et de se réconcilier avec Monseigneur Grégoire.

La recherche de partenaires pour mettre en chantier le plus haut édifice de Montréal, 232 mètres au-dessus du niveau de la mer, presque aussi haut que le sommet du mont Royal, qui atteint 232,56 mètres, aboutit quelques mois plus tard. L'objectif est de faire du 1000 de La Gauchetière un édifice où la qualité de vie sera supérieure à celle des autres édifices du centre-ville, de façon à satisfaire les préférences des travailleurs les plus exigeants. Ses partenaires, Téléglobe Canada (30%) et BCED, une filiale de BCE (35%), approuvent sa décision de doter le gratte-ciel d'une patinoire accessible à longueur d'année, d'une grandeur équivalente aux deux tiers de celle du Forum de Montréal. Depuis que le médecin lui a imposé un régime sans sucre, sans gras et sans alcool, ce qui lui a fait perdre quinze kilos, Bernard Lamarre a compris l'importance de se garder en santé et d'aider les autres à le rester: une patinoire fera très bien l'affaire. Il insiste également pour que l'édifice soit entièrement réalisé par des Canadiens français. «Je suis disposé à recommander ton entreprise à la condition que tu confies le projet à tes collaborateurs, Olivier Legault et Louis Lemay. Tu vieillis, toi aussi! Je considère important que des jeunes dont les noms sont à consonance bien francophone aient l'occasion de se faire connaître dans la réalisation d'une œuvre de qualité», déclare-t-il à Dimakopoulos.

Le président de Lavalin n'a d'ailleurs aucune pitié pour les architectes québécois. Il considère que le Québec a perdu son âme en architecture. Dans tous les domaines, arts visuels, théâtre, cinéma, la culture québécoise est authentique, sauf en architecture où à son avis les Québécois n'ont pas de culture propre. «Au début de la colonie, on construisait des maisons extraordinaires, bien adaptées et capables de traverser le temps. Puis, on a fait des "quétaineries" dans les années 1950-1960. Les écoles, les hôpitaux sont horribles. Il y a peut-être quelques individus qui essaient de faire autre chose, d'évoluer, mais on n'a pas encore récupéré le temps perdu dans ce secteur[2] .»

Après une telle mise au point, il ne veut donc pas rater son coup. L'immeuble sera sobre et élégant avec un hall d'entrée impressionnant et des ascenseurs très performants. Il croit que ces deux éléments témoignent plus que tout de la qualité d'un édifice. La toiture doit aussi être en cuivre. Quant aux matériaux de recouvrement, ils seront les mêmes que ceux qui ornent la périphérie, soit un agencement de granit clair, de cuivre oxydé et de verre. La proximité du futur immeuble avec l'édifice Lavalin–La Laurentienne et, encore une fois, avec le toit de la Cathédrale, commande ce choix.

La hauteur le déçoit quelque peu car il l'aurait souhaité plus haut: au moins 70 étages, soi-disant pour le rentabiliser le plus possible; mais tous ceux qui le connaissent sont d'avis que ces étages supplémentaires auraient satisfait davantage ses ambitions. L'édifice devra se contenter de 51 étages hors-sol. Les urbanistes de la ville de Montréal ont imposé cette quasi-égalité avec le sommet du mont Royal, ce qui donne à Bernard Lamarre la consolation de constater que l'édifice sera tout de même le plus haut de la métropole. Il s'en est fallu de peu, cependant, car deux autres compagnies, IBM et Marathon, se sont pointées en même temps que lui pour en construire un, aussi haut, boulevard René-Lévesque. Mais la dénivellation aidant, le 1000 de La Gauchetière restera, dans les faits, le plus haut. Celui de IBM–Marathon aura 196 mètres entre sa base et son sommet, comparativement à 205 mètres pour la tour de Téléglobe Canada, BCE et Lavalin.

Une autre exigence des urbanistes a compliqué sa recherche de partenaires: le maintien sur les lieux du terminus d'autobus de la STRSM, qui fait craindre la présence de vapeurs d'essence dans l'édifice. Bernard Lamarre a dû leur démontrer, preuves à l'appui, qu'il n'en sera rien et que, de plus, les autobus resteront invisibles de la rue de La Gauchetière où sera située l'entrée de l'édifice: «Je suis tellement convaincu qu'il n'y aura pas de problèmes que j'offre, au nom de Lavalin, d'occuper les 15 premiers étages. De cette façon, s'il y a des vapeurs, nous en subirons les conséquences.»

Du Bernard Lamarre tout craché! Lorsqu'il s'implique dans un projet il y croit tellement que tout le reste devient secondaire, momentanément bien sûr. S'il doit annoncer que Lavalin déménagera tous ses effectifs pour convaincre ses partenaires, il n'hésitera pas: un édifice loué a plus de valeur que vide et il reste bien du temps avant le déménagement.

PHOTO: LASZLO

*De g. à dr.: Bernard Lamarre, J.V. Raymond Cyr, prés. et chef de la direction de BCE inc., Jean-Claude Delorme, prés. et chef de la direction de Téléglobe Canada inc., Michel E. St-Cyr, v.-prés., Corporation de développement de BCE inc.*

S'il faut lui donner une structure d'acier plutôt que de béton, Bernard Lamarre préfère ce matériau pour accélérer les travaux et réduire les coûts, allons-y! Que l'archevêché et non ses descendants en devienne propriétaire en l'an 2067 ne lui fait pas plaisir mais s'il le faut, tant pis si Monseigneur Grégoire peut se vanter d'être l'un des seuls à lui avoir résisté jusqu'à présent.

Des concessions, Bernand Lamarre en a faites et il en fera encore. Ainsi, même s'il est convaincu que l'immobilier est le meilleur investissement, il se peut que les fluctuations économiques l'obligent à modifier ses plans. Jamais il n'acceptera de laisser ses investissements en immobilier mettre en péril la mission première de l'entreprise qui reste l'ingénierie.

L'immobilier est un filet de sécurité pour Lavalin et rien d'autre. S'il devient autre chose, on agira en conséquence. Que tous se le tiennent pour dit.

Toute sa vie, Bernard Lamarre s'est montré têtu. Même s'il fait des compromis, il vise le produit final et protège jalousement son pouvoir. L'entreprise Lavalin n'a eu qu'un commandant avec de fidèles lieutenants et un seul slogan: «À l'impossible, Lavalin est tenue.» Cette conviction, Bernard Lamarre l'a acquise très jeune.

## RÉFÉRENCES DU PROLOGUE

1.  Charles T. Pinyan, «The top 200 International Design Firms», *ENR Engineering News-Record*, numéro spécial, août 1989, Hightstown, New Jersey. «Canada's most important contribution to The Top 200 is not the size of its billings but its status as home base for Lavalin Inc., Montreal, the top-ranked firm for the second consecutive year. Lavalin boosted its foreign billings by a third, making the top 10 in all regions except in the Middle East, and was the top earner in Europe, Africa and Latin America.»

2.  Michel Ouellet, «La culture québécoise est la seule culture canadienne authentique», *Québec Match,* numéro spécial.

3.  Mariane Favreau, «Le futur gratte-ciel, rue de La Gauchetière, sera terminé dans les délais prévus», *La Presse*, 1er novembre 1989.

# Chapitre 1

# TEL PÈRE, TEL FILS

En novembre 1964, la sonnerie du téléphone retentit chez William Gravel, un ingénieur respecté de Chicoutimi. Bernard Lamarre est au bout du fil pour réclamer son aide. Son père, Émile Lamarre, entrepreneur de Jonquière, est incapable de terminer le contrat d'agrandissement du Séminaire de Chicoutimi. Le gouvernement du Québec vient d'acheter le Séminaire pour en faire un collège d'enseignement général et professionnel (cégep) et il a décidé de l'agrandir.

Monsieur Lamarre s'est retrouvé avec des milliers de mètres cubes de béton à couler avant l'hiver, trois cents hommes à diriger et cinq contremaîtres qu'il n'a jamais vus de sa vie. Comble de malchance, la pluie n'arrête pas de tomber.

Les responsables de Dauphinais & Bélanger, la firme chargée de superviser les travaux pour le compte du Séminaire, se montrent intraitables. Ils ont des exigences qui, de l'avis d'Émile et de son fils Pierre, devenu son bras droit, transforment le contrat en un gouffre financier pour Lamarre Construction. Un déficit d'au moins 400 000 $ est déjà prévu. Les superviseurs menacent en plus de demander à quelqu'un d'autre de terminer les travaux et de saisir l'équipement sur le chantier. C'est le début de la guerre juridique. Lamarre Construction veut demander une injonction pour les forcer à rouvrir le contrat et à dédommager la compagnie[1].

Bernard Lamarre, qui pilote le dossier depuis Montréal,

veut s'assurer de la collaboration de son ami William Gravel: «Accepterais-tu de témoigner pour nous contre le Séminaire de Chicoutimi? Tu serais notre témoin-expert.» Toujours très heureux de pouvoir l'aider, William n'a pas à réfléchir long-temps. Si son ami a besoin d'aide, il peut compter sur lui.

William a connu Bernard à l'École polytechnique de Mon-tréal en terminant son cours en génie civil. Après avoir découvert leur origine commune, Chicoutimi, ils se lient d'amitié et reçoivent leur diplôme, la même année, en 1952. William retourne au Saguenay à la fin de ses études. Sa personnalité plutôt effacée le fait se sentir plus à l'aise dans un petit royaume. La preuve, c'est qu'il y est encore.

Pour Bernard Lamarre, c'est l'inverse. C'est par nécessité, pour aller étudier, qu'il a mis les pieds dans la métropole en 1944. Lorsque l'occasion de retourner au Saguenay se pré-sente à nouveau, en 1955, il choisit Montréal et, ce faisant, il dit non à son père qui compte sur lui pour prendre la relève au Saguenay.

Cet attrait pour Montréal, Bernard Lamarre l'a toujours considéré comme un juste retour des choses: il aurait tout aussi bien pu naître dans la métropole. Le hasard a voulu que ce soit au Saguenay.

Son père Émile y émigre en 1927 après avoir obtenu, par le biais d'une annonce parue dans un journal, un emploi d'ingénieur-arpenteur à Chicoutimi. Ce type d'emploi est plutôt rare dans la métropole. Son but est de rentrer à Montréal où l'attend son amie, Liliane Baillargeon, aussitôt après avoir passé ses examens d'arpenteur. La vie au Saguenay ne l'enthousiasme guère, dès le départ. Il s'ennuie. Il ne boit pas, ne danse pas, ne chante pas et cause peu. Ses seules passions sont l'automobile et l'écriture[2]. Il écrit beaucoup à sa famille et c'est au cours de ses nombreux arrêts au bureau de poste de Chicoutimi qu'il s'éprend secrètement de la maîtresse de poste. «Blanche Gagnon ne manque pas de noter les visites de plus en plus fréquentes de ce jeune homme bien mis, gêné et un peu maladroit, qui ne parle pas vraiment avec l'accent du Saguenay et qui tranche sur les autres clients par la politesse de ses manières. Elle a aussi remarqué, mais sans y attacher trop d'importance, l'automobile toute neuve qu'il stationne devant l'entrée principale[3].»

Alors âgée de vingt-trois ans, elle est plutôt rébarbative. Elle croit à l'importance d'une carrière et refuse de l'abandonner pour devenir mère de famille. La contraception n'étant pas populaire à l'époque, un couple dont l'union n'est pas rompue par le décès de l'un des deux conjoints a en moyenne de dix à douze enfants. Blanche croit qu'en retardant le plus possible l'heure du mariage, elle pourra éviter d'en avoir autant. Ses parents lui font également des mises en garde: se méfier des étrangers, se garder des légèretés et se protéger contre les automobilistes.

L'ardeur d'Émile vient à bout de ses réticences. À l'automne 1929, ils sont amoureux. L'année suivante, le couple se marie et quitte pour les États-Unis en voyage de noces: ce sera la seule fois que Blanche mettra les pieds en dehors du Québec. Bernard vient au monde le six août 1931, soit neuf mois après le mariage, dans un appartement situé au deuxième étage du 62, rue Bossé Ouest, à Chicoutimi. Deux ans plus tard, la famille part pour Montréal. Émile a perdu toutes ses économies dans une association conclue avec un ingénieur de Chicoutimi du nom de Louis Joron. Il juge le moment opportun d'y retourner définitivement. Son père, Joseph-Léon Lamarre, qui a d'ailleurs seize enfants, possède plusieurs entreprises dont une fonderie à Rosemont. Il ne demande pas mieux que de l'aider à passer à travers la grave crise économique que traverse le Québec depuis la dépression de 1929.

En 1936, Blanche, qui s'accommode très mal de sa nouvelle vie, somme son mari de rentrer au Saguenay. Émile Lamarre répond encore une fois à une annonce parue dans la presse montréalaise et devient ingénieur pour la ville de Jonquière. La famille s'installe dans une maison située au 247, rue Saint-François[4], maison qu'elle n'habitera qu'un an

28

*Émile Lamarre, novembre 1948*

avant d'emménager dans une bonne maison de brique, sise cette fois sur la rue Saint-Dominique, au coin du Vieux-Pont[5], qui restera le dernier domicile des Lamarre au Saguenay. Émile profite par la suite de la période de prospérité que connaît la région depuis l'installation de la compagnie Alcan à Arvida pour remettre sa démission à la ville de Jonquière et fonder, en 1944, sa propre compagnie de construction.

C'est l'année où Bernard quitte le foyer familial pour faire connaissance pour de bon avec Montréal. Il est maintenant âgé de treize ans et doit entrer au collège Mont-Saint-Louis afin de se préparer à devenir ingénieur, une profession que ses parents ont choisie pour lui. La formation scientifique du collège permet justement de s'inscrire tout de suite en deuxième année à l'École polytechnique, l'institution qu'il compte fréquenter. Il a déjà toute la préparation qu'il lui faut pour réussir. Il a grandi à l'enseigne de la discipline et du travail. Il a vu son père se démener sans compter et s'afficher à la fois comme arpenteur-géomètre, ingénieur-conseil et entrepreneur général. Dès l'âge de cinq ans, il a commencé à le suivre, tel un chien de poche, dans ses travaux d'arpentage et d'ingénierie. Il l'a vu travailler nuit et jour pour réussir.

C'est l'influence de sa mère qui a le plus marqué Bernard. Dans son foyer, c'est elle la patronne: «Si en plus d'apporter l'argent, il faut que le père ait de l'autorité, on n'en finira plus», l'a-t-il entendue déclarer plus d'une fois. Tenace, courageuse, opiniâtre, personne n'ose la contester, y compris Émile qui lui laisse l'éducation des enfants.

La maison familiale de deux étages est une véritable ruche. Elle abrite la famille d'Émile et son bureau. Très croyante, soumise aux préceptes de sa religion, Blanche accepte maintenant de bon cœur ces êtres que lui donnent la nature et le Bon Dieu, mais ne confond cependant pas pour autant Dieu et le clergé. Elle ne rêve pas d'avoir un jour «son prêtre» ou «sa religieuse», préférant de beaucoup voir ses enfants embrasser une profession libérale qui leur donnera la sécurité professionnelle et matérielle. Lorsque l'un d'eux, François, lui annonce qu'il veut devenir prêtre, elle se rend chez le curé pour lui dire qu'à son avis, il ferait un bien meilleur prêtre s'il terminait d'abord son cours de droit. François perd la vocation en cours de route...

Blanche n'est connue que du boucher, du boulanger et du curé car, à part sa sortie quotidienne pour assister à la messe le matin, elle met à peine le nez dehors. Sa sévérité est un trait marquant de son caractère. Elle inculque à ses enfants l'idée que pour assurer leur avenir, ils ne doivent pas dépendre des autres mais ne compter que sur eux-mêmes. Très tôt, Bernard se sent forcé de se débrouiller seul. Blanche est aussi incapable de tolérer que ses enfants s'amusent. Les jeux et autres loisirs sont pour elle une perte de temps. Pour les pousser à l'étude, elle confie aussitôt à ceux qui n'ont pas le nez dans les livres, les tâches ingrates qui ne manquent pas à la maison. Elle n'hésite pas non plus à fermer la porte aux amis et à soustraire sa marmaille le plus possible aux influences externes. En dehors de l'école, leur vie se déroule surtout au foyer. Il n'est pas surprenant pour les voisins de voir les Lamarre (en 1944, la famille compte huit enfants) assis sur la galerie après le souper en train de feuilleter des livres plutôt que de jouer à cache-cache. Les filles ont droit au même traitement que les garçons. Blanche ne fait pas de passe-droits. Lorsqu'elle les sent prêts à entreprendre leur première année, elle n'a aucun remords à falsifier leur baptistère pour les faire entrer à l'école. À titre d'aîné, Bernard a été le premier à vivre l'expérience. Grâce à cette insistance de sa mère sur les études plutôt que sur les distractions il se sent très bien préparé à affronter les classes supérieures.

Avec un milieu familial aussi contraignant et sévère, il n'est pas étonnant que Bernard soit à ce point soulagé de s'en éloigner. De plus, Jonquière est, à l'époque, une ville ouvrière dont les habitants sont de conditions très modestes. D'ailleurs, pour contribuer aux finances de la famille appauvrie par la guerre, Blanche a décidé d'admettre des chambreurs dans sa maison: toute la famille vit littéralement au sous-sol,

*Blanche Gagnon-Lamarre, novembre 1948*

n'utilisant le rez-de-chaussée que pour le bureau d'Émile et la salle à dîner. Le jeune adolescent de treize ans a donc plusieurs raisons d'apprécier Montréal et de s'y sentir heureux.

La possibilité de satisfaire son besoin d'apprendre lui est offerte à Mont-Saint-Louis où il côtoie des génies dont le frère Robert des Écoles chrétiennes. Grand scientifique, docteur en mathématiques, celui-ci a déjà enseigné au père de Bernard et le prend sous son aile. Sans l'avoir cherché, le jeune Lamarre se retrouve sous la protection particulière du professeur le plus brillant de toute l'institution. Lorsqu'il se rend compte que la somme des angles d'un triangle compte toujours 180 degrés, le futur ingénieur a soudain l'impression de posséder la clé pour la compréhension du monde.

En plus des mathématiques, il emmagasine, grâce au frère Robert, des principes de vie dont il se rappellera plus tard. Un jour que le frère quitte la classe exprès pour tester l'honnêteté de ses étudiants à un examen, ces derniers en profitent pour tricher. Il revient en compagnie de trois autres professeurs qu'il prend à témoins: «Venez voir des gars qui se sont évertués à tricher pour un examen que je ne corrigerai pas.» Penauds et repentants, Bernard et ses compagnons retiennent la leçon. Ils apprennent à ne pas être naïfs et à se méfier de la facilité.

Dans la métropole, Bernard retrouve également son grand-père, Joseph-Léon Lamarre, dont l'influence sera, elle aussi, déterminante. Tous les dimanches, pendant plusieurs années, il lui rend visite à sa maison, située rue Saranac à Notre-Dame-de-Grâces. Il a le privilège d'un tête-à-tête de plusieurs heures avec lui après le déjeuner.

Les conseils désintéressés de cet entrepreneur à la retraite, qui a quitté l'école après sa quatrième année, marquent profondément la pensée de l'adolescent. Joseph-Léon Lamarre a, en effet, bien des choses à raconter. Il a débuté à treize ans comme menuisier, est devenu entrepreneur en construction et en rénovation, puis a acheté une ferronnerie et une fonderie qu'il a cédées à deux de ses fils lorsque la santé lui a fait défaut. Ce sont des histoires passionnantes qui habituent Bernard à la compagnie de personnes plus âgées. Il y prend goût. Les jeunes de son âge n'ont, pour toutes conversations, que des sujets reliés aux sports de tout acabit! Lui n'est pas sportif. Il n'a jamais joué au hockey et il patine «sur les bottines», ce qui lui vaut les sarcasmes de ses compagnons. Dans le journal de graduation de la promotion, l'un d'entre eux le taquine: «Bernard Lamarre excelle dans tous les sports mais, comme arbitre...» Plus tard, ses détracteurs le surnommeront le «Wayne Gretzky» du génie-conseil canadien[6]!...

À seize ans, il fait son entrée à l'École polytechnique située, à l'époque, au coin des rues Saint-Denis et Sainte-Catherine, et se retrouve en deuxième année de génie civil. Sa facilité d'apprendre et sa jovialité font en sorte qu'il ne passe pas inaperçu. Même s'il prend rarement les devants pour animer ou organiser un événement, il aime le plaisir et la bière si bien qu'il est toujours de la partie. Le *Sphynx*, une taverne à proximité de l'école, est le témoin fidèle de la gaieté des futurs ingénieurs. L'École polytechnique fournit à Bernard un important réseau de contacts qu'il sera à même d'apprécier plus tard. C'est là qu'il fait la connaissance de Claude Rouleau et de Marcel Dufour avec qui il restera lié toute sa vie. Ses autres compagnons les plus proches sont Jacques Perrault, Yves Beauregard, Donald Laplante et Jean-Louis Bourret[7].

Même s'il est plutôt timide avec les femmes, Bernard décide du choix de la compagne de sa vie avant même de terminer ses études en génie. La croisière où il fait la connaissance de Louise Lalonde, en 1950, demeurera un souvenir précieux. Jamais il ne se serait douté, en embarquant avec une centaine d'autres étudiants sur ce navire grec pour un pèlerinage à Rome, afin de commémorer l'Année sainte, que son avenir se trouverait aussi définitivement scellé. Il a dix-neuf ans, elle vingt et un ans[8]. Elle est infirmière et fille d'ingénieur. Elle a laissé un amoureux sur le quai de Montréal, mais elle est intriguée par l'intérêt de ses amies envers cet étudiant en génie qui est du voyage également. «Tu peux te tenir tranquille, tu en as déjà un!»

Bernard Lamarre l'a remarquée lui aussi. Le navire vient à peine de quitter le port qu'il commence à rôder autour d'elle. Lorsqu'il s'approche de la chaise longue sur laquelle elle est étendue, pour faire un brin de causette, elle le rabroue: «Va-t-en, tu sens la "grosse bière".»

La remarque le surprend, mais il ne se laisse pas démonter. Au contraire, il choisit d'en rire, il a déjà découvert que le rire est son meilleur allié, et redouble d'ardeur pour engager la conversation. L'allure réservée de Louise et ses sourires espiègles lui conviennent parfaitement. La traversée dure dix jours. À leur arrivée à Rome, elle est certaine que ce sera lui. Ils voyagent main dans la main pendant deux mois en Europe sous la surveillance de Madeleine Lamarre et Marielle Lalonde, leurs sœurs respectives. Au retour, Louise a un nouveau prétendant à présenter à ses parents: un test que le jeune Lamarre passe haut la main.

Lui qui a l'habitude de la compagnie de gens d'expérience se sent tout de suite à l'aise avec Jean-Paul Lalonde, le cofondateur de la firme Lalonde & Valois, que Louise a pourtant dépeint comme quelqu'un de très exigeant.

À la grande surprise de la jeune femme, les deux hommes s'entendent comme larrons en foire. Jean-Paul Lalonde, d'habitude peu loquace, devient tout à coup très volubile. Au fil des semaines, il apprécie tellement la compagnie de Bernard qu'il troque son traditionnel «Ginger Ale» pour une bière, dont Louise fait provision pour les visites de son prétendant.

L'odyssée de l'entreprise Lalonde & Valois, que Jean-Paul Lalonde a fondée en 1936 avec Roméo Valois, fascine le jeune Saguenayen. Jean-Paul Lalonde est d'autant plus enclin à en raconter l'histoire que les affaires vont bien en 1950.

L'association des deux hommes était prévisible en raison de leur personnalité respective. Jean-Paul Lalonde est le parfait technicien. Diplômé de l'École polytechnique en 1926, il est ingénieur en chef dans un prestigieux bureau d'ingénieurs-conseils de Montréal qui est en fait le Lavalin des années 1920: J.-M. Eugène Guay. Le jeune Lalonde rêve de mener sa propre affaire, mais sa hantise des relations publiques l'en empêche. Il est timide au point de se détourner pour ne pas saluer les gens qu'il connaît dans la rue.

Sans relations publiques, une firme d'ingénieurs a peu de chances d'obtenir des contrats du gouvernement, des entrepreneurs ou des architectes. Heureusement, Roméo Valois excelle dans le domaine. Détenteur d'une maîtrise en administration et en ingénierie obtenue en 1932 au prestigieux *Massachusetts Institute of Technology* à Boston, il est directeur des travaux à la Commission des écoles catholiques de Montréal. Il enseigne également l'organisation financière à l'École polytechnique. C'est donc un allié de choix qui se joint à Jean-Paul Lalonde pour faire naître l'entreprise.

Ces conversations avec Jean-Paul Lalonde représentent pour le jeune Lamarre un véritable cours d'histoire. Elles lui ouvrent les yeux sur le fonctionnement du système politique instauré par Maurice Duplessis. Sa prise du pouvoir en 1936 a mis un terme au long régime libéral très associé aux grandes compagnies anglaises. Jusqu'à cette date, les firmes d'ingénieurs-conseils indépendantes étaient presque inexistantes. Le marché québécois de l'ingénierie était dominé par quatre grandes firmes comptant chacune quelques centaines d'employés: Montreal Engineering qui sera connue plus tard sous le nom de Monenco, Shawinigan Engineering qui deviendra le Groupe Shawinigan, Acres, qui prendra au Québec, le nom de Rousseau Sauvé Warren & Associés et enfin Arthur Surveyer & Company qui deviendra SNC en 1947 afin de réfléter les initiales d'Émile Nenniger et Georges Chênevert, les deux autres associés de la firme.

Avec l'arrivée du nouveau régime Duplessis à Québec, naît la volonté d'ouvrir la porte aux génies canadiens-français. Le premier ministre veut aider les siens à devenir riches: «Puisque le favoritisme doit exister, autant qu'il serve aux nôtres[9].»

Bernard Lamarre apprend, par ses conversations avec

Jean-Paul Lalonde, l'importance de l'appui du pouvoir en place. Les deux associés, monsieur Lalonde et Roméo Valois, ont d'abord pu compter sur l'un des ministres de l'Union nationale, le ministre François Leduc, qu'ils ont aidé lors de l'élection de 1936. Nommé à la Voirie par Duplessis et à la tête d'un budget de cinquante millions de dollars, le ministre Leduc veut donner une expansion au réseau routier de la province pour satisfaire la nouvelle passion des Québécois pour l'automobile[10]. C'est le signal qu'attendaient Roméo Valois et Jean-Paul Lalonde pour fonder leur entreprise.

Lalonde & Valois obtient plus que sa part de contrats. Pour s'assurer du maximum de retombées, elle fonde l'année suivante, en 1937, une première filiale, la Compagnie nationale de forage et de sondage pour les études de sol.

La joie des deux associés est de courte durée, la malchance les guette. Dix-huit mois seulement après la prise du pouvoir par les unionistes, Lalonde & Valois perd son protecteur. En juillet 1938, Duplessis effectue une purge dans son gouvernement. Il dissout son cabinet. Tous les ministres, sauf François Leduc, sont assermentés à nouveau. Outré d'avoir été écarté de façon aussi cavalière, ce dernier quitte l'Union nationale pour siéger comme indépendant. Duplessis voulait s'en débarrasser[11].

Il n'y a pas que le départ du ministre Leduc qui vient tout chambarder, la guerre met aussi des bâtons dans les roues de l'entreprise Lalonde & Valois. Le gouvernement du Canada impose ses propres règles du jeu et restreint l'utilisation de certains matériaux de construction, dont l'acier. Plusieurs grands travaux doivent être abandonnés. Jean-Paul Lalonde et Roméo Valois insistent pour poursuivre leurs activités, envers et contre tous, en ne gardant que trois employés. La construction d'installations pour les ouvriers d'usines d'armement à Sainte-Thérèse-de-Blainville et l'allongement d'un quai à Halifax sont les seuls contrats obtenus pendant la guerre.

Cette décision de ne pas fermer boutique s'avère capitale et juste. Avant même la fin des hostilités, l'activité reprend chez Lalonde & Valois, grâce au ministre fédéral des Approvisionnements et des Munitions, Clarence Decatur Howe. Déjà, en 1938, lorsqu'il était ministre des Transports, C.D. Howe avait confié à Lalonde & Valois la préparation des plans et devis pour la construction d'un tunnel sous le canal Lachine à la hauteur de Côte-Saint-Paul à Montréal. Cette fois-ci, Lalonde & Valois obtient un important contrat de confection de plans de viaducs pour le Canadien National qui veut, au même titre que son compétiteur, le Canadien Pacifique, traverser l'île de Montréal.

Lalonde & Valois profite aussi de la décision du gouvernement du Québec, en 1942, de rendre l'instruction obligatoire jusqu'à quatorze ans, ce qui entraîne la construction de 4500 écoles à partir de 1948. L'expansion du réseau hospitalier québécois, à la même époque, suscite également un bouillonnement d'activités dans le monde du génie avec l'érection de 54 nouveaux hôpitaux. La firme participe, comme ingénieurs en charpentes, à la construction de plus de 35 d'entre eux à travers le Québec[12].

L'entreprise ne souffre pas de problèmes financiers car elle peut compter sur une dizaine d'architectes qui retiennent systématiquement ses services. Cette complicité entretenue avec un certain nombre de professionnels, qui font la pluie et le beau temps dans la province, suffit pour garantir des rentrées d'argent régulières dans les coffres de la compagnie. Les sources de revenus proviennent en effet de la vente d'acier d'armature. Payer les ingénieurs pour la fabrication de plans n'est pas encore une coutume établie. Un peu comme les médecins vendent des pilules à leurs patients pour récupérer leur dû, Lalonde & Valois donne ses plans et laisse à sa filiale, *Laval Steel*, le soin de vendre l'acier d'armature. La plupart des petits bureaux d'ingénieurs-conseils fonctionnent de la même façon.

Bernard Lamarre est encore bien jeune pour comprendre toutes les subtilités du monde des affaires. En 1952, lorsqu'il reçoit son diplôme, il n'a que vingt ans, ce qui le classe le plus

PHOTO: FAMILLE LAMARRE

*Mariage de Bernard Lamarre et de Louise Lalonde, 1952.*

jeune de sa promotion où la moyenne d'âge est de vingt-trois ans. En fait, il n'a même pas l'âge requis pour se présenter aux examens afin d'obtenir sa licence d'ingénieur. L'heure des décisions engageant son avenir est heureusement retardée. C'est à Londres qu'on lui offre de passer les prochaines années. Il remporte la bourse Athlone, offerte par le gouvernement britannique à des jeunes diplômés en génie.

La bourse Athlone, ainsi nommée en l'honneur du comte d'Athlone, gouverneur général du Canada de 1940 à 1946, a été instaurée officiellement en 1950. L'idée a été lancée en 1949 par Harold Wilson, alors ministre du Commerce extérieur de la Grande-Bretagne, au cours d'une visite au Canada. L'année suivante, une mission dirigée par un industriel britannique influent, Arthur Fleming, visite le pays, avec le mandat de définir les conditions d'admission à la candidature.

Curieusement, les capacités de leadership l'emportent sur les résultats scolaires pour le choix des candidats. Bernard Lamarre, qui a obtenu de bonnes notes puisqu'il s'est classé cinquième de sa promotion, n'a pas de problème ni d'un côté ni de l'autre. Les boursiers peuvent choisir d'effectuer un ou des stages dans des entreprises britanniques ou de poursuivre des études postgraduées dans des institutions telles que l'*Imperial College of Science & Technology* affilié à l'Université de Londres. Aucune restriction n'est imposée non plus par le gouvernement britannique sur l'état civil des boursiers. C'est le feu vert qu'attendaient Bernard et Louise pour se marier, le trente août de la même année, et pour partir en Angleterre. Bernard choisit de préparer une maîtrise sur le comportement plastique du béton, un matériau appelé à devenir très populaire chez les ingénieurs canadiens-français. Formé d'un mortier auquel on ajoute des granulats (sable et pierre), de l'air et de l'eau, le béton est très économique et très flexible. Il est beaucoup plus accessible que l'acier, un alliage de fer et de carbone qui demande un traitement de chaleur. Son beau-père, Jean-Paul Lalonde, a compris que le béton pouvait représenter le nerf de la guerre pour Lalonde & Valois. Il a donné lui-même le ton en utilisant ce matériau de mille et une façons lors de la construction d'une résidence secondaire à Sainte-Adèle au début des années 1940. L'Angleterre représente pour le jeune couple, qui vit en plein cœur de Londres, – le collège étant situé à un kilomètre et demi de Trafalgar Square, – un dépaysement total. Que de différences avec le Québec!... à commencer par la religion. Bernard a grandi dans la religion catholique, il a été éduqué par une communauté de frères au collège Mont-Saint-Louis. À Montréal, sur l'insistance de sa mère, et notamment pour des raisons économiques, il a logé chez le sacristain de la paroisse Côte-des-Neiges, Jos Savage. Compte tenu qu'il n'y a pas si longtemps, il était bien près de croire que les protestants venaient d'une autre planète, le fait de se retrouver dans un pays protestant l'effarouche d'abord un peu mais pas pour longtemps. Il refuse de laisser quelque religion que ce soit contrôler sa vie et ses agissements. Il se souvient encore du brouhaha causé par la venue à Jonquière d'une équipe de hockey anglophone d'un lycée protestant de Montréal. Lorsque la nouvelle de l'arrivée de ces protestants avait circulé, toute la ville s'était déplacée pour voir quelle allure ces derniers pouvaient avoir. Ils avaient tous été étonnés, et lui aussi, de découvrir que ces protestants ressemblaient aux catholiques. Embarrassé par sa naïveté, il s'était juré de ne pas être aussi étroit d'esprit à l'avenir.

Sur le strict plan de l'ingénierie, il y a aussi tout un monde entre l'Angleterre et le Québec. Si au Québec la profession d'ingénieur n'a pas le prestige de celles de médecin, d'avocat ou d'architecte, en Angleterre les ingénieurs jouent un rôle de premier plan. Ce sont des meneurs, à la source de tous les progrès. L'ingénierie anglo-saxonne ne se confine pas aux routes et aux charpentes comme l'ingénierie québécoise francophone, elle donne le ton à l'industrie par la construction d'usines. Cette constatation, Bernard ne l'oubliera pas de sitôt.

Du côté culturel, c'est aussi la découverte. Bernard a la

chance d'avoir comme compagne une femme très sensible aux arts. Sur l'insistance de son père, Louise Lalonde a développé très tôt le goût pour la musique et la peinture, qu'elle veut approfondir lors de son séjour à Londres. L'*Anglia* toute neuve payée 1200$, grâce à la générosité d'Émile Lamarre dont les finances se sont améliorées, leur sert de moyen de locomotion pour leurs évasions culturelles. Le jeune couple visite les musées, admire des centaines d'expositions. Tous les samedis soirs, c'est la fête avec des amis québécois dans la capitale britannique: Marc Lalonde, Raoul Roberge, Roger Demers, Jean-Roch Brisson et surtout Michel Gendron dont l'amitié sera précieuse à Bernard Lamarre par la suite[13]. La bourse de 240 *pounds* par année (1040$ can) et les cadeaux de Jean-Paul Lalonde leur permettent un séjour sans soucis financiers.

Bernard est aussi conquis par les événements qui se précipitent dans sa propre cellule familiale, car c'est à Londres que naissent leurs deux premiers enfants: Jean en décembre 1953 et Christine en avril 1955.

De retour à Montréal à l'été de la même année, sa maîtrise sur le béton terminée, Bernard Lamarre doit faire un choix concernant sa future carrière. Son père, dont les affaires prospèrent au Saguenay–Lac-Saint-Jean, souhaite son retour pour assurer la relève de son entreprise. Blanche, sa mère, a finalement mis au monde onze enfants en vingt ans de mariage, dont le dernier en 1950, alors qu'elle était âgée de quarante-six ans. À l'exception de Bernard, aucun d'entre eux n'est prêt à donner un coup de main à Émile.

Jean-Paul Lalonde insiste, de son côté, pour que son gendre se joigne à sa compagnie à Montréal à titre d'ingénieur en charpentes et mécanique des sols. Louise décide que le dicton: «Qui prend mari, prend pays» ne doit pas s'appliquer à eux, c'est pour les autres. Elle veut demeurer à Montréal et son mari approuve. L'attrait de la vie dans la métropole l'emporte facilement sur la crainte de décevoir son père, et ce, pour plusieurs raisons. Jonquière est une petite ville où tout le monde se connaît et Bernard aime maintenant passer incognito. Louise ne se sent pas non plus très à l'aise avec sa belle-mère qui a d'ailleurs refusé d'assister à leur mariage sous prétexte qu'elle était trop gênée et ne se sentait pas digne d'affronter ce «grand monde» auquel appartiennent les beaux-parents de son fils. Lorsque, de retour d'Angleterre, le jeune couple était allé lui rendre visite à Jonquière, Blanche avait insisté pour que Louise mange seule dans la salle à dîner. Elle ne voulait pas que sa belle-fille découvre la modestie de son logis. Bernard n'avait pu que constater, à son grand désarroi, l'existence retranchée dans laquelle sa mère se réfugiait volontairement... Mais la principale raison qui incite Bernard à vouloir demeurer dans la métropole, c'est que les défis s'annoncent bien plus grands

PHOTO: LAVALIN

*De g. à dr.: Jean-Paul Lalonde, Mme Valois, Mme Lalonde et Roméo Valois lors du 25e anniversaire, 1961.*

chez Lalonde & Valois que chez Lamarre Construction.

Même si elle n'est encore qu'une petite firme d'ingé-nieurs-conseils avec ses vingt employés, l'entreprise ne donne pas sa place. En 1954, elle vient de terminer la construction du tunnel sous le canal Lachine à la hauteur de la rue Atwater pour relier Montréal à Verdun. Par ailleurs, la construction de la Voie maritime du Saint-Laurent, entreprise cette année-là, a entraîné l'obligation de hausser le tablier du pont Honoré-Mercier, un contrat que Lalonde & Valois a obtenu. La firme espère aussi une participation dans la construction du pont Champlain. En fait, le gouvernement fédéral vient d'entre-prendre l'étude de ce pont de cinq kilomètres qui doit enjamber le fleuve à la hauteur de l'île des Sœurs[14].

Bernard s'installe, avec sa famille, chez son beau-père et entre au service de Lalonde & Valois en 1955. Au cours des cinq mois subséquents, il poursuit ses conversations de plus belle avec Jean-Paul Lalonde. Lorsque trois ans plus tard, en 1958, son beau-père aura une thrombose, Bernard sera déjà son bras droit, prêt à prendre la relève.

Il n'y a personne d'autre, à vrai dire, du côté des Lalonde pour jouer ce rôle. La famille de Jean-Paul compte six enfants, un garçon et cinq filles. Bernard est le seul ingénieur parmi les gendres. Quant au fils Jean, le quatrième de la famille, il se dirige vers les sciences sociales au grand dam de son père.

Jean-Paul Lalonde n'est pas un homme facile à satisfaire. Perfectionniste à l'extrême, il recherche l'excellence en tout. Au travail, il part toujours le dernier après avoir fait le tour des bureaux et retourné la feuille de papier qui se trouve sur le dessus de la pile. C'est son petit stratagème pour signifier aux employés qu'il les a à l'œil. Il est aussi très économe. À la maison, les savons doivent être déballés rapidement car un savon qui vieillit dure plus longtemps qu'un savon frais.

Bernard travaille déjà chez Lalonde & Valois depuis qua-tre ans, dont une année à titre d'ingénieur en chef, lorsque la tragédie survient. En revenant à Montréal, le deux janvier 1959, après une fin de semaine à sa maison de Sainte-Adèle,

Jean-Paul Lalonde trouve son fils inerte dans la salle de jeux: il s'est suicidé d'une balle dans la tête à l'âge de vingt-quatre ans.

Le chagrin qui bouleverse la famille Lalonde ne change rien à la trajectoire de Lalonde & Valois. Bernard Lamarre veille jalousement sur le patrimoine confié par son beau-père. Sa position de gendre du patron lui donne les coudées franches pour imposer ses idées. Lui qui n'a jamais tellement pris au sérieux le fait d'avoir épousé la fille du *boss* est à même d'apprécier maintenant cette position privilégiée.

Son séjour en Angleterre lui a ouvert les yeux. La société qu'il dirige doit se mettre au diapason des grands de l'ingénierie. Il trouve anormal que les raffineries de Montréal aient toutes été construites par des anglophones. Aucune firme québécoise francophone n'a encore ni la taille ni la technologie requises pour leur faire concurrence. Il est déterminé à ne pas rester le sous-fifre des Anglais et à prendre les devants pour combler ce vide.

En mars 1962, il est récompensé pour ses efforts. À trente et un ans, il devient président-directeur général de Lalonde & Valois. La firme, qui compte une trentaine d'employés, s'enorgueillit d'une expertise dans les travaux de charpentes et de fondations, les travaux publics et la voirie, les travaux municipaux et le génie sanitaire. Ces nouvelles compétences marquent les premiers pas vers la diversification. Par contre, Lalonde & Valois a dû mettre fin à ses activités lucratives de vente d'acier d'armature, puisque l'Ordre des ingénieurs du Québec a interdit ces transactions, les jugeant déloyales pour le client.

Pour la première fois, en mars 1963, le nom de Bernard Lamarre apparaît dans la raison sociale de l'entreprise: Lalonde Valois Lamarre Valois & Associés, ingénieurs-conseils (LVLVA). Cette société se compose de sept partenaires: Bernard Lamarre (25%), Jean-Pierre Valois (25%) le fils de Roméo Valois, Jean Croteau (10%), Gaston René de Cotret (10%), André Denis (10%), Jean-Paul Dionne (10%) et Paul Roberge

(10%). Les deux fondateurs se sont retirés mais demeurent conseillers.

Le six août 1964, Bernard Lamarre fête ses trente-trois ans. L'avenir lui sourit. Dans quelques semaines, sa firme participera à la construction d'un important centre commercial: Place Bonaventure. Elle doit être inaugurée en 1967. Sa construction nécessitera l'utilisation d'une quantité inégalée de béton[15]. Alors que ce projet retient toute son attention, un appel du Saguenay le replonge tout à coup dans le passé. Ces nouvelles des difficultés de son père font renaître des sentiments de culpabilité qu'il croyait avoir oubliés. En effet, pendant que lui vit à Montréal dans l'euphorie des succès accumulés, Émile Lamarre éprouve des problèmes qui minent sa santé. L'idée qu'il aurait pu lui épargner ces tracas s'il ne lui avait pas fait faux bond en 1955 culpabilise Bernard et l'incite à faire de son mieux pour sortir son père de l'embarras. Cette demande d'injonction pour empêcher les autorités du Séminaire de lui soustraire le contrat en le confiant à un autre et de saisir tout l'équipement de Lamarre Construction sur le chantier constitue, à son avis et à celui de ses frères, la première démarche à tenter.

La justice ne partage pas cet avis. Le juge Toussaint McNicoll exige un dépôt de 100 000 $ par la firme avant d'entendre la cause. Cette exigence coupe court à la demande d'injonction. Il va de soi qu'Émile n'a pas 100 000 $ et ne peut trouver cette somme au moment même où tous ses créanciers lui réclament leur dû. Lamarre Construction accepte les exigences du Séminaire et se retire du chantier. La firme J.-Euclide Perron de Chicoutimi termine les travaux à sa place. C'est le déshonneur qui s'abat sur lui et sa famille. La nouvelle se propage en un temps record.

Afin d'échapper à ce qu'il considère comme l'humiliation de sa vie et aussi aux demandes pressantes de ses créanciers, Émile décide de changer d'air. Il se rend à Québec terminer le contrat de construction de deux ponts enjambant la rivière Chaudière à Charny, un contrat qui, contrairement à celui de

Chicoutimi, se déroule selon le calendrier prévu. Son fils Jacques, étudiant en ingénierie à l'Université Laval, le seconde tandis qu'à Montréal, Bernard s'occupe maintenant de calmer les fournisseurs de Québec devenus nerveux après avoir appris les difficultés de Lamarre Construction au Saguenay. Ceux-ci exigent des garanties que la banque n'est pas prête à leur donner, à moins d'obtenir la signature des fils d'Émile. Le dossier a été transféré de Jonquière au siège social à Montréal, ce qui donne à Bernard l'occasion de s'en occuper personnellement:

«Il paraît que si nous endossions tous les deux et que si nous allions voir le président de la Banque Nationale, Louis Hébert, nous pourrions aider papa, explique-t-il à son frère Claude, orthopédiste à Saint-Jérôme.

— Tu crois qu'il n'est pas trop tard pour que nous puissions intervenir?

— Je suis certain qu'il n'est pas trop tard», répond Bernard.

Il dépêche son comptable, Marcel Mercier, à Jonquière pour préparer le nouveau bilan. Avec sa signature et celle de Claude, la banque accepte d'augmenter la marge de crédit de Lamarre Construction à 300 000 $, ce qui lui permet de terminer les ponts de Charny dans les délais prévus.

Émile n'a pas à déclarer faillite. Ses avoirs et la vente de ses équipements viennent à bout de la voracité de ses créanciers. Tous ces tracas l'ont affaibli. Sous l'effet du surmenage et de la tension – il est aussi un fumeur invétéré – sa santé commence à se détériorer. Le premier juillet 1967, il est emporté par un infarctus à l'âge de soixante et un ans. Les journaux régionaux saluent l'«éminent citoyen» qui a participé activement au «développement urbain» de sa région et «dont le succès dépasse la réussite matérielle». Son décès n'est pas une surprise pour ses proches qui l'ont vu dépérir. Blanche, qui a toujours refusé les drames et les effusions inutiles, se résigne. Elle exauce le souhait que son époux formulait depuis quarante ans, soit de retourner à Montréal. La dépouille d'Émile repose dans le cimetière Côte-des-Neiges.

En voyant le dernier de ses enfants, Louis, entrer à l'École polytechnique en 1967, Blanche Gagnon réalise son ambition de voir ses onze enfants obtenir leur diplôme universitaire. Elle qui a refusé jadis de vivre à Montréal, accepte de vendre sa maison de Jonquière pour s'installer dans un appartement au 2930, boulevard Montpetit, où elle vit dans la plus stricte austérité, détachée des biens matériels. Elle peut enfin se livrer à ses occupations favorites: participer aux lignes ouvertes, sous le nom de madame Gagnon, et parcourir attentivement les journaux pour en découper tout ce qui s'écrit sur Bernard et le reste de la famille. Jusqu'à son décès, le dix-huit juillet 1988, à l'âge de quatre-vingt-quatre ans, elle reste indépendante d'esprit, peu soucieuse des conventions et des convenances.

PHOTO: FAMILLE LAMARRE

*De g. à dr., rangée du haut: Paul, Louis, Pierre,*
*Bernard, François, Claude et Jacques Lamarre.*
*Rangée du bas: Louise, Suzanne, Madeleine et Céline Lamarre.*

Bernard Lamarre s'est réjoui de ce rapprochement avec les siens. Il est également satisfait de voir que tous les créanciers ont été payés et que son père a évité la faillite, un stigmate que lui et ses frères auraient porté toute leur vie.

L'épisode est tout de même une leçon de prudence que personne dans la famille n'oubliera de sitôt. Il témoigne de l'avenir incertain qui est le lot du monde de l'ingénierie et de la construction.

Bernard Lamarre décide malgré tout de ne pas se laisser influencer par l'expérience malheureuse vécue par son père. Il est à l'affût de toutes les occasions susceptibles de contribuer à échafauder son empire. La première, il n'a pas manqué de la saisir: il s'agit de la gérance de projets.

## RÉFÉRENCES DU CHAPITRE 1

1.  Requête pour injonction intérimaire interlocutoire déposée au greffe du Palais de justice de Chicoutimi le 27 novembre 1964.

2.  Détails tirés d'un ouvrage à paraître sur la généalogie de la famille Lamarre, réalisé sous la direction de Gérard Bouchard.

3.  *Ibidem.*

4.  Aujourd'hui le 3865, rue Gauthier.

5.  La maison est devenue un bar-rencontre.

6.  Georges-Hébert Germain, «Le castor bricoleur», *L'actualité*, numéro de juillet 1982.

7.  Jacques Perreault est resté jusqu'à sa retraite directeur général de la ville de Québec. Yves Beauregard s'est retiré sur la Côte d'Azur après avoir travaillé chez Lavalin. Donald Laplante est directeur de l'Institut canadien des ingénieurs à Ottawa. Jean-Louis Bourret était, avant sa mort, commissaire à la Régie du gaz du Québec.

8.  Louise Lalonde est née le 25 septembre 1929.

9.  Pierre Godin, *Daniel Johnson*, Montréal, les Éditions de l'Homme, 1980, p. 73. «Quand il a pris le pouvoir, il y avait à peine cinq millionnaires francophones au Québec. À l'aube des années 60, on en compte entre soixante et soixante-quinze.»

10. Hélène-Andrée Bizier et Jacques Lacoursière, *Lavalin 50 ans*, recherche historique, Montréal, Éditions Lavalin inc., 1986, p. 13. En trois ans seulement, le réseau routier québécois s'allonge de 1609 kilomètres. On construit 105 nouveaux ponts.

11. Conrad Black, *Duplessis, L'ascension,* Montréal, les Éditions de l'Homme, 1977, p. 310: «Le ministre de la Voirie, François Leduc, était un homme talentueux et flamboyant, mais vaniteux. François Leduc ne s'était pas suffisamment effacé devant le culte envahissant dédié à la personnalité de Duplessis et il n'avait pas non plus, d'après Duplessis, agi avec suffisamment de probité.»

12. *Lavalin 50 ans, Op. cit.,* p. 13.

13. Marc Lalonde fut ministre dans le cabinet Trudeau. Raoul Roberge est cardiologue à Québec; Roger Demers est médecin à l'Hôtel-Dieu de Montréal; Jean-Roch Brisson est ingénieur et fut président de Marine Industrie.

14. *Lavalin 50 ans, Op. cit. ,* p. 24. Lalonde & Valois obtient les travaux des voies d'accès et la surveillance des ouvrages de béton. Le premier contrat de charpente pour la construction des quatre piliers des portées centrales est signé en 1957. L'ouverture du pont à la circulation a lieu le 29 juin 1962.

15. *Lavalin 50 ans, Op. cit.* p. 24. «Le béton marque l'émergence d'un nouveau concept urbain, les espaces à utilités multiples.» La construction de Place Bonaventure exigera 129 200 mètres cubes pour la construction d'un seul bâtiment.

# Chapitre 2

# L'ÉDUCATION DES BUREAUCRATES

Pour réussir, Bernard Lamarre décide de ne pas compter les heures. «La formule est mathématique, pense-t-il. Le pourcentage que tu consacres chaque jour, de plus que les autres, se compare à de l'intérêt composé. À 10%, ton capital double en sept ans; à 15%, il double en quatre ou cinq ans; à 20%, il faut trois ans.»

Il a également appris de son beau-père que les amitiés ne se nouent pas dans les cocktails; qu'il faut rencontrer les gens dans le particulier, les faire parler de leurs problèmes, de leurs projets, de leur famille. En général, les affinités ressortent rapidement. «Si quelqu'un te plaît, tu es presque sûr de lui plaire.» Pour alimenter cette amitié, il faut la nourrir dès le début par des rencontres rapprochées: «Si tu rencontres quelqu'un cinq fois de suite, à un mois ou deux d'intervalle, il devient vite ton ami. Ensuite, tu peux lui téléphoner, le tutoyer. Le tour est joué! Si tu espaces trop tes rencontres, tout est à recommencer chaque fois», explique son beau-père.

Par contre, l'amitié impose ses obligations: toujours être disponible pour un ami, ne jamais parler en mal de quelqu'un et ne pas se faire d'ennemis car leur rancune peut s'abattre sur toi au moment le plus inattendu.

Bernard Lamarre ne demande qu'à suivre les conseils de cet homme d'expérience. Manger et discuter constituent déjà ses passe-temps préférés. Avec un scotch, un excellent cru et un digestif, les langues se dénouent facilement. La liste des contacts s'allonge vite quand on dispose de cinq déjeuners et quatre dîners par semaine pour des tête-à-tête. Les associés ne lésinent pas sur les comptes de dépenses: «Quand tu manges avec quelqu'un au restaurant, n'accepte jamais de lui laisser payer l'addition. Paye, nous te rembourserons», lui disent-ils.

Les petits déjeuners, il les réserve à sa famille et insiste également pour reconduire ses enfants à l'école chaque matin. Ces moments d'intimité avec les siens sont plutôt rares et il y tient. L'éducation des enfants repose entièrement sur les épaules de Louise. Elle ne s'en plaint pas: «Les membres d'un bureau d'ingénieurs doivent toujours traîner quelque part pour décrocher les contrats, répètent les fondateurs.» Bernard apprécie sa compréhension.

Il a un autre allié sûr, chez Lalonde & Valois: son grand ami Marcel Dufour, compagnon de l'École polytechnique, que son beau-père a embauché pendant qu'il était avec Louise en Angleterre. Marcel a épousé une amie de son épouse, infirmière elle aussi, Madeleine Dussault. Même s'il est de six ans son aîné, Marcel Dufour est son parfait complice. Encouragés par Jean-Paul Lalonde, lui et Bernard complotent pour conquérir le monde et élargir le cercle déjà imposant de leurs relations d'affaires: «Je vais m'arranger avec Roméo», obtiennent-ils souvent pour toute réponse lorsqu'ils sollicitent des contrats. Ils ne s'en offusquent pas. Au contraire! Ils connaissent le savoir-faire de l'associé senior. Ce dernier possède déjà une résidence dans les Laurentides, équipée d'un mini-golf, où chaque année il invite ses clients et amis dont plusieurs hommes politiques bien en vue.

Tant que Maurice Duplessis a régné sur le Québec, les firmes d'ingénieurs-conseils n'ont pas eu d'autre choix que de faire jouer leurs relations pour obtenir des travaux. La démocratisation du processus d'octroi des contrats gouvernementaux ne s'est pas faite malgré la promesse de Duplessis en 1936. Il n'y a donc pas plusieurs manières de faire. Sous l'œil vigilant du trésorier de l'Union nationale, Gérald

Martineau, et de l'organisateur, Jos.-D. Bégin, les contrats vont d'abord aux firmes généreuses envers la caisse du parti et ce sont les ministres qui décident.

Roméo Valois voit quand même plus loin: «Allez voir les fonctionnaires! Ce n'est pas possible que le ministre continue de décider toujours tout seul.»

Certains des compagnons de Bernard Lamarre à l'École polytechnique occupent des postes importants dans la fonction publique, l'employeur des ingénieurs par excellence. Miser à fond sur l'amitié de certains d'entre eux est une bonne façon de placer ses pions dans l'attente de changements politiques, et Bernard ne se gêne pas pour recourir à cette tactique.

Le sept septembre 1959, tout le Québec est secoué par la mort de Maurice LeNoblet Duplessis qui a rendu son dernier soupir à minuit cinq minutes à Schefferville. Bernard Lamarre, lui, est déjà prêt. Depuis mai 1958, il a les yeux tournés vers le nouveau leader chez les libéraux, Jean Lesage, qui s'est fait élire chef du Parti libéral du Québec. Ce jeune politicien vigoureux propose une aventure extrêmement séduisante pour des gens à la recherche de changements: la transformation du Québec en un État moderne. Tout un revirement par rapport à Duplessis pour qui l'État devait se limiter à réprimer les abus et à veiller au respect de l'ordre public et social.

Pour Jean Lesage au contraire, la seule possibilité pour les Québécois de s'en sortir est de créer une nouvelle bourgeoisie, celle de l'État:

«Le Québec est privé d'une véritable classe capitaliste aux reins solides qui accumulerait une richesse spécifiquement québécoise. Tout prend le chemin de l'étranger. Comment inventer un capitalisme québécois? Une évidence se fait jour en 1960: les Québécois disposent d'une force capable, par son poids et son action envahissante, de compenser l'absence de leur communauté des centres de décision économique. C'est l'État du Québec. Il faut donc s'en emparer, le dépoussiérer, en faire le moteur du développement. Le déifier aussi. Pour cela, on doit, sans perdre un instant, libérer le peuple de sa méfiance anti-étatique que vingt-cinq années de duplessisme ont ancrée dans son subconscient[1].»

Une telle conception du rôle de l'État ne peut que nécessiter la mise en place d'une armée de fonctionnaires déterminés à en prendre en charge tous les rouages. Les libéraux ne s'en cachent pas! Un changement profond des mœurs et des méthodes de gestion de l'administration publique en résulte, y compris dans le processus d'octroi des contrats. Demander des soumissions publiques pour l'exécution des travaux doit devenir monnaie courante dans tous les ministères.

La prise de pouvoir en juin 1960 par «l'équipe du tonnerre» de Jean Lesage est prometteuse, mais elle s'accompagne de l'incertitude provoquée par un changement de gouvernement. Chez Lalonde & Valois, le premier souci est tout d'abord de taire, par précaution, les origines de la firme. Personne ne doit savoir que Lalonde & Valois est née en 1936, l'année de l'arrivée de Duplessis au pouvoir. Le nouveau premier ministre libéral a instauré, en octobre 1960, une enquête sur les mœurs et coutumes de Duplessis, présidée par le juge Élie Salvas de Sorel: «Les libéraux entendent d'abord extirper le chancre du patronage, revaloriser l'État et assainir les mœurs politiques[2].»

Parce qu'elle a grandi et survécu durant les nombreuses années du régime Duplessis, Lalonde & Valois craint de se voir apposer l'étiquette de l'Union nationale, une empreinte nuisible sous un gouvernement libéral. Roméo Valois a eu sa leçon lors de l'élection de 1936. La firme a aidé un homme politique, François Leduc, et l'a payé cher puisque les contrats de voirie du gouvernement du Québec ont cessé immédiatement après son départ du cabinet. Après cela, Roméo Valois a toujours refusé d'afficher ses couleurs.

Lors de l'arrivée au pouvoir de Jean Lesage, Bernard Lamarre a vingt-neuf ans. Il n'a connu personnellement ni Duplessis, ni ses principaux lieutenants, et il compte beaucoup d'amis dans cette bureaucratie qui veut prendre son envol au Québec. «Tous les fonctionnaires sont importants, à commencer par celui qui met le chèque dans l'enveloppe», répète Roméo Valois. La cour assidue auprès de certains bureaucrates, entreprise il y a quelques années, a ouvert les portes à Bernard Lamarre dans plusieurs ministères dont celui de la Jeunesse qui deviendra en 1964 le ministère de l'Éducation. «L'éducation est, de loin, aux premières heures de la Révolution tranquille, la question la plus délicate pour le nationalisme québécois, car si le Canadien français ne contrôle même pas son propre système d'enseignement, cela signifie qu'il ne contrôle rien[3].»

Pendant son séjour en Angleterre, il s'est lié d'amitié avec le fonctionnaire responsable de la Direction de l'équipement, Michel Gendron, ingénieur et originaire du Saguenay lui aussi. Par son entremise, Bernard Lamarre rencontre les fonctionnaires du ministère, les invite à dîner et s'en fait de nouveaux amis. Quand arrivent quelques bouteilles de *Clos des mouches,* on sait d'où elles viennent.

Son objectif est de s'assurer que si le ministre Paul Gérin-Lajoie recommande Lalonde & Valois, les hauts fonctionnaires l'appuieront. Il prépare le terrain auprès d'eux pendant que Roméo Valois s'occupe du ministre qui, lui, a besoin d'appuis pour poursuivre une carrière politique dont les débuts se sont révélés difficiles. Avocat, ambitieux mais issu d'une famille plutôt modeste, Paul Gérin-Lajoie a subi quelques défaites avant de se faire réélire avec «l'équipe du tonnerre» en juin 1960. Roméo Valois a confiance au ministre dont le programme d'éducation est révolutionnaire pour l'époque. Il comprend trois grands thèmes: démanteler le monopole de l'Église en créant un Conseil supérieur de l'éducation; obliger les commissions scolaires à dispenser gratuitement l'enseignement jusqu'en douzième année; construire de grandes écoles pour permettre une concentration d'effectifs et un meilleur choix de cours pour les élèves. C'est un plan rêvé pour les firmes d'ingénieurs-conseils puisque, pour le réaliser, il faudra construire beaucoup d'écoles et de grandes écoles.

Dès avril 1962, Lalonde & Valois signe un contrat de services professionnels en bonne et due forme avec ce ministère[4]. La réélection des libéraux aux élections du quatorze novembre, qui ont surtout porté sur la nationalisation des compagnies d'électricité, est une autre bonne nouvelle qui fait disparaître les incertitudes.

Le rapport de la commission Parent (du nom de son président, Monseigneur Alphonse-Marie Parent, ancien recteur de l'Université Laval), publié en 1963, vient donner un nouveau coup de barre en éducation en proposant la régionalisation de l'enseignement. Paul Gérin-Lajoie réagit en lançant, en septembre 1964, «l'Opération 55» qui prône la mise sur pied de commissions scolaires régionales et la construction de 225 écoles dites polyvalentes.

Persuadé que pour réussir dans l'ingénierie-conseil il faut devancer les besoins du client, Bernard Lamarre passe à l'action. Il en profite pour concrétiser une nouvelle idée qui lui tient à cœur et qui s'est précisée au cours de son séjour en Angleterre: le recours à des ingénieurs pour gérer des travaux de construction. Cette idée est nouvelle au Québec où ce sont les architectes qui détiennent le monopole de la gestion de projets et où les ingénieurs doivent se contenter de faire les plans et devis sans avoir accès à la gérance.

La chance le favorise lorsqu'il rencontre Yves Maheu, un expert en contrôle des coûts, lors de la construction d'une bâtisse pour la compagnie d'assurance Alliance à Montréal. Yves Maheu a la responsabilité de superviser le travail de Lalonde & Valois. Bernard Lamarre sort impressionné des longues discussions qu'il a avec lui à propos des travaux: Yves Maheu a un sens inné de ce que doit coûter la construction et une vision très claire du coût des composantes d'un projet. Bernard Lamarre le convainc de venir travailler chez Lalonde & Valois afin de l'aider à raffiner la stratégie qu'il compte présenter aux autorités du ministère de l'Éducation.

Maintenant que la mise sur pied de commissions scolaires régionales n'est plus qu'une question de mois, depuis le
lancement de l'«Opération 55», la construction des écoles
polyvalentes est imminente et Bernard Lamarre est certain
d'obtenir l'appui de Paul Gérin-Lajoie.

Mais le plan d'action est à peine terminé qu'un nouveau
chambardement se produit au Québec. L'Union nationale
reprend le pouvoir, le vingt juin 1966, et ramène l'inquiétude
chez Lalonde & Valois. Le nouveau premier ministre, Daniel
Johnson, a fait sa campagne électorale en promettant un
grand ménage au ministère de l'Éducation. Il dénonce en
particulier «la construction accélérée des écoles-usines bapti-
sées "polyvalentes", construites à l'immense satisfaction des
mantes religieuses du patronage[5].»

*Paul Gérin-Lajoie et le premier ministre Jean Lesage à Jasper,*
*(Alberta) à l'occasion de la Conférence des premiers ministres,*
*le 5 août 1964.*

Le lendemain des élections, tous s'attendent à ce qu'il congédie le sous-ministre de l'Éducation Arthur Tremblay, un des principaux artisans de la réforme scolaire, dont il s'est abondamment moqué au cours de la campagne électorale. Bernard Lamarre est grandement soulagé d'apprendre que lors de sa première conférence de presse, Daniel Johnson s'est contenté de déclarer: «Il est trop tôt pour décider du sort d'Arthur Tremblay.»

Pour lui, c'est le signal pour aller vendre son plan d'action aux responsables reconduits dans leurs fonctions, dont Arthur Tremblay.

«Les écoles sont trop souvent construites à la gloire des architectes. La bâtisse a une entrée monumentale, mais elle n'a pas de climatisation parce que le budget n'a pas été contrôlé. En offrant des budgets ventilés, c'est-à-dire en prévoyant un montant précis pour chacune des composantes, soit les murs extérieurs, les divisions intérieures, la ventilation, l'électricité, nous pourrions obtenir de la qualité à meilleur prix.»

Les mandarins du ministère trouvent la suggestion originale, surtout que la fonction publique québécoise manque précisément d'experts, ne s'étant pas développée normalement au moment où elle aurait pu le faire, de 1944 à 1960, faute d'investissements de la part du gouvernement. L'édification d'un État moderne commande maintenant à l'administration publique d'avoir recours à des ressources extérieures pour effectuer le rattrapage. Toutefois, l'embauchage de gens de l'extérieur pour effectuer des tâches exécutées normalement par des fonctionnaires implique un changement de mentalités. Certains députés unionistes refusent tout simplement d'adhérer à cette nouvelle philosophie du «faire faire». D'autre part, ce programme de construction des polyvalentes est le meilleur contrat à l'horizon et les alliés de l'Union nationale ont bien l'intention d'obtenir leur part du gâteau.

Bernard doit jouer d'astuce. Il fait entrer en douce des

membres de son équipe au ministère de l'Éducation où il a plusieurs appuis. Sur le plan politique, il peut compter sur un allié inébranlable en la personne du député Paul Gérin-Lajoie, maintenant dans l'opposition, pour filtrer les questions embarrassantes des membres de son propre parti lors de la période des questions à l'Assemblée législative. En effet, les questions des députés libéraux viendraient jeter de l'huile sur le feu et donner la frousse aux ministres unionistes qui tergiversent sur la question. Ils sont divisés sur l'à-propos d'embaucher les experts de Lalonde & Valois pour gérer le projet de construction des polyvalentes. L'approbation de l'arrêté en conseil se trouve par le fait même constamment reportée. Rien n'indique un déblocage rapide du dossier.

Malgré son inquiétude devant la tournure des événements, Bernard Lamarre n'a pas d'autre choix que de patienter et de poursuivre en désespoir de cause sa cour assidue auprès de Michel Gendron. Faire la connaissance du nouveau ministre d'État à l'éducation, Marcel Masse, devient une nécessité. Considéré comme un jeune professeur radical et inexpérimenté, Marcel Masse est incapable de nommer une seule firme d'ingénieurs. Le monde de l'enseignement qu'il vient de quitter l'a tenu à l'écart de ce milieu. Il n'en est pas moins un acteur clé dans les décisions entourant la construction des polyvalentes. Heureusement pour Bernard Lamarre, c'est la confiance réciproque qui s'établit dès leur première rencontre. Le président de LVLVA trouve Marcel Masse intelligent et ambitieux, qualités qu'il apprécie. Il aime ceux qui ont la répartie vive et qui le font rire.

Comme par hasard, quelques jours plus tard, Marcel Masse tient le discours suivant à ses collègues: «Doit-on engager un grand nombre d'architectes, d'ingénieurs, de contrôleurs, de techniciens de toutes sortes pour administrer un programme temporaire? La vie normale d'un fonctionnaire est de trente-cinq ans, qu'est-ce que nous allons faire avec lui pendant trente ans? Allons-nous créer d'autres programmes pour l'occuper ou le payer à ne rien faire?» La réponse s'impose d'elle-même. La décision de confier l'administration du programme de construction des nouvelles polyvalentes à la firme de Bernard Lamarre est entérinée. L'arrêté en conseil est finalement signé le dix-huit avril 1967, soit près de dix mois après l'élection de l'Union nationale[6].

La firme prête du personnel pour aider à établir des normes et à en vérifier l'application lors de la construction des écoles. Bernard Lamarre obtient enfin ce qu'il souhaitait. La formule de gérance vient de faire son entrée officielle au ministère de l'Éducation. Cette formule particulière de gestion n'est pas encore celle que l'on connaîtra dans les années 1970, mais elle se révèle quand même très profitable pour l'entreprise. Elle lui donne l'occasion de former des équipes capables de gérer des budgets, d'établir des cheminements critiques et de diriger du personnel. L'orgueil de Bernard Lamarre y trouve aussi son compte. Il est prestigieux, pour un bureau d'ingénieurs-conseils, d'avoir ses experts affectés quotidiennement à la gestion d'un ministère aussi important que celui de l'Éducation. Les fonctionnaires sont rassurés par la présence de ces professionnels autour d'eux, à tel point qu'il devient impossible pour un observateur de différencier un fonctionnaire d'un ingénieur de chez LVLVA. C'est donc tout naturellement que, lorsqu'il faut remplacer le sous-ministre adjoint, on suggère la candidature d'Yves Maheu, ingénieur chez LVLVA. «Pourquoi pas? S'il est bon!» de répondre Arthur Tremblay.

L'implication des experts de Lalonde & Valois contribue à provoquer une discussion franche entre commissions scolaires et architectes, ce qui, au bout du compte, se traduit par l'instauration d'une discipline longtemps souhaitée dans le domaine de la construction des écoles au Québec.

Bernard Lamarre a plusieurs raisons d'être satisfait. Il a réussi à damer le pion aux architectes en s'imposant par une formule originale, à supplanter ses compétiteurs et à s'assurer des rentrées d'argent pour concrétiser d'autres ambitions. De plus, il a donné un aperçu de son talent à manipuler les

événements pour arriver à ses fins. En valorisant cette bureaucratie naissante au Québec, il s'est du même coup
assuré d'obtenir sa bienveillance pour plusieurs années à
venir.

## RÉFÉRENCES DU CHAPITRE 2

1. Pierre Godin, *Daniel Johnson, Op. cit.*, p. 168.

2. *Ibidem*, p. 407.

3. Clinton Archibald, *Un Québec corporatiste*, Hull, Éditions Asticou, 1983, p. 159.

4. La date du 18 avril 1962 est mentionnée dans l'arrêté en conseil signé par la Chambre du Conseil exécutif le 3 décembre 1969 et portant le numéro 3904.

5. Pierre Godin, *Op. cit.*, p. 266.

6. La date du contrat est mentionnée dans l'arrêté en conseil 3904 signé le 3 décembre 1969, concernant la prolongation de services de la société LVLVA.

# Chapitre 3

# LES FLIRTS POLITIQUES

L'administration Lesage, de 1960 à 1966, stimule l'appât du gain autour d'elle en ouvrant de nouvelles avenues. Ce gouvernement ravit facilement le titre de «gouvernement de la voirie» à l'Union nationale[1]. Mais là comme dans l'éducation, c'est le calcul et la stratégie qui déterminent les gagnants.

C'est donc avec plaisir que Bernard Lamarre constate que, dès son arrivée au pouvoir, Lesage ne ferme pas la porte au gouvernement fédéral comme l'a toujours fait son prédécesseur Maurice Duplessis. Le gouvernement libéral accepte les contributions du fédéral pour les universités, l'assurance-hospitalisation et la lutte contre le chômage. Plus encore, il s'empresse de signer, le vingt-sept octobre 1960, un accord pour terminer la route Transcanadienne. La portion québécoise de cette route qui doit relier l'océan Pacifique à l'océan Atlantique suscite les convoitises. «Au Québec, la Transcanadienne parcourt une distance de 633 km de Pointe-Fortune à la frontière de l'Ontario pour atteindre Sainte-Rose-du-Dégelis à la frontière du Nouveau-Brunswick[2].»

Bernard Lamarre surveille attentivement la situation. C'est l'obtention du tracé dans l'île de Montréal qui l'intéresse. Mais les règles du jeu ont changé. Jean Lesage a promis d'établir une politique pour l'attribution des contrats. Il tient ses promesses: «Le quatorze juillet 1960, les observateurs assistent incrédules à une première dans l'histoire politique du Québec: les grands quotidiens publient une demande de soumissions publiques pour l'exécution de travaux de voirie aux abords du pont de Québec[3].» Par contre, la préparation des plans et devis, considérée comme faisant partie des services professionnels, échappe encore à cette procédure. Les fonctionnaires restent libres de choisir une firme d'ingénieurs-conseils plutôt qu'une autre pour cette catégorie de travaux.

Les vieilles règles de l'amitié restent toujours valables. Bernard Lamarre trouve le protecteur qu'il lui faut en la personne d'Arthur Branchaud, ingénieur en chef au ministère de la Voirie. Cet homme qui frôle la cinquantaine le traite lui, à peine entré dans la trentaine, comme son propre fils. C'est dans le feu de leurs rencontres joyeuses et de l'enthousiasme que naissent les nouveaux projets. Les discussions avec le bailleur de fonds fédéral fournissent à l'ingénieur Lamarre l'occasion de se mettre en évidence.

Jean Lesage veut absolument faire coïncider la route Transcanadienne avec le boulevard Métropolitain déjà existant. Les fonctionnaires fédéraux s'entêtent: «Nous ne payons que pour des choses à faire et non pour des travaux déjà faits.»

Après une autre rencontre infructueuse avec eux, Guy Beaudet, directeur du port de Montréal, Arthur Branchaud et Bernard Lamarre prennent un verre à l'aéroport d'Ottawa et discutent de l'intransigeance du fédéral, en attendant l'avion. «Maudite affaire, déclare Branchaud, ça n'a pas de bon sens!» Le découragement de ce dernier fouette Bernard Lamarre pour qui c'est le temps ou jamais de proposer sa solution. La vie est comme une partie de tennis: il faut être capable selon lui de ramasser la balle au vol, autrement, la partie est perdue.

«Pourquoi ne pas construire la route dans le sud de l'île et y donner accès par le boulevard Décarie? Ça fait longtemps que la ville de Montréal veut une autoroute Est-Ouest. Nous aurions la chance de faire d'une pierre deux coups et le gouvernement fédéral paierait 90% des travaux», déclare-t-il à brûle-pourpoint. Les intentions de la ville de Montréal lui sont bien connues car elle a commandé à leur firme une étude sur la faisabilité d'une telle voie rapide, étude qui vient d'être achevée.

Arthur Branchaud est emballé: «Toi, mon jeune, tu viens avec moi. Je t'amène rencontrer le premier ministre. Tu lui exposeras ta suggestion.» Le lendemain matin à neuf heures, ils sont dans le bureau de Jean Lesage qui s'exclame, enthousiasmé: «Tu l'as, toi, l'idée.»

Une autre idée qui venait de faire son chemin, mais Bernard Lamarre ne s'arrête pas là. L'accord fédéral-provincial pour le tronçon québécois de la Transcanadienne amène le gouvernement du Québec à prendre une autre importante décision en mai 1962: la construction, via les îles de Boucherville, d'un pont-tunnel reliant l'île de Montréal à la rive sud du Saint-Laurent. LVLVA est retenue pour la préparation des plans et devis, avec Brett & Ouellette et Peter Hall & Associés.

Le défi est emballant. Les ingénieurs doivent se lancer de but en blanc dans la construction d'un tunnel de six kilomètres de long et à six voies de circulation passant sous le fleuve. Pour la réalisation de cet incroyable défi technique, seulement quelques-uns d'entre eux ont de l'expérience. Ils l'ont acquise dans la construction d'un tunnel mais beaucoup plus petit, passant sous le fleuve Fraser à Vancouver. Chez LVLVA, Bernard Lamarre prend les choses en mains avec son associé, Jean-Paul Dionne.

Les travaux de construction du pont-tunnel sont à peine inaugurés, en juillet 1963, que ceux de l'autoroute Est-Ouest commencent. LVLVA obtient l'échangeur Turcot jusqu'à l'intersection des rues Lafontaine et du Havre. Les sociétés d'ingénieurs-conseils, Lalonde Girouard Letendre (LGL) et Desjardins Sauriol & Associés, obtiennent d'autres sections de la route.

De plus, à l'extérieur de l'île, l'entreprise obtient la construction de deux ponts pour enjamber les rivières Richelieu et Nicolet.

La décision du Bureau international des expositions d'accepter que Montréal soit le siège de l'Exposition universelle de 1967 génère également sa part de travaux. LVLVA obtient le contrat de l'autoroute Bonaventure, qui mène à Terre des Hommes, et se voit confier la réalisation d'une estacade de deux kilomètres et demi en amont du pont Champlain pour protéger le site contre les inondations. «En raison de la faible élévation du site par rapport au niveau de l'eau et de l'étroitesse du Saint-Laurent résultant de l'agrandissement de l'île Notre-Dame, il pouvait y avoir risque d'embâcles et d'inondations. Mieux vaux prévenir que guérir[4].»

Sur le site même de Terre des Hommes, LVLVA conçoit les fondations du pavillon tchécoslovaque et surveille la construction de sa charpente en plus d'avoir la responsabilité structurale de la «Lanterne magique», une salle de spectacles qui fait la fierté des gens de ce pays.

Le règne de Jean Lesage a été extrêmement profitable aux firmes d'ingénieurs. Pour obtenir sa part de travaux, Bernard Lamarre n'a eu qu'à être vigilant. La besogne était telle qu'il y en avait pour tout le monde.

Mais l'arrivée au pouvoir de l'Union nationale, en juin 1966, amène avec elle des années de vaches maigres, de véritables séries éliminatoires pour les firmes d'ingénieurs. Dans le domaine routier tout comme dans celui de l'éducation, ce parti vient tout chambarder.

La décision du gouvernement de Daniel Johnson de comprimer les budgets de la voirie règle le sort de l'autoroute Est-Ouest qui est la première visée par le couperet gouvernemental. Le gouvernement unioniste a d'autres priorités que cette autoroute très contestée qui, d'ailleurs, n'est toujours pas terminée après plus de vingt ans de travaux. Tous les plans commencés doivent être abandonnés. Le prolongement de l'autoroute des Laurentides subit le même sort.

Bernard Lamarre proteste, mais il est sans armes puisque ses contacts se trouvent surtout du côté du Parti libéral. Être privée de la manne de la voirie signifie pour l'entreprise un frein presque total des activités. En juin 1966, les perspectives de travail sont minces. Plusieurs grands travaux sont terminés: le pont-tunnel Louis-Hippolyte-Lafontaine sera inauguré en mars 1967; l'échangeur Turcot le sera un mois plus tard; les travaux d'aménagement du site de l'Exposition universelle tirent à leur fin de même que ceux de Place Bonaventure dont l'inauguration est prévue, elle aussi, pour l'année suivante. Certains projets flottent dans l'air, dont celui de la préparation des plans et devis du nouveau siège social de la Banque Canadienne Nationale, un édifice de trente-deux étages, mais rien n'est encore acquis.

Après quelques jours de réflexion, Bernard Lamarre prend une décision majeure: celle de laisser ses ingénieurs poursuivre leur travail de préparation des plans de l'autoroute Est-Ouest, envers et contre tous. «La décision sera prise de terminer cette autoroute et nous serons prêts. Quelqu'un, un jour, aura besoin de plans.» Il décide également de les laisser travailler sur les plans du tronçon de l'autoroute des Laurentides, entre Sainte-Adèle et Sainte-Agathe.

Il a une double raison pour en décider ainsi: premièrement, Arthur Branchaud, un visionnaire qu'il considère comme le père de la voirie moderne au Québec, partage son point de vue; deuxièmement, Bernard est aussi encouragé par la présence, à l'Office des autoroutes du Québec, de son grand ami Claude Rouleau, visionnaire, lui aussi, à sa manière. Depuis leur rencontre à la Polytechnique, Bernard s'est toujours arrangé pour ne pas le perdre de vue. Claude Rouleau était l'organisateur, le leader sur qui ses compagnons pouvaient compter. Tous ceux qui le côtoyaient à l'époque, y compris Bernard, étaient persuadés qu'un jour il tenterait de se faire élire comme député, tellement il avait l'air d'avoir la politique dans le sang.

Claude Rouleau est un gars ambitieux. Il a grandi à Sainte-Rose[5] dans des conditions modestes et dans une famille de parents séparés. Il a connu les habits rapiécés et s'est juré de se venger des combinaisons faites à partir de sacs de sucre délavés qui lui écorchaient la peau des fesses et dont ses compagnons se moquaient lorsqu'il était pensionnaire. Il veut aussi prendre sa revanche sur cette pauvreté qui l'obligeait à se laver dans la même eau que ses frères pour ménager l'eau chaude.

La politique active l'a attiré jusqu'au jour où Robert Bourassa l'a découragé sans le vouloir. Lors d'une rencontre avec le futur premier ministre à la Fédération des jeunes libéraux, Claude Rouleau lui a posé la question:

«À ton avis, qu'est ce que ça prend, pour faire de la politique?

— Tu dois écrire des textes et faire des discours, répond alors Robert Bourassa.»

Préférant éviter les situations où il est obligé d'écrire, Claude Rouleau décide sur-le-champ d'abandonner son rêve de jouer les premiers rôles en politique. Il travaillera dorénavant dans l'ombre des politiciens et se consacrera à l'exercice de son métier d'ingénieur. Déjà, les projets très compliqués l'attirent particulièrement. Il se rend compte rapidement que la pratique du génie, dans une grande «boîte» où il n'est qu'un numéro, n'est pas pour lui. Il veut être en affaires. Après une année comme ingénieur au service des Travaux publics de la ville de Montréal, il part pour Alma, au Lac-Saint-Jean, s'associer avec Henri-Julien Lemieux qui ouvre son propre bureau d'ingénieurs-conseils.

Incapable de faire fructifier son entreprise à un niveau qu'il juge satisfaisant, Claude Rouleau revient à Montréal l'année suivante pour s'associer avec Laurent Gendron. En 1959, à vingt-neuf ans, Claude Rouleau occupe le poste de vice-président et dirige une équipe de 550 employés[6]. Il n'y a rien à son épreuve: «Quand je me regarde, je me désole, quand je me compare, je me console[7].» Pour faire rire, il va jusqu'à s'excuser de son âge: «J'ai un défaut, je suis trop jeune, mais j'essaie de me corriger tous les jours!»

Son étoile commence à briller avec l'arrivée des libéraux à Québec en 1960. Les siens sont enfin au pouvoir et le récompensent! Il est nommé commissaire à l'Office des autoroutes du Québec, un travail à temps partiel assorti d'un traitement de 10 000 $ par année[8]. Cette position l'engage directement dans le devenir de la province. En 1962, il troque sa participation au bureau de Laurent Gendron contre le poste d'associé principal chez DeGuise Dupras. Ses relations dans le Parti libéral le rendent déjà très populaire.

Avec Roger Trudeau, qu'il a fait nommer ingénieur en chef à l'Office, il convainc Jean Lesage de lui donner le feu vert pour la construction des autoroutes à partir de Montréal jusqu'à Sherbrooke, Trois-Rivières, Saint-Jérôme, Sainte-Adèle et Oka. Tout est à faire dans le domaine routier et Claude Rouleau a le vent dans les voiles.

Bernard Lamarre et Claude Rouleau se voient souvent. Bernard se pointe à chaque réunion de l'Office des autoroutes. C'est le seul bureau d'ingénieurs montréalais qui dépêche un associé senior, ce qui est très apprécié des fonctionnaires. D'avoir le patron en personne facilite la prise de décisions et Bernard Lamarre en ramasse souvent plus que les autres.

Parce qu'il a été nommé par les libéraux, Claude Rouleau craint de se faire évincer lorsque l'Union nationale reprend le pouvoir en 1966. Le ministre de la Voirie et organisateur en chef de ce parti, Fernand Lafontaine, exige sa démission. Toutefois, Claude Rouleau compte des amis même dans ce parti. «Donne ta démission et ne t'en fais pas, elle ne sera pas acceptée», lui dit un conseiller du premier ministre Daniel Johnson. On apprend par la suite que la lettre de démission de Claude Rouleau a été égarée. Il réussit à conserver son poste jusqu'au vingt août 1969.

L'annonce de sa démission cette année-là déçoit Bernard Lamarre. Mais il apprend en même temps une bonne nouvelle: Claude Rouleau devient l'adjoint de Paul Desrochers, l'organisateur de Robert Bourassa, candidat à la direction du Parti libéral du Québec. C'est prometteur puisque Robert Bourassa pourrait bien gagner. En effet, il sort vainqueur de la course, le dix-sept janvier 1970, après avoir battu ses deux adversaires, Pierre Laporte et Claude Wagner.

L'élection de Robert Bourassa, le vingt-neuf avril 1970, ramène vite l'optimisme dans les milieux d'affaires y compris le monde de l'ingénierie. Robert Bourassa a, en effet, promis en campagne électorale un plan de relance afin de créer cent mille emplois. Quelques semaines après l'élection, le secrétaire du Conseil du trésor, Michel Bélanger[9], est à la recherche de projets.

«Combien peux-tu dépenser? demande-t-il à Claude Rouleau, sous-ministre de la Voirie redevenu commissaire à l'Office des autoroutes du Québec.

— Laisse-moi quelques jours pour vérifier», répond ce dernier.

Sans perdre une minute, il téléphone à Bernard qui s'empresse de lui glisser: «Claude, j'ai au moins pour cent dix millions de dollars de plans qui sont prêts pour l'autoroute Est-Ouest et le tronçon Sainte-Adèle–Sainte-Agathe. Les veux-tu?» Claude Rouleau ne se fait pas prier. Il saute sur l'occasion. Les fameux plans sont déposés sur son bureau quelques jours plus tard.

La saga des plans de l'autoroute Est-Ouest, qui a commencé en 1966, connaît une fin heureuse sept mois après l'élection de Robert Bourassa. La signature est célébrée par une grande fête au Club Universitaire de Québec, rue d'Auteuil. Bernard Lamarre paie un verre à tous les fonctionnaires mêlés de près ou de loin à ce contrat. Tous les plans déjà faits ont été achetés, y compris ceux du tronçon Sainte-Adèle–Sainte-Agathe, de l'autoroute des Laurentides. LVLVA a obtenu en prime la gérance du projet de l'autoroute Est-Ouest.

Le style de gestion de Robert Bourassa donne à Claude Rouleau beaucoup de pouvoir. Ce dernier, de même que les sous-ministres ou sous-ministres adjoints Robert Normand, Gaétan Lussier et Claude Trudel, bénéficient de l'entière confiance du premier ministre. «Ces hommes gèrent la province comme si le Québec était la propriété du Parti libéral, selon les normes de l'entreprise privée[10].»

Claude Rouleau peut faire la pluie et le beau temps et il ne s'en prive pas. Il caresse deux rêves qu'il confie à son secrétaire, Michel Vastel: planifier le réseau des autoroutes pour les quarante années à venir afin de permettre aux villes de prévoir leur développement et éviter, à l'avenir, des événements comme celui qui risque de se produire au cours de la construction de l'autoroute Est-Ouest, soit la démolition soudaine de 1369 logements[11]. Son autre rêve est de créer un superministère de l'équipement, un rêve qu'il réalise d'ailleurs par la création du ministère des Transports, résultat de la fusion des ministères de la Voirie et des Travaux publics.

En mai 1971, Claude Rouleau est nommé président-directeur général de la Société de développement immobilier du Québec (SODEVIQ) et président du Comité de construction du Complexe Desjardins, une propriété du Mouvement Desjardins et du gouvernement québéçois, dont LVLVA obtient le contrat de charpente en association avec deux autres bureaux[12].

Depuis l'arrivée des libéraux au pouvoir en juin 1970, LVLVA a du travail plein les bras. Cependant, comme toujours, Bernard Lamarre ne se laisse pas aveugler par ce qui luit. Au début de 1971, il n'y a pas que les routes qui captivent son attention. En fait, sa curiosité est en éveil depuis le dix-sept décembre 1969, au moment où les journaux, les bulletins de nouvelles à la radio et à la télévision ont rapporté, à la une, les propos du futur chef du Parti libéral, Robert Bourassa, qui rencontrait à Val-d'Or un groupe de partisans:

«Si on veut avoir de l'énergie de la baie James en 1982, le projet, qu'il faudra dix ans pour réaliser, doit débuter au plus tard en 1972. Le gouvernement n'aura donc pas le temps de piétiner ou d'hésiter, il doit immédiatement prendre une décision pour le mettre en marche, si les études concluent à sa rentabilité. Et si le gouvernement ne le fait pas, je le ferai quand je serai élu[13].»

*Paul Desrochers, 1975.*

Bernard Lamarre retient ces propos et commence tout de suite à élaborer une stratégie. Quelques mois seulement après l'élection de Robert Bourassa, il formule une demande spéciale à Claude Rouleau: «Claude, pourrais-tu me faire rencontrer Paul Desrochers?»

C'est l'homme à voir au sein du gouvernement pour faire avancer un projet ou régler un problème. Paul Desrochers est modeste, discret, même timide; il fuit les réunions publiques. Lorsqu'il traverse par hasard le Café du Parlement, un attroupement se forme aussitôt autour de lui. Il faut donc trouver un moyen de le rencontrer en privé. Un homme de cette importance, s'il n'est pas ton ami, doit au moins ne pas devenir ton ennemi[14].

## RÉFÉRENCES DU CHAPITRE 3

1. Richard Daignault, Lesage, Éditions Libre Expression, 1981, p. 121. «Le budget du ministère de la Voirie pour l'année financière 1964-65 atteint 216 millions contre 91 millions en 1959.»

2. *Lavalin 50 ans, Op. cit.,* p. 39.

3. Pierre Godin, *Op. cit.,* p. 194.

4. *Lavalin 50 ans, Op. cit.,* p. 23.

5. Aujourd'hui Ville de Laval à la suite du regroupement municipal effectué en 1969.

6. La firme a participé aux principaux projets de fourniture et de pose d'acier d'armature pour la réalisation de la voie maritime du Saint-Laurent.

7. Pierre DesRuisseaux, *Le livre des proverbes québécois,* Montréal, Éditions HMH, 1978, p. 124.

8. Arrêté en conseil numéro 1610, du 28 septembre 1960.

9. Président de la Banque Nationale jusqu'à sa retraite.

10. Pierre O'Neill et Jacques Benjamin, *Les Mandarins du pouvoir,* Montréal, Éditions Québec Amérique, 1978, p. 152.

11. Pierre Richard, «Le tracé Papineau-Viau est fixé: 1369 logements feront place à l'autoroute», *Le Devoir,* 23 décembre 1970.

12. Arrêté en conseil numéro 1857, du 21 mai 1971.

13. Pierre O'Neill, «Bourassa préconise le développement des ressources hydrauliques de la baie James», *Le Devoir,* 17 décembre 1969.

14. Gilles Lesage, «Paul Desrochers, l'homme fort du régime Bourassa», (série de trois articles), *La Presse,* juillet 1973.

# Chapitre 4

# LA BAIE JAMES: UNE MINE D'OR

Le vendredi vingt-deux septembre 1972, LVLVA décroche le contrat de gestion du projet de la baie James, considéré comme le contrat du siècle au Québec. On fête déjà, dans les bureaux de l'entreprise rue Belmont à Montréal, pendant qu'à Hydro-Québec le président de la Société d'énergie de la Baie James (SEBJ), Robert Boyd, annonce la nouvelle à la presse: «La Société d'énergie a décidé de faire appel à deux firmes d'ingénieurs-conseils dont la compétence est reconnue en cette matière pour réaliser le projet de la baie James. L'une de ces entreprises est québécoise: il s'agit de la société Lalonde Valois Lamarre Valois & Associés (LVLVA), l'autre est Bechtel Québec[1].» C'est la filiale de Bechtel, la plus importante firme d'ingénierie aux États-Unis.

«Pourquoi une seule firme québécoise? demande un journaliste.

— D'abord, parce que les firmes d'ingénieurs-conseils qui participent à la gérance ne peuvent obtenir de contrat d'ingénierie. Cela se conçoit facilement. On ne peut être à la fois juge et partie, préparer les plans et devis et en assurer la supervision et l'exécution. Ensuite, il faut reconnaître que la compétence des grands bureaux québécois d'ingénieurs-conseils s'est développée davantage dans le domaine de l'ingénierie que dans celui de la gérance de projets hydro-électriques. Par conséquent, si la société d'Énergie avait retenu les services de deux ou de trois firmes québécoises pour la gérance, elle aurait réduit d'autant le nombre déjà restreint de firmes québécoises dont toutes les ressources seront nécessaires à l'ingénierie du complexe La Grande et elle se serait privée d'appuis considérables.»

La conférence de presse dure trois heures. Les journalistes semblent satisfaits des réponses obtenues. Seul René Lévesque s'interroge, dans sa chronique du lendemain au *Journal de Québec*, sur le fait qu'une seule firme et non un consortium ait obtenu en exclusivité une tâche aussi gigantesque: «Voilà qui semble moins normal. L'on doit sans doute flairer là un prix de consolation pour l'entourage du gouvernement Bourassa[2].»

C'est en effet tout un prix de consolation car, même s'il n'y a que les honoraires de 15,6 millions de dollars de garantis, Bernard Lamarre voit quand même rouler les millions dans sa tête. Un projet aussi colossal, ayant un coût initial estimé à 5,1 milliards de dollars, lui permettra de fournir toute la main-d'œuvre requise, et c'est de là que viendront les vrais profits. Comme toute bonne agence de placement, LVLVA n'aura qu'à recruter des candidats en passant des annonces dans les journaux puis à les envoyer au chantier, après les avoir fait accepter par la SEBJ qui leur fournira tout l'équipement nécessaire.

Depuis qu'il a commencé à faire de la gérance de projets, Bernard Lamarre a compris que ce type de contrat se révèle non seulement très payant, mais aussi sans risques. Ainsi, lors des constructions réalisées pour le compte du ministère de l'Éducation, le toit d'une polyvalente aurait pu tomber sans que sa firme soit poursuivie pour autant. De la même façon à la baie James, c'est la SEBJ qui prend tous les risques. Pas de garantie à fournir comme les firmes qui soumissionnent des contrats de construction, pas de pénalités à payer si l'échéance est retardée, pas d'inquiétude si l'inflation vient gonfler les coûts. De plus, les profits sont assurés grâce à la grille de tarifs négociée par l'Ordre des ingénieurs du Québec qui prévoit des facteurs de majoration[3]. Par exemple, pour un employé gagnant 30 000 $ par année, la SEBJ rembourse 54 000 $[4]; pour un autre gagnant 60 000 $, la firme touche

108 000 $, ce qui comprend les vacances, le fonds de pension, les congés de maladie. La SEBJ tient pour acquis que les avantages sociaux seront versés à l'employé. Chez LVLVA, toutefois, le technicien et l'ingénieur sont les seuls à être invités à participer au fonds de pension, l'ouvrier en étant exclu pour le moment.

La participation à la gérance des travaux est véritablement le morceau du roi dans un projet comme celui de la baie James. Il n'est pas surprenant que plusieurs firmes d'ingénieurs du Québec se soient livré une lutte farouche pour l'obtenir. Bernard Lamarre a lui aussi multiplié les «stratégies» depuis qu'il a rencontré Paul Desrochers. En effet, il est d'avis, contrairement à ce que croit René Lévesque, qu'il ne s'agit pas d'un coup monté, mais plutôt d'une opération habilement planifiée. D'une façon générale il se se moque bien d'offusquer la morale de certains. C'est sa morale à lui qui importe et elle se limite à quelques commandements: «Tu ne tueras point. L'œuvre de chair ne désireras qu'en mariage seulement.»

Pour le reste, il peut toujours trouver un angle justificateur et dans ce cas-ci particulièrement, car le dénouement de la saga du contrat de la baie James est loin d'être évident dès le départ.

Le problème se pose de la façon suivante: ou bien le contrôle du projet est assuré par Hydro-Québec, ou bien une autre société d'État est créée pour le réaliser avec l'aide d'un consortium de firmes québécoises. Dans les deux cas, les firmes d'ingénieurs-conseils seront gagnantes. Advenant le pire scénario, c'est-à-dire le choix de tout confier à Hydro-Québec, cette dernière devra nécessairement s'adjoindre des firmes d'ingénieurs-conseils pour l'aider, car elle ne possède pas les ressources internes nécessaires pour mener à bien un tel projet.

La rencontre de Bernard Lamarre avec Paul Desrochers a été décevante. L'homme d'affaires comprend vite que l'éminence grise de Bourassa ne sera l'allié de personne; il est le patron et agit comme tel. L'homme fort de Bourassa a deux batailles à livrer: trouver les capitaux et choisir le maître d'œuvre.

L'affaire commence d'ailleurs sur une mauvaise note pour

la société d'État. Elle doit contrer la réticence des hommes du premier ministre Bourassa. Paul Desrochers en tête «soupçonne Hydro-Québec d'être un nid de séparatistes. Ardent et farouche défenseur de l'entreprise privée, il est sur ses gardes depuis le jour où René Lévesque a réussi la nationalisation de l'électricité[5].» Il est convaincu qu'un groupe indépendant peut gérer le projet plus efficacement: «Lorsqu'il était étudiant en administration en 1945 à l'Université Columbia de New York, Paul Desrochers a étudié à fond la *Tennessee Valley Authority*, puissant organisme qui s'occupe non seulement de la production d'électricité aux États-Unis, mais aussi du développement du territoire, de l'irrigation et de l'aide à l'agriculture dans sept États américains[6].» La formule l'a enthousiasmé au point de le convaincre de son application au Québec pour la réalisation de la baie James.

Hydro-Québec n'aide pas sa cause en se laissant tirer l'oreille. Avant de se lancer dans la réalisation du projet hydro-électrique elle veut étudier les possibilités qu'offrent d'autres sources d'énergie, dont le nucléaire et le thermique. Mais Paul Desrochers pousse dans le dos des dirigeants. Il a été convaincu de la faisabilité du projet par un ex-ingénieur d'Hydro-Québec, François Rousseau, maintenant vice-président de la firme Rousseau Sauvé Warren & Associés. Paul Desrochers l'a rencontré au cours d'un dîner en juin 1970. «Il y a un projet qui a été mis sur les tablettes à Hydro-Québec, c'est la baie James.» Paul Desrochers prend le dossier à cœur. Il l'étudie à fond avec François Rousseau et survole le territoire à plusieurs reprises au cours de l'été 1970.

Quatre mois après l'élection de Robert Bourassa, le chef de cabinet parle déjà de l'à-propos d'un projet qui pourrait galvaniser l'enthousiasme de la collectivité québécoise, stimuler l'économie stagnante et réinventer l'esprit de la Révolution tranquille qui s'est estompé avec la fin de l'impact des travaux de la Manic. À Robert Bourassa qu'il informe du résultat de ses démarches, il déclare: «Il s'agit de savoir si le projet est réalisable du point de vue financier.»

Il entreprend une course folle à travers les États-Unis et l'Europe pour s'enquérir des possibilités de financement. En pleine crise d'octobre, Robert Bourassa l'accompagne à New York pour entrer en relation avec les milieux financiers[7].

Hydro-Québec donne finalement son accord le vingt-six mars 1971, après que Paul Desrochers eut élevé la voix pour une des rares fois et déclaré, lors d'une rencontre à laquelle participaient les commissaires d'Hydro-Québec et son président, Roland Giroux: «Le projet de la baie James se fera avec ou sans Hydro-Québec[8].»

Paul Desrochers insiste pour annoncer la concrétisation de ce vaste projet un mois plus tard, à la fin d'avril 1971, à l'occasion du premier anniversaire de la prise du pouvoir par Robert Bourassa. Le premier ministre s'entête à obtenir cette caution morale de la société d'État, ce qui, croit-il, lui facilitera la vente du projet aux Québécois.

Le trente avril, tout est prêt. Les 9500 partisans libéraux réunis au Colisée de Québec apprennent la nouvelle de la bouche du comédien Roland Chenail, narrateur du montage audio-visuel:

«Quatorze millions de dollars déjà dépensés, 350 personnes déjà au travail à la baie James, aménagement projeté de cinq rivières, possibilité pour le Québec d'être le plus important pourvoyeur d'électricité en Amérique d'ici vingt ans, 3500 personnes au travail dès la fin de 1971... Le monde commence aujourd'hui.»

Pas un mot sur le financement ni la gérance. Robert Bourassa exhibe une lettre à l'auditoire, dont il lit certains passages: «Hydro-Québec, se basant sur les études déjà faites et les opinions émises par ses propres ingénieurs, par les ingénieurs-conseils Asselin Benoît Boucher Ducharme Lapointe (ABBDL) et par les ingénieurs-conseils Rousseau Sauvé Warren(RSW), recommande au gouvernement du Québec que le projet de développement des ressources hydro-électriques de la baie James soit entrepris sans délai. Nous sommes fiers de dire que nous sommes d'accord avec la décision d'Hydro-Québec.»

Pour les firmes d'ingénieurs, c'est l'euphorie totale. Pour Hydro-Québec, c'est déjà la guerre pour obtenir la responsabilité du projet, car Paul Desrochers a toujours en tête la création d'un groupe indépendant et il a convaincu Robert Bourassa. Les deux hommes apprennent à leurs dépens qu'Hydro-Québec ne peut être écartée du revers de la main. Elle est devenue la fierté du Québec et elle obtient l'appui de l'opposition péquiste et des médias pour conserver ses pouvoirs.

Après plus de deux mois de débats à Québec, leurs plans sont déjoués. Le quatorze juillet 1971, jour de l'anniversaire de Robert Bourassa, le projet de loi créant la Société de développement de la Baie James (SDBJ) est finalement adopté, mais Hydro-Québec a obtenu le contrôle de la filiale la plus importante de la SDBJ, celle qui aura la responsabilité de l'aménagement hydro-électrique soit la Société d'énergie de la Baie James, la SEBJ. Elle sera créée en décembre 1972. «Non seulement Hydro-Québec continuera d'avoir l'exclusivité de la vente et de la distribution de l'électricité hors du territoire mais elle est actionnaire principale de la filiale et trois des cinq membres de son conseil d'administration seront nommés après recommandation d'Hydro-Québec», précise Robert Bourassa. «En janvier 1972, sans bruit et sans éclat, Hydro-Québec boucle la boucle. Elle devient l'unique actionnaire de la Société d'énergie de la Baie James car elle se porte aussi acquéreur de. la part de 500$ détenue par Pierre Nadeau. Elle a fait valoir que pour des raisons de taxation, il serait préférable que la SEBJ soit une filiale à part entière. Le gouvernement a donc fait adopter une loi qui stipule que la taxe de vente ne s'applique pas aux compagnies dont le capital-actions est détenu par une société (Hydro-Québec) dont les actions appartiennent au moins à 90% au Gouvernement du Québec[9]».

Malgré cela, Robert Bourassa continue de vouloir une gérance indépendante pour le projet de la baie James. À cet effet, il mise sur la force du futur président de la SDBJ. Il propose d'abord le poste à Jean de Granpré qui, après avoir décliné l'offre, suggère un autre candidat: Pierre Nadeau, vice-président de l'*Industrial Acceptance Corporation,* une compagnie de finance. «Vous êtes un homme fort de l'entreprise privée. Nous voulons que la baie James soit développée selon ce style. Vous aurez carte blanche.» La nomination de ce dernier est annoncée le deux septembre 1971.

Ces assurances du premier ministre ne se concrétisent pas. Pierre Nadeau n'est pas, et ne deviendra pas, le véritable patron de la baie James. Son ignorance totale des milieux politiques lui attire rapidement les foudres libérales. Trois mois après sa nomination, il écarte une soumission de Simard-Beaudry parce que le chèque de garantie a été émis à l'ordre d'Hydro-Québec et non à l'ordre de la SDBJ. Le contrat de 21 millions pour un tronçon de 105 kilomètres de route est octroyé à une firme américaine, *Kiewit Ltd.* L'annonce déclenche une véritable tempête à l'Assemblée législative. Plutôt que de faire marche arrière, Pierre Nadeau tient son bout. Il explique: «Si on fait un passe-droit aujourd'hui, on en fera un autre demain. Et nous perdrons la confiance de tout le monde.» Quelques semaines plus tard, il refuse d'accorder deux autres contrats totalisant 24 millions de dollars à Simard-Beaudry, alléguant cette fois que la firme n'a pas fourni son dépôt de garantie. Paul Desrochers s'en mêle:

«Écoute, Pierre, tu es Québécois, tu es Canadien français...

— Paul, je ne suis pas lié au gouvernement, à la politique, à ces choses-là. Il nous faut une garantie, on va l'avoir, sinon ils n'auront pas le contrat.

— Mais tu ne comprends pas...

— Ta caisse électorale, je m'en fous!

— Il y a des élections qui s'en viennent... ça ne se fait pas avec des «peanuts»!

— Toi, tu fais des élections, moi je n'en fais pas, O.K.?[10]»

Finalement, la Banque Canadienne Nationale dépose l'argent du cautionnement, ce qui permet à Simard-Beaudry d'obtenir le contrat. Comme il a déjà donné du fil à retordre à l'entourage de Bourassa et surtout à Paul Desrochers, l'avenir de Pierre Nadeau semble compromis, six mois seulement après sa nomination. D'ailleurs, le président d'Hydro-Québec, Roland Giroux, l'attend au détour lui aussi.

Pendant tout ce temps-là, Bernard Lamarre s'est constamment tenu au courant par l'entremise de son ami Claude Rouleau. Tous deux connaissent la tendance de Paul Desrochers à vouloir impliquer une firme américaine pour faciliter l'obtention du financement, mais ils ne savent pas jusqu'à quel point.

Bernard Lamarre pèse le pour et le contre. S'il offre les services de son entreprise pour la gérance des travaux, il doit dire adieu aux contrats de plans et devis. Il soupèse également les avantages et les inconvénients de gérer le projet en s'associant avec une firme de construction québécoise et un partenaire américain. Finalement, il opte pour cette dernière solution et choisit de s'allier à la firme québécoise Janin Construction. Cette compagnie jouit d'une excellente réputation. Elle a beaucoup grossi sous le régime libéral de Jean Lesage, au point d'étendre son expertise à l'ingénierie. Janin Construction est propriétaire de Fenco, pour laquelle une centaine d'ingénieurs travaillent à travers le Canada[11]. C'est une compétence à ne pas négliger et Bernard Lamarre est persuadé qu'une association avec cette firme pourrait profiter au projet de la baie James.

Mais il n'est pas le seul à manigancer. Deux personnages importants, le président de SNC, Camille Dagenais, et le ministre de l'Éducation, Guy Saint-Pierre, ingénieur lui aussi, appuient l'idée de la formation d'un consortium «made in Québec». Avant de devenir ministre de l'Éducation, Guy Saint-Pierre était vice-président de la firme Rousseau Sauvé Warren. C'est là qu'il a rencontré François Rousseau, le père du projet de la baie James. Il l'a ensuite présenté à Paul Desrochers[12]. Dagenais et Saint-Pierre sont convaincus que le projet peut se réaliser sans l'aide d'une firme américaine et sans Hydro-Québec. «Après le programme Apollo, qui a conduit des astronautes sur la Lune, je ne connais pas de projet aussi important que celui de l'aménagement de la baie James. C'est pourquoi nous avons formé un consortium pour offrir nos services à la Société d'énergie de la Baie James, de préciser Pierre Fortier, vice-président de SNC[13]. Pierre Nadeau approuve. «Je m'oppose à la présence de Bechtel et je vais m'y objecter jusqu'à ce qu'il me reste une goutte de sang», déclare-t-il à Bourassa. Afin d'offrir un produit complet et de donner plus de poids à leur proposition, le ministre Saint-Pierre et le président de SNC, insistent pour regrouper les forces en présence et persuadent le président de Janin Construction, Henri Gautrin, de laisser tomber son association avec Bernard Lamarre pour se joindre à eux. «Après avoir examiné l'ensemble des forces dans l'ingénierie au Québec, nous sommes convaincus que nous pouvons réaliser le projet si Janin se joint au consortium que nous voulons former avec SNC et Monenco.» Henri Gautrin qui est Français d'origine se fait servir l'argument qu'il ne sera pas un «bon Québécois» s'il ne se joint pas au groupe «100% Québec».

Partagé entre son sentiment d'appartenance et le plaisir de travailler avec Bernard Lamarre, Henri Gautrin doit rester réaliste. LVLVA est une firme d'ingénieurs qui peut difficilement rivaliser avec SNC et Monenco réunies; son seul atout tient à la personnalité de Bernard Lamarre, «une vraie locomotive!», comparativement au président de SNC, Camille Dagenais. Ce dernier, mince, élégant et raffiné, préfère les affaires tranquilles et les négociations discrètes[14]. Il n'a pas non plus le sens de l'humour de Bernard Lamarre, une qualité qu'Henri Gautrin apprécie par-dessus tout chez cet l'ingénieur. Mais le président de SNC, Camille Dagenais, se vante d'avoir obtenu la promesse de Robert Bourassa que, s'il était élu premier ministre, il accorderait à SNC les contrats de gestion de tous les projets de la baie James. C'était durant la campagne à la direction du parti libéral, un jour où Dagenais avait rencontré Bourassa à une «épluchette de blés d'Inde» au lac des Français[15]. Gautrin décide de laisser tomber Bernard Lamarre.

«Tu dois me libérer de notre entente. J'ai accepté de me joindre au groupe formé de Monenco et de SNC. Nous allons soumettre une proposition conjointe pour faire la gérance du projet. Le ministre Guy Saint-Pierre a fait les arrangements.»

Choqué, Bernard Lamarre apostrophe le ministre Guy Saint-Pierre:

«Je trouve que ce n'est pas correct. C'est vrai que SNC est un peu plus gros que nous et que Monenco est également un bureau important, mais nous sommes certainement troisième ici au Québec. Si vous nous laissez de côté, je vous promets toute une bataille.

— Ce n'est pas possible de vous intégrer dans le consortium. Mais si vous acceptez de dégager Janin Construction, nous vous garantissons une bonne partie de la confection des plans d'ingénierie», lui dit le ministre[16].

Bernard Lamarre repart furieux: «Ils ne l'emporteront pas au paradis!» Cependant, il n'a jamais cru qu'engueuler les gens et donner des coups de poing sur la table pouvaient arranger les choses. Gagner les gens à sa cause par la compréhension et l'enthousiasme demeure, à son avis, beaucoup plus productif. Il se plie aux nouvelles règles du jeu, mais en apparence seulement, et dégage Henri Gautrin de sa parole.

L'impossibilité de se joindre à Janin Construction le force à changer sa stratégie. Il décide qu'au point où en sont les choses, il n'a plus rien à perdre. Ou il retire les miettes que le consortium québécois voudra bien lui donner, ou il tente le tout pour le tout. Il croit qu'il peut augmenter ses chances d'obtenir le contrat en laissant, dans sa proposition, une plus grande place à une firme américaine. Il compte aussi profiter de la rivalité entre Pierre Nadeau et Roland Giroux Il soupçonne que si l'un dit blanc, l'autre dira noir et Nadeau s'est déjà rangé du côté du consortium formé de SNC, Monenco et Janin. Roland Giroux ne s'entend pas non plus très bien avec Camille Dagenais de SNC. Enfin, à choisir entre Pierre Nadeau et monsieur Giroux, Bernard n'hésite pas à parier sur ce dernier. C'est un homme influent qui a conseillé René Lévesque pour la nationalisation de l'électricité en établissant la valeur des compagnies nationalisées. Ex-président de Lévesque & Beaubien, ami personnel de Daniel Johnson, il est devenu, plus tard, son conseiller spécial en matière financière, puis président d'Hydro-Québec, le premier août 1969.

«Si Roland Giroux insiste autant sur une présence américaine dans la gérance, il doit avoir une bonne raison!», confie Bernard Lamarre à ses associés. Financer un projet de cinq milliards de dollars n'est certainement pas chose facile.

Il soupçonne aussi la firme américaine Bechtel, la plus importante firme d'ingénierie au monde, d'être vivement intéressée à la baie James. Experte dans la construction de pipelines, Bechtel vient tout juste d'être expulsée de la Lybie après la nationalisation, par le nouveau régime du colonel Khadafi, de tous les actifs des compagnies pétrolières étrangères. Bernard Lamarre est très tenté d'aller se frotter à ces champions; il a toujours cru que c'est la seule façon de s'améliorer.

Il ne craint pas non plus que son entreprise se fasse avaler ou encore éclipser par Bechtel. L'opinion publique québécoise est trop sensible pour tolérer qu'une trop grande part soit

Pierre A. Nadeau            Roland Giroux

réalisée par des Américains. L'incident causé par Pierre Nadeau, qui a écarté une firme québécoise au profit d'une firme américaine, est encore vivace. Les dirigeants d'Hydro-Québec et le gouvernement ont tout intérêt à éviter un autre tollé parmi la population.

Les morceaux du puzzle sont difficiles à rassembler. Son analyse terminée, Bernard Lamarre demande une entrevue à Roland Giroux: «Monsieur Giroux, je pense que j'ai deviné votre pensée. Je crois avoir trouvé la solution pour vous aider à réaliser le coup du siècle. Je vous offre d'être le participant québécois pour calmer l'opinion publique, ce qui vous permettrait de vous associer avec Bechtel et d'obtenir le financement.» Roland Giroux ne promet rien. La suggestion est intéressante et il veut en glisser un mot à Paul Desrochers.

Bernard Lamarre sait qu'il a marqué des points parce que sa proposition laisse, du même coup tout le contrôle du projet à Hydro-Québec. Comme il l'a pressenti, le président Roland Giroux a été profondément irrité de constater que le consortium québécois, dans son organigramme, n'a inclus qu'un seul cadre de la société d'État, Paul Amyot[17].

Bernard Lamarre compte aussi sur un autre allié: Robert Boyd, un commissaire d'Hydro-Québec. De tous ceux qui sont favorables à Bechtel, il est sans aucun doute le plus convaincu. Il a été impressionné par la façon dont Bechtel a contrôlé les coûts et les échéanciers à Churchill Falls au Labrador, au moment où lui-même s'y trouvait à titre d'administrateur. Son expérience s'est révélée beaucoup moins heureuse, selon René Lévesque, chroniqueur au *Journal de Québec*, lors de la construction du plus haut barrage à voûtes multiples du monde à Manic 5, une réalisation qu'il a également suivie de près! «Manic-Outardes, par ailleurs triomphalement réussi, a en effet connu des dépassements, des «extras» et «imprévus», dont l'ampleur donnait parfois le frisson...[18]» C'était une conception des ingénieurs français Coyne et Bellier qui avaient vendu cette idée à Hydro-Québec. La réalisation du barrage avait été marquée par des relations de travail très tendues. «Hydro-Québec avait été entraînée dans des négociations quasi perpétuelles avec un syndicat ou un autre[19].»

Bernard Lamarre a vu juste concernant la lutte ardente entre Pierre Nadeau et Roland Giroux. À la fin du mois de mai 1972, la querelle éclate au grand jour: «La gérance du projet doit être confiée à l'entreprise privée et cette entreprise doit être québécoise», clame Pierre Nadeau. De son côté, Roland Giroux joue cartes sur table: «Nous pouvons réunir les capitaux requis à la condition expresse que le mandat total d'ingénierie et de gérance du projet d'aménagement hydro-électrique de la baie James soit confié à Hydro-Québec» déclare-t-il devant la Commission parlementaire des richesses culturelles.

Roland Giroux gagne. Le deux août 1972, Pierre Nadeau démissionne et Robert Boyd prend en charge le projet de la

PHOTO: LAVALIN

*Inauguration de LG-2, Baie James.*

baie James et devient président de la SEBJ[20]. La participation de LVLVA dans le contrat de gérance est maintenant assurée. Bernard Lamarre n'a plus qu'à manœuvrer pour en tirer le maximum, c'est-à-dire convaincre Hydro-Québec d'embaucher le moins possible d'étrangers en profitant du sentiment nationaliste de l'époque.

Le public québécois n'apprendra que deux ans plus tard, par le biais de la Commission parlementaire des richesses naturelles le dix-sept décembre 1974, la teneur des engagements signés par Hydro-Québec avec ses deux partenaires. Bechtel n'a obtenu aucun pourcentage sur les salaires des employés qu'elle fournit sur le chantier contrairement à LVLVA.

«Pour le personnel que Bechtel nous fournit sur les chantiers, le *mark-up* est de zéro. Par contre, nous leur payons des honoraires plus élevés. Nous pourrions faire le contraire et dire à Bechtel: fournissez-nous plus de monde, déclare Robert Boyd.

— La réponse est fort intéressante. Est-ce que je puis en conclure, sans errer, que vous auriez intérêt à utiliser davantage Bechtel que Lalonde & Valois au point de vue des coûts? rétorque le député péquiste Jacques-Yvan Morin.

— Certainement, mais je crois que c'est cette Assemblée qui nous a elle-même demandé de prendre le moins possible d'étrangers. Alors nous nous soumettons, de conclure Roland Giroux.

— Cela ne justifie pas une telle disproportion, tout de même, d'ajouter le député péquiste Jacques-Yvan Morin.

— Je suis entièrement d'accord avec vous. Je crois qu'il n'y a pas un bureau d'ingénieurs dont on puisse justifier les frais. C'est mon opinion. C'est beaucoup trop cher. Que voulez-vous, nous devons les subir», d'ajouter Roland Giroux[21].

La patience de Bernard Lamarre et ses jeux de coulisses seront récompensés puisque la baie James générera des revenus de 456 millions de dollars dans son entreprise. Cette injection de capitaux lui permettra de laisser libre cours à ses ambitions les plus grandioses.

## RÉFÉRENCES DU CHAPITRE 4

1. Roger Lacasse, *La Baie James, une épopée*, Montréal, Éditions Libre Expression, 1983, p. 225.

2. René Lévesque, *Attendez que je me rappelle*, Montréal, Éditions Québec Amérique, 1986, p. 228.

3. Arrêté en conseil numéro 1273 du 25 avril 1968.

4. La formule est: 30 000 $ multiplié par les coefficients 1,125 et 1,600 totalisent 54 000 $.

5. Roger Lacasse, *Op. cit.*, p. 136.

6. *Ibidem*, p. 135.

7. *Ibidem*, p. 104.

8. *Ibidem*, p. 114.

9. *Ibidem*, p. 192-193

10. Roger Lacasse, *Op. cit.*, p. 183.

11. Voir le chapitre 6 où Lavalin fait l'acquisition de Fenco.

12. RSW a été l'une des principales firmes de génie-conseil impliquées dans la réalisation des études et la préparation des documents pour la baie James. François Rousseau est mort des suites d'un cancer à la gorge à l'automne 1975.

13. Claude Tessier, *Le Soleil*, 24 mai 1972.

14. Matthew Fraser, *Québec Inc.*, Montréal, les Éditions de l'Homme, 1987, p. 193.

15. *Ibidem*, p. 195.

16. En 1989, Guy Saint-Pierre devient président du Groupe SNC.

17. Roger Lacasse, *Op. cit.*, p. 229-230.

18. *Ibidem*, p. 227. L'auteur cite la chronique de René Lévesque, *Journal de Québec*, 26 septembre 1972.

19. Roger, Lacasse, Op. cit, p. 366.

20. À peine quinze jours après sa démission, Pierre Nadeau est nommé président-directeur général de Petrofina Canada inc. Opposé à la privatisation de Petrofina en Petro-Canada, il démissionne après avoir acheté des actions à 16,75 $ qu'il revend ensuite 90 $.

21. Commission parlementaire des richesses naturelles, 17 décembre 1974.

# Chapitre 5

# LAVALIN: UN NOM PASSE-PARTOUT

Les retombées du contrat de la baie James assurent des rentrées de fonds régulières chez LVLVA. Bernard Lamarre pourrait s'asseoir sur ses lauriers, mais il opte pour la diversification de ses activités. Avant d'enclencher le processus, il procède à une réorganisation à l'intérieur même de l'entreprise. Le contrat du siècle a en effet précipité la petite entité dans les ligues majeures sans qu'elle y soit préparée. Malgré ses succès à décrocher des contrats, LVLVA reste une société, ce qui ne place guère les associés à l'abri en cas de poursuite. Ils risquent d'y perdre tous leurs biens personnels. Une incorporation, en août 1972, limite leurs risques aux montants investis dans la compagnie.

Le nom de la nouvelle corporation, Lavalin, s'impose de lui-même. Le pseudonyme est déjà utilisé dans toutes les communications télex. De plus, il n'identifie pas les fondateurs, a une consonance internationale et se prononce aussi bien en anglais qu'en français.

Le holding Lavalin inc. devient propriétaire des six filiales du groupe: Lalonde Valois Lamarre Valois & Associés; la Compagnie nationale de forage et de sondage, fondée en 1937; Lamarre Valois International, dont la création remonte à 1963, qui assure la représentation du groupe à l'étranger; Lea Benoit & Associés, acquise en 1966; Photographic Surveys en 1968 et Jacques Déry & Associés en 1970.

Bernard Lamarre ne change pas de style de gestion pour autant. Il continue à gérer de façon bien particulière. Sans convention collective, les salaires des employés sont établis au gré des humeurs de chacun des associés. Par exemple, aucune nouvelle secrétaire ne peut gagner plus que la sienne, peu importe sa compétence. Ceux qui ne se rebiffent pas n'obtiennent rien. Il insiste pour maintenir ce type d'entreprise familiale même s'il crée des passe-droits. Il renforce même sa gestion paternaliste en offrant gratuitement le café afin que les gens puissent le boire tout en travaillant. L'entreprise paie également le casse-croûte à la cafétéria de façon à éviter que les employés s'éternisent dans les restaurants à l'heure du lunch.

L'idée d'installer une garderie pour les enfants des employés de Lavalin fait aussi son chemin. L'ouverture de l'Enfanfreluche en 1981, décrite comme la «Cadillac des garderies[1]», dans un édifice victorien situé au 3484, rue de la Montagne, s'inscrit dans cette ligne de pensée. C'est une façon de rassurer les parents, de diminuer leur absentéisme et de favoriser le travail après les heures de bureau puisque le service est assuré tant et aussi longtemps qu'ils sont retenus au travail.

Très tôt Bernard Lamarre aime provoquer la présence de couples dans l'entreprise. Il préfère embaucher la femme d'un ingénieur qui travaille déjà chez Lavalin plutôt que quelqu'un d'autre: «Les Japonais le font bien.» C'est le modèle de la famille. Quand quelqu'un commence à travailler pour une société, il y reste. Il suffit de donner suffisamment aux employés pour les décourager d'aller voir ailleurs et surtout... de former un syndicat. Toutes les propositions pour établir des grilles salariales prennent d'ailleurs le chemin de la poubelle. Ses associés approuvent. «Si nous acceptons ces grilles, nous allons un jour nous retrouver avec des conventions collectives», clame Paul Roberge.

Bernard Lamarre aime également garder tout le pouvoir entre ses mains. C'est sa façon de gérer. Il peut décider de donner un ordre directement à un employé sans que le superviseur de ce dernier n'ait son mot à dire. C'est lui le patron. Rien ne lui échappe, car toute la correspondance de l'entreprise doit passer par son bureau.

Un événement vient d'ailleurs confirmer définitivement son emprise: le départ de Jean-Pierre Valois, le fils de Roméo Valois, dans des conditions pénibles, en mai 1973.

Dix ans plus tôt, après avoir obtenu son diplôme de l'Université McGill, il était entré au service de la compagnie où son père lui avait cédé son fauteuil, en face de celui de Bernard Lamarre.

Roméo Valois ambitionnait de voir Jean-Pierre se mesurer à Bernard, même si celui-ci avait déjà plusieurs années d'expérience aux commandes de la compagnie. Comme plusieurs pères de famille, il connaissait mal son fils et sous-estimait la force de Bernard, le meilleur joueur de l'équipe. Jean-Pierre était très différent, à commencer par le type d'éducation qu'il avait reçu. Même si les parents Lamarre étaient maintenant à l'aise, ça n'avait pas toujours été le cas. La famille comptait onze enfants, et la discipline et le travail y primaient. Jean-Pierre Valois n'avait qu'une sœur. Sa passion pour le pilotage, les voyages et les voitures puissantes démontrait son désir d'originalité mais aussi son statut d'enfant gâté.

Pendant huit ans, les deux hommes travaillèrent face à face, Jean-Pierre courant sans cesse pour rattraper Bernard, mais sans jamais y arriver. Il le voyait décrocher de gros contrats et se sortir des mauvaises passes en riant de plus en plus fort. Leurs relations étaient quand même cordiales. Bernard appréciait les aptitudes de Jean-Pierre dans certains domaines, telles la construction des routes et la finance, mais il n'avait jamais trouvé important de lui en faire part. Complimenter les autres n'était pas son genre, il ne le faisait pour personne, pas même pour le fils de Roméo. Un compliment sincère veut dire reconnaître la compétence de quelqu'un d'autre et accepter de partager son pouvoir: les compliments, il faut les payer un jour ou l'autre. Le fils de Roméo avait beau faire, Bernard était meilleur, il le savait et ne s'en culpabilisait pas.

Déjà à cette époque, pour s'engager dans une discussion avec l'ingénieur Lamarre, il fallait avoir prévu tous les angles. Une absence d'émotivité doublée d'une logique à toute épreuve constituent des préalables dont Jean-Pierre Valois ne disposait pas. Ses arguments étaient souvent démolis et il en était traumatisé.

Toujours est-il qu'en mai 1973, après un séjour à Québec, il n'est plus le même à son retour au bureau. Son langage est devenu incohérent. Informé, son père vient le chercher. Le médecin diagnostique une psychose maniaco-dépressive. Du jour au lendemain, Jean-Pierre Valois cesse de mettre les pieds au bureau et, six ans plus tard, il met fin à ses jours.

Le départ de Jean-Pierre Valois permet à Bernard Lamarre de racheter le tiers de ses actions, ce qui augmente sa participation à 33,35%. Le reste est partagé entre les cinq autres associés qui détiennent dorénavant chacun 13,33% des actions. Des associés de 1963, il reste Gaston René de Cotret, Jean-Paul Dionne et Paul Roberge. André Denis a quitté, Jean Croteau aussi, mais ce dernier profite du départ de Jean-Pierre Valois pour réintégrer la compagnie. Il la quittera définitivement en novembre 1975. Parmi le groupe, on remarque deux nouveaux: Marcel Dufour et Armand Couture.

Leur présence près de lui aux commandes de la compagnie procure à Bernard Lamarre de grandes satisfactions. Ce dernier s'étonne lui-même de pouvoir trouver chez ces deux hommes autant de compréhension.

Il a découvert Armand Couture lors de la construction du pont-tunnel Louis-Hippolyte-Lafontaine et lui a proposé de se joindre à son entreprise. Depuis 1967, Armand est devenu son compagnon de fortune et d'infortune. Il n'hésite pas à solliciter son aide dans toutes sortes de circonstances, dont certaines lui ont laissé de bons souvenirs. Ce fut le cas lorsqu'il reçut un appel du ministre, Bernard Pinard, à trois heures du matin. C'était durant la crise d'octobre de 1970 le ministre du Travail, Pierre Laporte, venait d'être enlevé:

«Nous avons des raisons de croire que les ravisseurs de

Pierre Laporte se sont réfugiés dans le pont-tunnel Louis-Hippolyte-Lafontaine. Étant donné que tu connais ce tunnel par cœur, puisque tu l'as construit, nous voudrions que tu ailles y faire un tour.

— Je ne suis pas volontaire pour ce genre de choses. Je n'irai certainement pas. Envoyez la police.

— Nos policiers ne connaissent pas les lieux.»

Bernard Lamarre avait rassemblé son courage et rétorqué: «S'il le faut absolument, je vais le faire.» Il avait réveillé Armand Couture et ils y étaient allés tous les deux, parlant le plus fort possible afin d'éloigner les ravisseurs. Ils n'avaient vu personne, mais ils se souviendront toute leur vie de cette fameuse nuit.

Quant à Marcel Dufour, leur amitié remonte déjà à plus de vingt ans, depuis leurs années à la Polytechnique: «Je ne comprends pas toujours à quoi tu veux en venir, mais je te fais confiance», lui déclare souvent ce dernier. Bernard Lamarre le lui rend bien, lui fait aussi confiance et le lui a prouvé en maintes occasions. Un jour que la firme venait de creuser un énorme trou en plein cœur de Montréal pour la construction de l'autoroute Est-Ouest, Bernard Lamarre reçut un appel téléphonique urgent. Son interlocuteur, à l'emploi de la Société de transport de la Communauté urbaine de Montréal (STCUM), craignait que la station de métro Victoria n'aille s'engouffrer dans le trou. Il téléphona à Marcel:

«Baptême, es-tu certain de tes calculs dans cette excavation? Il paraît que ça bouge et ils me demandent s'ils doivent arrêter le métro. Il y a 50 000 personnes qui doivent passer par là en fin d'après-midi!»

En quelques secondes, Marcel visualisa le site, le trou, les plans du métro, les études sur la solidité du roc, etc.

«D'après mes calculs, on est correct. Le roc a peut-être bougé, mais il ne bougera plus.»

Bernard prit sa parole et rassura sur le champ les autorités de la STCUM. Mais pendant une semaine, les deux associés demeurèrent sur le qui-vive. Leurs experts surveillèrent le roc constamment, prêts à le retenir au cas où il s'aviserait de bouger à nouveau.

La confiance de Bernard en Marcel avait déjà été testée à une autre occasion. La firme construisait de nouvelles approches au pont Mercier, approches qui passaient tout près d'un immense entrepôt où la compagnie Seagram faisait vieillir son whisky. Le ministre de la Voirie lui téléphone: «Dufour, es-tu sûr de ton affaire? On vient de recevoir une lettre de la compagnie Seagram qui nous tient responsables s'il arrive quelque chose à la bâtisse. Il paraît que l'entrepôt contient pour quarante millions de dollars de whisky?»

Marcel Dufour avait bondi en entendant le chiffre de quarante millions. Il s'était mis à douter de ses calculs, à se questionner sur la profondeur de la nappe d'eau qui, d'après ses estimations, ne dépassait pas trois mètres, ce qui rendait sécuritaire le creusage à douze mètres. En quelques secondes, il avait perdu toute son assurance et ne trouva à répondre au ministre qu'une phrase pas très convaincante: «Bien, on est pas mal sûrs de notre affaire.»

La suite des événements lui avait enseigné à ne jamais remettre en question ses premières analyses car l'entrepôt de Seagram était resté bien assis sur ses fondations.

De nombreuses inquiétudes de ce genre, inévitables dans le monde de la construction, aboutissent toujours sur le bureau de Bernard Lamarre et lui font apprécier la présence de collaborateurs sincères et compétents.

Ce climat de confiance lui permet de donner libre cours à son désir de diversification. Fini le temps où les associés d'une firme d'ingénieurs vident la caisse chaque année et se partagent les profits. Il faut diversifier, car seule la diversification pourra donner à l'entreprise la taille et la technologie nécessaires pour la mise en œuvre de grands projets. C'est la polyvalence qu'un bureau d'ingénieurs doit rechercher et le meilleur moyen de l'acquérir rapidement consiste à acheter un bureau déjà pourvu d'une expertise. Bernard Lamarre ne recule devant rien pour tout obtenir.

Ainsi, lorsque le gouvernement du Québec décide de rajeunir le havre de la baie de Sandy, à Gaspé, c'est tout naturellement vers Jacques Déry & Associés, une firme très active dans le port de Bécancour, que l'on se tourne pour offrir le contrat. Le sous-ministre Claude Rouleau est persuadé que ces experts sauront transformer la base navale, aménagée en 1941 pour protéger le pays des sous-marins allemands, en centre touristique. Il est tellement convaincu qu'il rabroue Bernard Lamarre lorsque celui-ci insiste pour obtenir le contrat: «Bernard, il n'en est pas question. Nous avons décidé que Jacques Déry & Associés sera dorénavant l'expert en développement portuaire pour la région de Québec.»

Bernard Lamarre ne lâche pas prise devant cette occasion de développer une expertise dans la construction et l'aménagement d'installations portuaires. Deux semaines plus tard, il annonce à Claude Rouleau:

«Claude, tu as bien raison, le développement portuaire, il faut laisser ça à Jacques Déry.

— À t'entendre parler, je suis prêt à parier que tu as acheté la firme, réplique Claude Rouleau.

— Comment le sais-tu?», lui demande-t-il après un éclat de rire.

Bernard Lamarre a compris que s'il voulait obtenir le contrat, il n'avait pas d'autre choix que d'acheter l'entreprise. Claude Rouleau avait décidé en effet de régionaliser l'octroi des contrats. «Chacun son coin. Les gens des régions vivent leurs problèmes et les connaissent mieux que nous», avait déclaré ce dernier à Paul Desrochers qui avait approuvé à son tour.

Paul Desrochers avait été sensibilisé à l'importance des régions par Charles Rochette, président de la firme d'ingénieurs-conseils Roche Associés de Québec:

«Certains contrats sont donnés à des bureaux de Montréal alors qu'ils pourraient être réalisés par des firmes de Québec. Il me semble que l'on devrait tracer une ligne à partir de Trois-Rivières jusqu'à Gaspé et réserver ces travaux pour les bureaux de Québec.»

Paul Desrochers, qui avait besoin de son aide pour faire élire Robert Bourassa, avait rétorqué:

«Il n'y a pas d'entreprises capables d'entreprendre de gros travaux à Québec.

— J'ai envie d'en fonder une si tu me promets ton aide.

— Occupe-toi du parti pour le moment. Par la suite, nous ferons le nécessaire pour t'aider.»

Charles Rochette lui avait fait confiance. À minuit, après la victoire de Bourassa, Paul Desrochers lui avait téléphoné:

«Viens me voir en matinée. Je respecte ma promesse.»

Ce fut une occasion inouïe pour Roche Associés de Québec.

Bernard Lamarre a une bonne mémoire. Plusieurs années après, il se souvient encore de cette éviction du territoire de Québec. Lorsque le président de Roche Associés, Charles Rochette, lui demande une participation dans la nouvelle centrale qu'Hydro-Québec veut construire aux environs de Saint-Joachim, en aval de l'île d'Orléans, et pour laquelle Lavalin est certaine d'obtenir le contrat[2].

«Monsieur Rochette, si vous l'aviez, est-ce que vous m'en donneriez une partie?»

Charles Rochette repart bredouille.

Bernard Lamarre peut se montrer indépendant car la conjoncture économique le favorise en faisant plusieurs victimes. Le lancement simultané de grands projets par le gouvernement du Québec et la ville de Montréal entraîne des situations intenables pour les petites firmes d'ingénierie. Elles deviennent incapables de garder leurs employés. Les ingénieurs de talent aiment s'associer aux grandes firmes de génie-conseil qui réalisent de grands travaux et qui offrent non seulement de meilleurs salaires, mais aussi des perspectives d'avenir plus intéressantes. Lavalin draine une grande part de bons éléments avec le contrat de la baie James.

Dans certains cas, Bernard Lamarre prend les devants,

dans d'autres, on vient le solliciter, comme dans le cas de l'acquisition de F. R. Laberge & Associés. Cette firme, qui a pignon sur rue à Ville Saint-Laurent, ressent à la fin de 1974 la surchauffe créée par la baie James et les Jeux olympiques. Elle occupe un créneau intéressant dans le génie municipal et les routes. Tout est cependant très aléatoire! Guy Laberge craint de se retrouver coincé et incapable de finir ses contrats, s'il attend trop longtemps avant d'unir les destinées de l'entreprise à un plus grand bureau. Son frère René accepte de lui laisser approcher Lavalin.

Guy Laberge a travaillé pour Bernard Lamarre au début des années 1960. Même s'il l'a quitté pour rejoindre l'entreprise de son frère, il est pâmé d'admiration devant le président de Lavalin et très intrigué par la façon de ce dernier de brasser des affaires.

PHOTO: LAVALIN

*Bernard Lamarre en compagnie de Guy Laberge.*

«Nous cherchons à nous associer à une entreprise plus importante. Êtes-vous intéressé?»

Le président de Lavalin n'hésite pas à dire oui. L'entreprise des frères Laberge présente une feuille de route impeccable. Pas de réclamation dans les tiroirs, un bon rendement avec son million de chiffre d'affaires annuel et surtout de bons ingénieurs. Il réunit les frères Laberge autour d'une bonne table et va droit au but:

«Notre philosophie chez Lavalin, c'est d'acquérir l'entreprise au complet. Nous ne voulons pas d'un président qui garde un pourcentage d'actions.»

Dans toutes ses acquisitions, Lavalin ne vide jamais ses coffres. Dans le domaine du génie-conseil, l'achalandage n'a que peu de valeur car rien n'est jamais acquis. La clientèle doit être rebâtie constamment au regard des marchés qui se créent et s'évanouissent. L'offre d'achat n'a donc jamais à être trop généreuse. Le marché est conclu. F. R. Laberge & Associés de Ville Saint-Laurent prend pignon sur rue à Laval, sous un nouveau nom: Laberge & Associés. Son mandat est de poursuivre activement ses activités de marketing. Bernard Lamarre insiste pour que la firme englobée puisse conserver sa personnalité de façon à pouvoir jouer sur les deux tableaux le cas échéant. Ainsi elle peut mettre en sourdine ses affinités avec Lavalin ou au contraire les mettre en évidence, selon ses clients. Certains aiment pouvoir traiter avec un petit bureau, ce qui leur permet un accès direct au président de la firme. D'autres sont rassurés de brasser des affaires avec une plus grosse organisation et le halo de Lavalin derrière. L'important demeure de les satisfaire tous et chacun.

Ouvrir un bureau et partir de zéro reste une solution de dernier recours. Pour prendre une expansion géographique ou acquérir une expertise technique, Bernard Lamarre préfère se prendre un pied-à-terre, c'est-à-dire acheter un bureau déjà bien implanté. L'acquisition de la firme Arsenault Garneau Villeneuve, dans l'ouest de Montréal, se fait à peu près de la même façon que celle de F. R. Laberge & Associés.

Un certain vendredi soir, les coffres de cette compagnie sont presque vides. L'entreprise n'a pas généré suffisamment de revenus pour payer son personnel. Protégée par les libéraux, Arsenault Garneau Villeneuve s'est retrouvée le bec à l'eau après l'arrivée au pouvoir du Parti québécois. La solution consiste à se vendre à Lavalin qui, elle, a continué d'appliquer le bon vieux principe selon lequel une firme d'ingénieurs doit toujours être au pouvoir, c'est-à-dire avoir des amis dans tous les partis politiques.

Bernard Lamarre ne se limite pas à l'achat de compagnies en difficultés, il profite des occasions offertes par le projet de la baie James pour créer des filiales. Si Lavalin ne peut participer à la confection des plans d'ingénierie puisqu'elle fait partie du comité de gérance, rien ne lui interdit d'apporter sa contribution dans d'autres secteurs et l'entreprise est très bien placée pour le faire puisque l'un des associés, Armand Couture, siège au comité de gérance. Sa contribution est très appréciée: «Plus on le connaît, plus on lui donne de responsabilités», déclare Robert Boyd devant la Commission parlementaire des richesses naturelles le dix-sept décembre 1974. «Monsieur Couture est responsable du service de l'environnement, il a été notre représentant tout au long des négociations avec les Indiens et les Inuit.»

Armand Couture s'est en effet retrouvé précipité dans de longues et ardues négociations avec les Indiens bien malgré lui, comme d'ailleurs le gouvernement Bourassa. Grâce à une aide financière de 505 000 $ du ministre des Affaires indiennes du Canada, Jean Chrétien[3], l'Association des Indiens du Québec a porté ses revendications sur le territoire de la baie James devant les tribunaux. Le huit décembre 1972, moins de trois mois après l'annonce de la participation de LVLVA et de Bechtel Québec au projet, le juge Albert Malouf de la Cour supérieure oblige le gouvernement québécois à négocier avec les Indiens. Il accepte une requête d'injonction présentée par l'Association pour faire cesser immédiatement les travaux sur le territoire de la baie James. Même si la décision de l'arrêt des travaux est suspendue six jours plus tard par la Cour d'appel, elle sonne le départ de négociations intensives entre le gouvernement du Québec et les autochtones[4]. Armand Couture travaille avec John Ciaccia, négociateur du gouvernement du Québec, qui était, jusqu'à sa nomination, sous-ministre des Affaires indiennes du Canada.

Les deux négociateurs se retrouvent sur les estrades, devant des auditoires d'Indiens criant et gesticulant, ce qui n'a rien de rassurant. Finalement, lorsque les Cris de la baie James décident de négocier pour eux-mêmes et d'écarter l'Association des Indiens du Québec, les pourparlers progressent. Une entente de principe est conclue le quinze novembre 1974 et la Convention de la baie James est enfin signée à 23 h 30 le onze novembre 1975. Vingt-deux communautés autochtones obtiennent 225 millions de dollars qui leur seront versés sur une période de vingt ans. Armand Couture est satisfait:

«C'est un traité moderne qui, du point de vue administratif, touche tous les secteurs d'activités du Grand Nord, y compris l'éducation, la santé, le régime de sécurité du revenu pour les trappeurs et les pêcheurs qui en font un gagne-pain, l'organisation municipale et les négociations de l'aspect technique du projet[5].»

L'amendement le plus spectaculaire est sans contredit celui de la relocalisation de la population de Fort-George dans un nouveau village. Grâce au travail d'Armand Couture, Lavalin est bien placée pour décrocher le contrat et Bernard Lamarre fait le nécessaire pour l'obtenir. Il invite Daniel Arbour, expert en urbanisme et en planification régionale, à joindre les rangs de Lavalin. La nouvelle filiale prend le nom de Daniel Arbour & Associés. Ces spécialistes écoutent les Amérindiens, identifient leurs besoins et proposent d'installer le village à Chisasibi, soit neuf kilomètres plus loin. Le grand déménagement aura lieu à l'été 1981. «Plus de trois cents habitations, trois écoles, un hôpital, deux magasins généraux, une coopérative d'alimentation et une chapelle seront relocalisés, tout en respectant le mode de vie des Cris[6].»

Lavalin saisit d'autres occasions. Il y a tellement à faire. L'aménagement de la rivière La Grande, le troisième cours d'eau en importance au Québec, entraîne l'édification d'un complexe aux dimensions gigantesques: quatre centrales, huit barrages, 103 kilomètres de digue, 1 600 kilomètres de route d'accès, la construction de logements pour 18 000 employés de même que deux aéroports. Une nouvelle municipalité va naître: celle de la baie James. Toutes les études reliées aux transports et à la circulation sont confiées à une nouvelle filiale de Lavalin, Cosigma, dirigée par Paul Robillard. Une autre chance s'offre dans le secteur des études économiques: Bernard Lamarre fonde Éconosult sous la direction de Freddy Petitpas, puis de Marc Parent.

En multipliant le nombre de ses filiales, le président de Lavalin démontre sa très grande compréhension du fonctionnement du système d'octroi de contrats par les entreprises gouvernementales. Ces dernières ont toujours intérêt à saupoudrer leurs faveurs pour en faire bénéficier le plus grand nombre possible. Agir autrement risque de placer les gouvernements dans l'embarras et d'attirer les accusations de favoritisme. En ajoutant des nouveaux venus à son organigramme, sans mettre l'accent publiquement sur leurs liens avec Lavalin, Bernard Lamarre élimine l'impression que ce sont toujours les mêmes qui obtiennent les contrats. Cette stratégie provoque parfois des situations cocasses. Un jour que le gouvernement cherche une firme pour réaliser une étude touchant à la fois à l'économie, à l'environnement et à la planification physique du territoire, Rosalie, le fichier central implanté par les péquistes pour l'octroi des contrats gouvernementaux, identifie trois firmes: André Marsan & Associés, Cosigma et Daniel Arbour & Associés. Lavalin ne peut pas perdre: les trois lui appartiennent.

Bernard Lamarre refuse le partage des contrats à moins d'y être vraiment forcé. Lorsqu'il est question d'aménagement de corridors pour le transport de l'énergie produite par le complexe La Grande vers les grandes villes, il veut que Lavalin obtienne le tout seule:

«Je ne peux me permettre de faire passer ces lignes n'importe où, sans avoir au préalable effectué des études d'environnement et d'ingénierie. Il s'agit d'un investissement de dix à douze milliards de dollars», lui a déclaré le président d'Hydro-Québec.

Bernard Lamarre aura cependant à se plier à un jugement à la Salomon. Roland Giroux décide de confier le travail à un consortium formé de Lavalin et Rousseau Sauvé Warren.

Le vent d'acquisitions par Lavalin souffle également hors du Québec. En octobre 1973, les ministres du pétrole de six pays du golfe Persique, soit l'Arabie Saoudite, le Koweit, Abou Dhabi, l'Irak, Qatar et l'Iran ont décidé de fixer eux-mêmes le prix du pétrole. Cette mesure a entraîné une augmentation de 70% des prix affichés, prix qui iront jusqu'à quadrupler en un temps record[7].

Bernard Lamarre croit que cette flambée du prix du pétrole amènera la construction de plusieurs oléoducs et gazoducs au Canada puisqu'il faudra acheminer les ressources énergétiques de l'Ouest vers l'Est. Le ministre des Affaires indiennes et du Nord, Jean Chrétien a éveillé en 1971 sa curiosité par cette déclaration: «Il y a cinq fois plus de roc sédimentaire dans le Nord canadien qu'en Alaska. Les ressources sont là: il faudra peut-être quelques années pour les trouver. Je ne crois pas qu'on puisse trouver du gaz ou du pétrole en pareille quantité ailleurs, même pas au Moyen-Orient. Nous devons faire en sorte que ces ressources soient mises en marché et les pipelines constituent la voie la plus sûre.»

Il entraîne son associé Marcel Dufour à Calgary pour explorer les possibilités d'ouvrir un bureau dans cette ville afin d'être prêts pour la construction de ces conduites. «Pourquoi n'achèteriez-vous pas une société qui œuvre déjà dans le secteur? C'est l'avenir. Il y a une société américaine, *Pipe Line Technologist,* qui est à vendre», leur dit l'expert embauché pour les aider dans leur démarche. Sitôt dit, sitôt fait! Lavalin acquiert 70% des actions de cette compagnie qui emploie une centaine de personnes et en change le nom pour celui de Petrotech. C'est le départ de l'expansion hors Québec. Cette filiale obtiendra le contrat de construction d'une usine de méthanol à Kitimat en Colombie-Britannique, ceux d'une usine de gaz à Robb-Hanlan et de traitement primaire à Norman Wells, en Alberta, des projets totalisant plus de 600 millions de dollars. Cette acquisition est rapidement suivie par une autre en 1976.

Lavalin pose un geste productif en acquérant des actifs canadiens d'une autre compagnie américaine, la *Ralph M. Parsons* de Calgary. D'un coup, la base technique requise pour construire des usines de traitement de gaz naturel, de pastillage de soufre et des installations de sable bitumineux, devient accessible à Lavalin. C'est à cette filiale, appelée Partec, installée en Alberta, que Lavalin devra sa percée en Union soviétique[8].

Loin de ralentir sa marche, Lavalin achète également en 1977 la filiale canadienne d'*Ebasco Services* des États-Unis. La nouvelle entité installée à Toronto, qui prend le nom d'Ebastec Lavalin, se spécialise dans le domaine des centrales thermiques, un domaine qui restera stationnaire. Elle achète également Lanmer Consultants, spécialisée dans le développement de ports et de marinas.

Cette expansion prise à l'extérieur du Québec crée des attentes à l'intérieur de l'entreprise. La relève pousse dans le dos de Bernard Lamarre pour obtenir sa part des profits de la compagnie. «Tu me prends comme associé ou je regarde ailleurs», lui dit l'un d'eux. Une nouvelle réorganisation s'annonce chez Lavalin au cours des trois années qui suivent. Bernard Lamarre, Marcel Dufour, Armand Couture et Paul Roberge profitent du départ de trois des piliers de l'entreprise, Gaston René de Cotret, en octobre 1975, Jean Croteau, en novembre 1975 et Jean-Paul Dionne, en août 1977, pour faire de la place à six nouveaux associés qui obtiennent 18%

de Lavalin inc.: André Gagnon, Eugène Claprood, Peter Martin, Marcel Mercier, Jacques Lamarre, et Claude Rouleau, l'ex-sous-ministre des transports et président de la Régie des installations olympiques.

Ce partage suffit pour ramener l'harmonie et ne met aucunement en péril la haute main de Bernard Lamarre sur son entreprise. Avec une majorité de 33,35% des actions, il continue à régner en maître et s'assure que sa philosophie est bien comprise. Réinvestir sans cesse pour prendre de l'expansion, voilà son nouveau discours.

Il obtient pour ce faire la collaboration de ses amis fidèles Marcel Dufour et Armand Couture. Ces deux hommes partagent son point de vue. Ils n'ont pas de grands besoins financiers et sont surtout capables d'accepter le fait que sur un navire, il ne peut y avoir qu'un seul capitaine. Cette unité de direction, Bernard Lamarre y tient et l'appliquera avec vigueur dans les importants projets qui s'annoncent.

*De g. à dr.: Armand Couture, Marcel Dufour,*
*Bernard Lamarre et Jacques Lamarre .*

# RÉFÉRENCES DU CHAPITRE 5

1. Christian Rioux, «L'Enfanfreluche, la Cadillac du secteur privé», *La Presse Plus*, 21 septembre 1985.

2. Projet abandonné par Hydro-Québec.

3. André Gagnon, La baie James indienne, Montréal, Éditions du Jour, 1973, présentation, p. 13.

4. La Cour suprême refuse à l'Association des Indiens du Québec la permission d'en appeler de la décision de la Cour d'Appel de suspendre l'arrêt des travaux. Les Indiens sont forcés de négocier.

5. *Lavalin 50 ans, Op. cit.*, p. 30.

6. *Ibidem*, p. 31.

7. Pierre Péan, *L'argent noir, Corruption et sous-développement*, France, Éditions Fayard,1988, p. 28.

8. Voir le chapitre 16: «Lavalin sans frontières», où l'on explique la percée de l'entreprise en Union soviétique.

# Chapitre 6

# DANS LES PLATES-BANDES DE SNC

Bernard Lamarre devient de plus en plus entreprenant au milieu des années 1970. Il pressent que la consultation dans le domaine du génie-conseil déclinera dans les années à venir et il considère le temps venu pour Lavalin de s'engager à fond dans le secteur industriel au Québec même. L'occasion lui est offerte avec la décision de la compagnie Alcan de construire une nouvelle usine de fabrication d'aluminium au Saguenay.

Il détient de bons atouts. En plus de Partec, il possède aussi Fenco, une firme d'ingénierie spécialisée dans la réalisation de projets industriels dont l'acquisition n'avait pas été sans remous. Fenco était une filiale de Janin Construction qui avait remporté la soumission pour construire l'usine de filtration Charles-J.-Des Baillets dans la métropole. Cette usine devait être gigantesque selon le vœu du maire Jean Drapeau. Deux ans plus tard, sa réalisation était devenue un cauchemar. Elle avait été mise en chantier rapidement sans que tous les plans aient été achevés. Il fallait faire vite car le président du comité exécutif de Montréal, Gérard Niding, voulait éviter «une disette d'eau dès 1975 et durant les Jeux olympiques». La hausse du prix du pétrole décrétée par l'OPEP avait fait grimper le prix de l'acier de 300 à 600$ la tonne. En février 1975, Janin Construction était au bord de la faillite si la ville de Montréal n'acceptait pas de rouvrir le contrat.

Lavalin a la gérance du projet. Bernard Lamarre décide alors d'intervenir en sa faveur même s'il déroge aux règles qu'il s'est toujours données: «Ne jamais s'acoquiner avec les entrepreneurs, toujours prendre les intérêts de son client et respecter deux choses: le prix et l'échéancier des travaux.» Il rencontre un à un Charles-Antoine Boileau, directeur du Service des travaux publics de la ville de Montréal, Michel Côté, l'avocat de la ville, et le maire Drapeau: «Janin est victime de la conjoncture économique. Ça n'a aucun sens de laisser cet entrepreneur déclarer faillite à cause de ce contrat. Il nous en coûtera beaucoup plus cher pour le terminer si nous embauchons quelqu'un d'autre.»

Janin Construction obtient la transformation du contrat. L'entreprise peut maintenant facturer tous ses coûts. Elle est sauvée, mais ses banquiers ne sont pas rassurés pour autant[1]. Ils insistent pour qu'elle se départisse de certains actifs dont sa filiale Fenco. Lavalin voit là une belle occasion d'en faire l'acquisition, mais elle n'est pas seule. Son grand rival SNC soumissionne lui aussi. C'est Lavalin qui l'emporte. Cette acquisition, réalisée au coût de trois millions de dollars, fait entrer Lavalin dans les ligues majeures du monde de la construction industrielle. L'entreprise a acquis d'un seul coup des bureaux dans six provinces, un siège social à Toronto et 475 employés. Elle peut maintenant quitter le 615, rue Belmont pour emménager dans de nouveaux locaux situés au 1130, rue Sherbrooke, en plein centre du quartier des affaires et faire compétition à SNC pour la construction d'une nouvelle usine Alcan au Saguenay.

Un autre atout pour l'obtention du contrat de construction de cette usine est la présence, au sein de Lavalin, d'un expert en environnement que Bernard Lamarre a réussi à attirer chez lui. À l'assemblée générale annuelle de la Corporation des ingénieurs du Québec, en avril 1972, le sous-ministre Claude Rouleau avait lancé ce message: «Il y a des changements que vous ne pourrez plus refuser longtemps, même s'ils remettent en question la formation professionnelle et l'organisation de vos bureaux. C'est clair que la grande préoccupation des gouvernements est aujourd'hui la protection de l'environnement[2].»

Bernard Lamarre comprend vite. Il veut un nom. Armand Couture, responsable des questions environnementales pour la SEBJ, lui fournit celui d'André Marsan du Centre de recherche sur l'écologie de Montréal, un ingénieur chimiste réputé qui est également conseiller auprès de Victor C. Goldbloom, ministre québécois chargé de la qualité de l'environnement[3]. André Marsan a déjà publié, au début de 1972, pour le gouvernement du Québec, un rapport audacieux. Le document sonnait l'alarme quant aux répercussions écologiques du projet de la baie James et à leur impact sur la population autochtone. Il préconisait la transformation du vaste territoire de la baie James en un laboratoire naturel.

Bernard Lamarre sait très bien qu'en attirant André Marsan dans son entreprise, il offrira à Lavalin ses lettres de créance écologiques:

«Monsieur Marsan, nous trouvons que l'environnement devient de plus en plus important, pourquoi ne viendriez-vous pas avec nous? Pensez-y, je vous donne trois semaines pour réfléchir.»

Mais André Marsan est aussi sollicité par le gouvernement du Québec qui désire lui confier le poste de directeur du Bureau d'études d'impact. Il choisit finalement Lavalin en grande partie parce que l'offre gouvernementale lui crée un problème de conscience: elle l'obligera à juger les études des autres sans qu'il en ait réalisées lui-même[4].

Du jour au lendemain, il peut donner son nom à une entreprise spécialisée en environnement: André Marsan & Associés. Il obtient un salaire garanti plus un pourcentage des profits réalisés par la filiale, profits qu'il insiste pour partager avec ses employés.

«Monsieur Lamarre, l'important est de mettre sur pied une bonne équipe et de pouvoir la garder coûte que coûte, même si nous perdons de l'argent. Il est primordial, pour garder le moral de mes troupes, de savoir qu'ils ne seront pas remerciés si les profits baissent, une année.

— André, une filiale qui s'occupe d'environnement, ça

ne peut pas faire des profits. Ça ne fait que des études.»

La réplique du président de Lavalin lui cause une grande joie. Pour la première fois de sa vie, André Marsan peut traiter avec un chef d'entreprise qui comprend l'importance de l'environnement. Vieux renard, Bernard Lamarre mise en effet sur les études environnementales pour apporter de l'eau au moulin. Grand travailleur, avec sa réputation qui lui ouvre des portes, Marsan trouve facilement des contrats.

Lorsqu'il entend parler de l'intention d'Alcan de construire une imposante usine d'électrolyse à Grande-Baie, il prend aussitôt rendez-vous avec Claude Chamberland, directeur du projet, et le convainc de la nécessité d'une étude d'impact. Heureusement pour Lavalin, son rapport est très enthousiaste. André Marsan donne le feu vert. Le projet ne présente que des avantages pour le Québec: la technologie proposée par Alcan n'est pas polluante et le choix du site est approprié. Claude Chamberland est enchanté. Lorsque André Marsan mentionne le nom de Lavalin pour la réalisation de l'usine de 200 millions de dollars, Chamberland lui répond: «Pourquoi pas?» Bernard Lamarre a déjà un pied dans la porte.

Fidèle à ses habitudes, Bernard en discute avec le comité technique. Cette rencontre hebdomadaire est un lieu privilégié de discussions; tous les chargés de projets doivent venir y défendre leur gestion y compris Eugène Houde de passage à Montréal entre deux contrats en Afrique. Ancien employé d'Alcan, il apprend les ambitions de son patron concernant cette nouvelle usine au Saguenay. La stratégie de Bernard consistant à miser sur l'amitié de certaines connaissances, dont celle de François Sénécal-Tremblay, de la société d'électrolyse et de chimie Alcan à Arvida, ne l'enthousiasme guère. Eugène pressent que les décisions de cette nature se prennent au siège social d'Alcan à Montréal:

«Bernard, je connais tes contacts à Arvida. Selon moi, tu devrais assurer tes arrières en rencontrant d'autres personnes. Si tu veux, j'ai quelqu'un qui pourrait t'expliquer le fonctionnement et les rouages de l'organisation.»

Ce dernier accepte sans se faire prier. S'il y a une leçon qu'il a tirée du passé, c'est bien celle de toujours connaître suffisamment son client pour pouvoir devancer ses désirs. Dès le lendemain, au cours d'un dîner au Beaver Club de l'hôtel Reine Elizabeth, Bernard Lamarre apprend surtout que des clans se livrent une lutte de pouvoir au sein de la direction d'Alcan. Il décide dès lors de tirer profit de la nouvelle structure mise en place par la multinationale. En effet, pour la première fois, la division d'électrolyse et de chimie est séparée du reste des activités. La présence de cette nouvelle filiale, dirigée par Roger Phillips à Montréal, engendre des conflits avec les gens d'Arvida, favorables à SNC. Phillips est déterminé à s'imposer en tant que patron, à partir de Montréal, et à ne pas laisser les dirigeants d'Arvida mener à sa place. D'autre part, il croit qu'à l'instar de la plupart des grandes entreprises, Alcan devrait faire appel à des spécialistes de l'extérieur pour construire ses usines.

«Vous devez vous aligner avec le groupe de Montréal,» lui confie l'expert d'Alcan. Quelques verres plus tard, Bernard Lamarre sait tout ce qu'il doit savoir. Il décide de ne négliger aucun des deux camps. Développer de bonnes relations avec les employés des échelons inférieurs est primordial afin de s'assurer que le choix de Lavalin par le grand patron recevra l'unanimité.

Pour le moment, l'homme à rencontrer c'est Roger Phillips, le président de la nouvelle division. Faire sa connaissance est plus compliqué que prévu. Personne dans l'entourage de Bernard Lamarre ne le connaît. Décrocher le téléphone pour appeler lui-même une personne inconnue ressemble peu au président de Lavalin. Partisan des approches indirectes, il considère même qu'agir de cette façon est une indélicatesse. Il aime jouer avec ses contacts et dépêcher des éclaireurs afin de ne pas se retrouver dans l'embarras. Bref, il adore être présenté.

La solution lui est fournie sur un plateau d'argent par le journal *La Presse* qu'il parcourt le lendemain. Son attention est attirée par un article sur le sommet organisé par le Parti québécois à Pointe-au-Pic la fin de semaine du vingt-quatre mai 1977. Le premier ministre du Québec, René Lévesque, convoque patrons et syndicats au manoir Richelieu. Parmi la liste des invités se trouve Roger Phillips. «Voilà! c'est à Pointe-au-Pic que le message doit lui être donné. Mais qui peut le faire pour nous? Je n'en vois qu'un seul: Brian Mulroney.»

Vice-président exécutif aux affaires corporatives de l'Iron Ore, Brian Mulroney est invité lui aussi. Bernard Lamarre le connaît bien. Mulroney étudiait le droit avec sa sœur Louise à l'Université Laval lorsqu'il l'a rencontré et ne l'a jamais perdu de vue. Il dîne de temps à autre avec lui et connaît bien la propension du futur premier ministre à vouloir rendre service. Brian Mulroney part pour La Malbaie investi de cette mission spéciale.

Dès la première journée du sommet, l'envoyé spécial de Lavalin réussit à attirer sur lui l'attention des participants lors-qu'il agrippe au collet le président de la Centrale de l'ensei-gnement du Québec (CEQ), Yvon Charbonneau. Ce dernier a traité le président de Steinberg, Sam Steinberg, d'exploiteur. Roger Phillips est impressionné par l'attitude de Mulroney et le tour est joué. Au cours de la semaine qui suit le sommet de La Malbaie, Brian Mulroney remplit sa mission: il a un invité spé-cial à présenter au président de Lavalin au Club Mont-Royal.

Bernard Lamarre n'a pas oublié non plus de soigner l'autre camp. Il a confié à son associé Armand Couture le soin de trouver la solution pour plaire aux gens d'Arvida qui ont deux priorités: éviter une grève à tout prix durant la construction de l'usine et s'assurer du maximum de retom-bées pour la région du Saguenay–Lac-Saint-Jean afin de satis-faire l'appétit de la population locale.

Armand Couture propose de découper les contrats de telle sorte qu'un entrepreneur n'aura jamais besoin de plus de trente employés. C'est une idée qui plaît aux dirigeants d'Alcan au Saguenay car elle permettra à de petits entrepre-neurs de la région de soumissionner, éloignant du même coup les interventions des grandes centrales syndicales. Tout le monde y trouve son compte.

Le trente mai 1977, Alcan annonce officiellement la construction d'une nouvelle usine à Grande-Baie au coût de 200 millions de dollars. Deux mois plus tard, le vingt et un juillet, la victoire est concédée à Lavalin. Roger Phillips précise, à propos du choix de la firme qui réalisera l'usine de Grande-Baie: «Lavalin devient le bras droit d'Alcan en raison de son expérience en ingénierie et en gestion de projet de même que de sa profonde connaissance du monde de la construction au Québec[5].» Elle fournit les plans et devis, gère le projet et les approvisionnements et surveille les travaux.

L'obtention du contrat d'Alcan constitue un excellent début dans le monde industriel. Lavalin a réussi à déloger SNC qui, ne s'étant doutée de rien et se croyant première sur les rangs pour l'obtention du contrat, n'a pris aucune précaution. Les services d'ingénierie d'Alcan et de SNC ayant déjà formé une entreprise conjointe, A.E.S–SNC, pour la construction d'usines à travers le monde[6], il était donc normal que SNC se sente en position de force pour négocier avec Alcan.

La victoire est savoureuse et elle ne sera pas la dernière. Des circonstances subséquentes offriront à Lavalin sur un plateau d'argent le plus important projet industriel jamais accordé au Québec: l'aluminerie de Bécancour.

SNC devait encore une fois décrocher la construction de cette aluminerie jusqu'à ce que Bernard Lamarre apprenne que les négociations entre cette firme et Péchiney achoppent à la question de la responsabilité. Il soupçonne que Jean-Paul Gourdeau, le successeur de Camille Dagenais à la présidence de SNC, pourrait bien manquer de souplesse dans ces négociations et se montrer têtu. Il enregistre donc religieusement les rumeurs, recoupe quelques informations, puis passe à l'action. «J'entends dire que vous avez des problèmes dans la négociation du contrat avec SNC. Si ça ne fonctionne pas avec eux, n'oubliez pas que nous sommes très intéressés. Nous serions prêts à accepter cette clause de responsabilité sans problème», déclare-t-il à l'avocat de Péchiney, Yves Pratte, au «hasard» d'une rencontre organisée avec ce dernier, au Beaver Club.

Bernard Lamarre planifie ensuite pour se rendre à Paris

livrer le même message au président d'Ugines-Kuhlman, Georges Besse, responsable du projet[7]. Il est tellement pressé qu'il néglige, pour une fois, les intermédiaires et passe lui-même à l'action.

À Paris, à la Délégation générale du Québec située au 66 rue Pergolèse, Yves Michaud sursaute en apprenant que Bernard Lamarre veut lui parler. Il ne l'a jamais rencontré. Après s'être assuré que c'est bien du président de Lavalin qu'il s'agit, il décroche le récepteur et entend: «Monsieur le Délégué général, est-ce que vous pouvez me faire rencontrer le président de Péchiney, Georges Besse. J'ai essayé avec l'Ambassade du Canada à Paris et je n'ai pas réussi. J'ai donc pensé m'adresser à vous, déclare Bernard Lamarre tout de go après les quelques formules rituelles de politesse. «Il faut vous adresser aux personnes qui ont les vrais contacts à Paris», rétorque Yves Michaud, frondeur, avec sa répartie habituelle. Ces occasions de prouver que la Délégation québécoise peut être plus efficace que l'Ambassade canadienne, il ne les laisse jamais passer.

Cependant, la demande de monsieur Lamarre l'incite à faire montre de prudence.

«Si vous me permettez... je crois savoir que la firme d'ingénieurs-conseils retenue pour le projet est SNC.

— Je sais, je sais! mais je veux rencontrer quand même monsieur Besse.

— Je veux bien, mais avant de m'exécuter, je dois téléphoner à René Lévesque afin de ne pas brouiller les cartes. Faites-le vous aussi si vous le pouvez.»

Le premier ministre du Québec le rassure prestement.

«Le soleil luit pour tout le monde», se contente de dire René Lévesque. Yves Michaud se sent donc très à l'aise pour téléphoner à monsieur Besse qui lui répond:

«Je pars pour l'Australie dimanche, mais si vous êtes d'accord, je suis prêt à vous recevoir vous et monsieur Lamarre samedi à midi à Péchiney dans le XVIIe. Je connais déjà la maison Lavalin et je serais heureux de faire la connaissance de son président.»

Il est vingt et une heures à Paris le vendredi soir, soit quinze heures, heure de Montréal, lorsqu'il communique avec Bernard Lamarre pour lui annoncer le rendez-vous.

«C'est correct, j'y serai. J'amène Roland Giroux avec moi.»

Pour être à Paris le lendemain, Bernard Lamarre doit être à Mirabel dans moins de cinq heures. Il ne se laisse pas décourager par si peu et demande à Gisèle Dupont, sa secrétaire, de réserver les billets en classe économique. Chez Lavalin tous voyagent en classe économique et le président donne l'exemple.

Le lendemain, Yves Michaud les accueille à l'aéroport.

«Je vous demande une chose, monsieur Lamarre, ne parlez pas affaires au cours du déjeuner, monsieur Besse nous reçoit chez lui et ce ne serait pas séant de le faire avant que je vous en donne le signal.»

Les trois Québécois sont reçus par le président et deux de ses aides. La conversation porte sur le Québec que monsieur Besse connaît déjà pour y avoir séjourné à plusieurs reprises afin de conclure des transactions d'achat d'uranium enrichi. Le président de Lavalin suit les conseils d'Yves Michaud et attend patiemment son heure pour pouvoir parler affaires. L'intervention du Délégué général arrive enfin au moment du café.

«Monsieur le président, je vous remercie d'avoir accepté de nous recevoir à si courte échéance. Cela témoigne de votre affection pour le Québec. Je crois que nous allons nous retirer et permettre à monsieur Lamarre d'avoir quelques minutes d'entretien privé avec vous.»

C'est l'heure pour Bernard Lamarre de s'isoler avec monsieur Besse et de lui livrer son message:

«Je ne vous ferai pas un meilleur prix. Cependant, je viens vous dire qu'en ce qui nous concerne, ce problème de responsabilité n'en est pas un.»

Leur entretien dure une demi-heure.

La semaine suivante, en juillet 1983, SNC perd le contrat. Bernard Lamarre n'oubliera jamais qu'à trente-deux heures d'avis il a été reçu par le président Besse non pas sur un coin de table mais à déjeuner. Cette rencontre a valu 70 millions de dollars d'honoraires à Lavalin. Yves Michaud est bien sûr devenu son ami. Lorsque, après avoir démissionné de son poste de président du Palais des Congrès de Montréal, en 1987, Yves Michaud propose à Bernard Lamarre un partenariat dans une compagnie d'importation de vins, sa réaction l'enchante. Attablés à L'eau à la bouche le restaurant préféré de Bernard Lamarre à Sainte-Adèle, le président de Lavalin rétorque:

— Tu as besoin de combien?

C'est sa seule question. Yves Michaud a maintenant ses bureaux dans l'édifice que Lavalin possède encore au 615, rue Belmont.

La perte de l'aluminerie de Bécancour est un coup dur pour SNC et il y en aura d'autres. Bernard Lamarre ne s'arrête pas là. Son appétit pour les plates-bandes de sa rivale est insatiable. Lorsque le gouvernement fédéral met en vente sa société Les arsenaux canadiens, il s'engage dans une guerre sans merci. SNC l'emporte finalement, mais elle doit payer le gros prix après que Lavalin ait fait monter les enchères jusqu'à 92,2 millions. Mauvais perdant, Bernard Lamarre trouve encore le moyen de tourner la situation à son avantage en déclarant publiquement qu'il a été forcé d'abandonner la lutte parce que son épouse et ses enfants ne voulaient pas «d'entreprise de guerre dans la famille[8].»

«Bernard Lamarre, c'est un salaud et il le sait», déclare Camille Dagenais[9]. Mais le remords est un mot qui ne figure pas dans le vocabulaire du président Lamarre. Avec une telle attitude il n'est pas étonnant que chez SNC, on veuille lui rendre la monnaie de sa pièce lorsqu'une occasion se présente de lui décocher quelques flèches. Un jour que Bernard Lamarre est le conférencier invité d'un déjeuner de la Chambre de commerce de Montréal, Jacques Lefèvre, vice-président aux affaires publiques chez SNC et animateur de ces rencontres, s'en donne à coeur joie:

«Notre invité d'aujourd'hui tient des réunions de cabinet

tous les jours. Il a plus de ministres dans son organisation que le premier ministre en a dans son entourage. Mesdames et Messieurs, le président de Lavalin, Bernard Lamarre.»

Bernard Lamarre encaisse le coup sans broncher. Il est persuadé que l'on exagère et que Lavalin n'a pas plus d'ex-politiciens dans ses rangs que n'importe quelle autre grande compagnie canadienne. Qu'est-ce qu'une dizaine d'entre eux sur un total de quelques milliers d'employés? Et ce sont toujours les mêmes noms qui reviennent: Clément Richard, Yves Bérubé, Charles Lapointe, Denis de Belleval et, bien sûr, Marcel Masse. Il sait par contre que les responsables de SNC ont longtemps hésité à embaucher des ex-politiciens. Ainsi, lorsque Yves Bérubé s'est cherché un emploi dans l'industrie, il était encore ministre. Les membres du conseil d'administration de SNC ont refusé de discuter de sa candidature, trouvant son approche déplacée tant qu'il occuperait encore ses fonctions. Bernard Lamarre ne s'est pas embarrassé de telles considérations et l'a pris à son service. Ce n'est pas tous les jours qu'un ministre expérimenté et, qui plus est, ingénieur de profession, s'offre à Lavalin. Il trouve d'ailleurs hypocrite cette attitude de vierge offensée adoptée par SNC vis-à-vis le ministre Bérubé, surtout depuis que Céline Hervieux-Payette, une ex-ministre d'État à la Jeunesse du cabinet Trudeau de même que l'ex-chef de cabinet du ministre Robert René de Cotret, Jules Pleau, ont rejoint les rangs de cette entreprise. Évidemment, ils n'étaient plus liés au gouvernement lorsqu'ils avaient sollicité leur emploi.

L'idée que les dirigeants de SNC s'était finalement décidés à copier un ingrédient de sa recette à succès l'avait bien fait rire. Les contacts politiques étaient importants, certes, mais il fallait en ajouter deux autres qui l'étaient tout autant: ténacité et stratégie. Telle était la vraie recette qu'il n'avait pas hésité et qu'il n'hésitera pas à appliquer en maintes occasions. SNC a plus tard rendu la monnaie de sa pièce à Bernard Lamarre en raflant deux importants contrats à Lavalin: la deuxième phase de l'Aluminirie de Bécancour inc. et la construction de l'usine Reynolds à Baie-Comeau.

# RÉFÉRENCES DU CHAPITRE 6

1. Laurier Cloutier, «Janin propose un concordat pour éviter la faillite», *La Presse*, 9 février 1990.

2. Discours préparé avec la collaboration de son secrétaire Michel Vastel et livré le 21 avril 1972.

3. Diplômé de l'École Polytechnique en 1960, il est détenteur d'une maîtrise et d'un doctorat de l'Université de Birmingham en Angleterre. Il possède également un diplôme de recherche en microbiologie de l'Université Western en Ontario obtenu en 1968. Un cours en statistiques appliquées de l'*American Institute of Chemical Engineering* de Washington complété en 1969 fait aussi partie de son curriculum.

4. Voir le chapitre 14: «La conquête du monde fait des malheureux.». On y explique les circonstances du départ d'André Marsan de chez Lavalin.

5. Article non signé, «Lavalin, bras droit d'Alcan», *La Presse* , 22 juillet 1977.

6. Robert Parent, «Les multinationales québécoises de l'ingénierie», *Recherches sociologiques*, janvier-avril 1983, vol. XXIV, n° 1, p. 75.

7. Ce grand mandarin français allait connaître une fin tragique en novembre 1986. Devenu président de la Régie Renault, il fut assassiné par le groupe terroriste Action Directe.

8. Georges-Hébert Germain, «Le castor bricoleur», L'actualité, février 1987.

9. Matthew Fraser, *Op. cit.,* p. 201.

# Chapitre 7

# DES AMIS AU SEIN DE L'ACDI

En avril 1978, Bernard Lamarre donne des instructions précises, par téléphone, à Eugène Houde, son représentant en Afrique: «Je veux que ce ministre de Haute-Volta, tu le suives à la trace jusqu'à son arrivée au Canada[1].»

Le président de Lavalin se sent rassuré par cette conversation. Eugène Houde connaît la façon de traiter des affaires en Afrique et il est certain de le voir obéir. S'il insiste à ce point, c'est qu'il est inquiet de la tournure éventuelle des événements. Eugène a appris, du directeur adjoint des Travaux publics de Haute-Volta, que le ministre Ouedraogo a promis le contrat de construction de cette route, à l'intérieur du pays, à une autre firme québécoise. Mahomed Ouedraogo s'est lié d'amitié avec Louis Larivière, un ingénieur à l'emploi de la firme montréalaise Lalonde Girouard Letendre (LGL). Par expérience, Bernard Lamarre sait que ces affinités naturelles sont les plus difficiles à contrer.

Lavalin a été l'une des quatre firmes canadiennes, comme LGL à répondre à l'invitation de soumissionner pour le compte de l'Agence canadienne de développement international (ACDI). Pour gérer ce projet de construction de route, Lavalin a proposé son meilleur ingénieur dans le domaine, Claude Laz. Quand les fonctionnaires de l'ACDI procèdent à l'évaluation des soumissions, ils le font en fonction d'une grille très serrée, et la réputation du chef de chantier peut faire toute la différence dans le choix de la firme. Le nom de l'ingénieur en chef est donc primordial. On a tout intérêt à proposer le plus réputé aux yeux de l'ACDI, quitte à souligner qu'il n'est plus disponible au moment où le contrat est octroyé.

En Haute-Volta, les propositions des quatre firmes canadiennes ont été soigneusement évaluées par les responsables du gouvernement bénéficiaire de l'ACDI. Le ministre Mahomed Ouedraogo, lui-même ingénieur de profession, a décidé de venir à Ottawa pour discuter avec l'organisme du choix de la firme canadienne. Même si Lavalin s'est classée première lors de l'évaluation, le ministre de Haute-Volta peut toujours recommander l'octroi du contrat à quelqu'un d'autre. En effet, afin d'éviter de passer pour un pays colonisateur et de ne pas indisposer ou mettre en péril les relations futures avec les responsables en question, le gouvernement canadien leur laisse normalement le dernier mot. L'inquiétude de

PHOTO: LAVALIN

*Eugène Houde, Mme Louise Lamarre en compagnie des épouses de hauts dignitaires nigériens, 1980.*

Bernard Lamarre est donc justifiée, car cette visite à Ottawa se révélera certainement décisive.

La possibilité de voir ce contrat lui échapper l'incite à prendre toutes les précautions. L'important est de ne rien laisser au hasard. Eugène Houde partira d'Ouagadougou dans le même avion que le ministre et le suivra dans tous ses déplacements en Europe. Bernard Lamarre le prendra en charge dès son arrivée à Mirabel, prévue pour le samedi après-midi. Le visiteur ne doit voir personne d'autre avant le début des négociations, lundi matin, dans les bureaux de l'ACDI à Hull.

Lorsqu'un projet lui tient à cœur, Bernard Lamarre a compris depuis longtemps que faire son possible n'est pas toujours suffisant. Il faut faire encore plus. Il dépêche ses émissaires auprès de tous ceux qui auront leur mot à dire, à commencer par le chargé de projet jusqu'au ministre responsable de l'ACDI et même, au besoin, auprès du premier ministre. Tous les intervenants doivent vendre l'idée que Lavalin est la meilleure firme pour réaliser le projet et que les retombées économiques seront bien réparties à travers le Canada.

En Haute-Volta, comme dans d'autres pays du Tiers-Monde, Lavalin doit prévoir tous les impondérables lorsqu'il y a compétition, y compris les pots-de-vin et autres commissions qu'elle rajoute dans le prix du contrat. Bernard Lamarre s'est habitué à ces coutumes dont on exagère très souvent, à son avis, l'importance. Car toutes les entreprises sont capables de verser des sommes d'argent, mais toutes ne sont pas en mesure de mener les projets à terme. Une entreprise peut prendre dix ans à bâtir sa réputation et dix minutes à la perdre. Bernard Lamarre est d'ailleurs intransigeant pour les erreurs, autant les siennes que celles de ses employés. Pour lui, quelqu'un peut rater son coup une fois; la deuxième fois, c'est impardonnable. C'est un sujet sur lequel il ne fait pas de grandes colères, mais plutôt des mises au point efficaces. Il a d'ailleurs trouvé une façon humoristique de communiquer son message:

«Vous connaissez l'histoire de l'homme qui se présente au paradis. Lorsqu'il avoue qu'il a été marié, saint Pierre le laisse entrer immédiatement. Le suivant qui a écouté la conversation se prépare a passer tout droit. Saint Pierre l'arrête et lui dit: "Pourquoi veux-tu entrer tout de suite?" Et l'autre de répondre: "Vous venez d'en laisser passer un parce qu'il a été marié une fois, moi j'ai été marié deux fois.

— Hé! rétorque saint Pierre, le paradis c'est pour les innocents, pas pour les imbéciles.»

L'Afrique a toujours beaucoup compté pour lui et il n'a pas ménagé les efforts pour s'y installer. Il a eu cette idée de courtiser le continent africain dès 1963, en feuilletant les publications du Bureau de l'aide extérieure du gouvernement du Canada. Il avait le pressentiment que le monde en voie de développement était porteur d'avenir et que cela lui serait utile un jour. Il avait raison.

Lorsque le gouvernement de Daniel Johnson avait ralenti les immobilisations au Québec en 1966, LVLVA n'avait pas eu d'autre choix que de se tourner vers la scène internationale pour combler le vide laissé par l'absence d'activités au Québec. À tort ou à raison, Bernard Lamarre croyait que les marchés d'Ontario et du reste du Canada étaient fermés à Lavalin.

Depuis la fondation de Lamarre Valois International, en 1963, Bernard Lamarre et Jean-Pierre Valois avaient fréquenté les antichambres de la capitale fédérale pour bien peu de résultats. Ils n'avaient obtenu que quelques contrats d'études de planification en transport au Dahomey (Bénin) et en Jamaïque. L'aventure au Dahomey avait d'ailleurs failli tourner au désastre lorsque les fluctuations du taux de change avaient transformé en perte ce contrat, d'abord considéré comme très lucratif. On avait commis la bêtise de le négocier en dollars américains plutôt qu'en dollars canadiens[2].

L'ouverture du Canada au monde international francophone avait pris du temps à faire son chemin dans les dédales bureaucratiques. L'arrivée d'un groupe de politiciens francophones à Ottawa avec Pierre Elliott Trudeau avait enfin rendu la scène internationale accessible aux firmes du Québec. Dès 1967, le Canada décidait, à cause de son caractère biculturel et bilingue, d'aider le développement d'un certain nombre de pays francophones d'Afrique, comme il l'avait fait pour les pays du Commonwealth, particulièrement en Asie du Sud-Est avec le «plan de Colombo».

L'arrivée d'un Québécois à la présidence de l'ACDI, Paul Gérin-Lajoie, allait permettre la mise en œuvre du nouveau plan et sonner le départ de l'aventure africaine chez LVLVA. Bernard Lamarre ne s'en plaint pas.

Paul Gérin-Lajoie n'aime pas se croiser les bras. Il veut de l'action. Il n'a aucun mal à convaincre le premier ministre Trudeau de l'importance de l'Afrique: «Si le Canada veut donner à sa politique étrangère une dimension francophone respectable, il faut s'imposer dans les pays africains francophones.» À l'époque, la décision n'est pas facile à prendre. Elle risque de déclencher d'abord une bataille à l'intérieur même du pays chez les politiciens anglophones, et à l'extérieur ensuite avec la France qui considère l'Afrique francophone comme un territoire privilégié.

Paul Gérin-Lajoie n'a peur ni de la France, ni des politiciens anglophones; il ne craint pas non plus de favoriser les firmes d'ingénierie québécoises, dont celle de Bernard Lamarre. Ce dernier peut d'ailleurs compter sur une présence constante pour ne pas se faire oublier auprès du président de l'ACDI: Georges Proulx, secrétaire particulier de Paul Gérin-Lajoie, a épousé Louise Lamarre, sa sœur. Un beau-frère à l'ACDI, c'est un atout.

Paul Gérin-Lajoie fait d'abord confiance à Lavalin pour un projet routier de 340 kilomètres au Niger, un outil de développement majeur. La route de l'Unité et de l'Amitié canadienne aménagée en plein désert doit en effet relier le Tchad à ce pays. C'est la première réalisation d'importance pour le Canada. La témérité de Paul Gérin-Lajoie n'a d'égale que la ténacité de Bernard Lamarre. Le défi est majeur et ces deux hommes y jouent la réputation du pays. Nos cousins de France, mécontents de cette incursion dans leur fief, prédisent tous que la firme québécoise se cassera la gueule.

L'aventure commence pourtant sur une note théâtrale. Le navire *Star Acadia* quitte le port de Montréal le trente et un décembre 1971 avec une pleine cargaison de produits canadiens de construction et de pièces d'équipement. Le dix-sept janvier 1972, un convoi interminable part de Cotonou en direction de Niamey. Les Africains n'ont jamais vu pareil déploiement. La nouvelle fait le tour du continent et alimente les conversations pendant des mois.

Sur le terrain, l'aventure tourne rapidement au désastre. Les ingénieurs canadiens se butent de plein fouet à la réalité du désert et à ses exigences. La route doit passer à travers des pistes où le sable est d'une telle finesse que même les niveleuses s'y enlisent. Les travailleurs canadiens doivent également vivre dans un campement complètement isolé du reste du monde, où l'eau et l'alimentation en électricité, produite par des génératrices indépendantes, constituent des soucis quotidiens.

«Tout va extrêmement mal dans ce projet. L'ACDI menace de nous l'enlever et de ne plus nous donner de contrats. On a déjà épuisé trois chefs de mission et nous n'avons pas encore un kilomètre de route d'aménagé. Il faut qu'un de nous deux y aille», explique Bernard Lamarre à son frère Jacques.

Jacques a douze ans de moins que lui. Ingénieur diplômé de l'Université Laval, il avait vingt-quatre ans lorsqu'il s'est joint à LVLVA en 1967. Bernard l'a sorti des tunnels de la Manic où il travaillait pour Janin Construction. Jacques y a connu l'enfer: la noirceur, l'eau à mi-jambes, le bruit infernal des machines pendant des semaines et des semaines! «Le Niger, ça ne peut pas être pire.»

Jacques Lamarre part avec sa famille et y reste deux ans. Il s'installe d'abord dans le campement avec les ouvriers, leur remonte le moral, remet de l'ordre dans le chantier, trouve des solutions pour remporter la bataille sur le sable et réalise sa mission de sauver le projet.

Les Français en ont plein la vue. LVLVA mérite au Canada sa réputation de bâtisseur en Afrique.

La route de l'Unité et de l'Amitié canadienne devient un instrument de développement pour les Africains. Toutes les prévisions d'utilisation, faites par l'ACDI, sont dépassées. Les puits creusés pour approvisionner le campement font l'envie de bon nombre d'habitants qui décident tout bonnement de s'installer temporairement à proximité. La popularité de ces sources de vie est telle qu'elle incite Marcel Dufour, spécialiste en hydrogéologie et en mécanique des sols chez Lavalin, à fonder une société ayant pour mission spécifique d'en creuser d'autres. Pendant que la construction de la route bat son plein, Hydrogéo obtient de l'ACDI le contrat de creusage de 85 puits de grand diamètre au Niger. La filiale creuse également 1700 puits au Nigéria et fournit l'assistance technique pour 7000 puits en Côte d'Ivoire.

Avec l'achèvement de la construction de la route, LVLVA, devenue Lavalin, possède la meilleure carte de visite qui soit, non seulement auprès des pays africains, mais aussi à l'ACDI où plusieurs fonctionnaires apprécient maintenant son courage et sa compétence. C'est la récompense qu'espérait Bernard Lamarre. Que bon nombre d'employés de l'ACDI soient demeurés sceptiques quant au succès de l'opération, que certains soient d'avis que les coûts aient été astronomiques face au budget, qui ne devait pas dépasser quinze millions et qui a plus que doublé, lui importent peu. La route a été complétée. Même si ce tapis de béton et d'asphalte, déroulé en plein désert sans protection, est vite disparu dans le sable et s'est rapidement détérioré, cette réalisation a été rentable politiquement et pour l'Afrique et pour le Canada. La route ne marquait d'ailleurs que le début de la percée internationale de Lavalin.

L'entreprise a posé les gestes appropriés pour se bâtir une réputation internationale. Elle a dépêché d'abord des éclaireurs en leur donnant comme mission d'aller décrocher des contrats. En 1973, Lavalin travaille déjà dans sept pays différents: le Niger, la Jamaïque, la République Dominicaine, le Cameroun, la Mauritanie et la Gambie.

Ces éclaireurs, Bernard Lamarre les a triés sur le volet afin qu'ils servent le mieux possible la réputation de Lavalin et du Canada. Fidèle à lui-même, il a recruté des amis, tels Yves Beauregard, un compagnon de Polytechnique, et des gens efficaces qu'il a vus travailler, comme Eugène Houde: «Embaucher quelqu'un qui ne ramasse pas la balle au bond est une perte de temps, d'où l'importance d'avoir traité avec quelqu'un pour juger de son efficacité.» Il considère qu'il minimise ainsi les risques puisque tout contrôler est physiquement impossible. Il sait qu'Eugène Houde, par exemple, est déjà d'accord avec sa philosophie sur l'Afrique: «Ne faites pas de prosélytisme, n'essayez pas de convertir les gens. Pour l'amour du Saint Ciel, acceptez leur façon de vivre et mêlez-vous à eux», déclare-t-il à tous ceux qu'il envoie là-bas.

Eugène Houde a été repêché par Lavalin après sa défaite aux élections de 1970 dans la circonscription de Montmorency, où il s'était présenté sous la bannière de l'Union nationale à la demande expresse du premier ministre Jean-Jacques Bertrand. Bernard Lamarre avait gardé un œil sur lui dès son entrée au ministère de l'Éducation en 1967, au poste de conseiller politique du premier ministre Bertrand et quelques mois plus tard, de Jean-Guy Cardinal, nommé ministre de l'Éducation. Bernard et Eugène sont devenus des amis à la suite d'une rencontre organisée par Michel Gendron, ingénieur en chef de la Direction générale de l'équipement au ministère de l'Éducation[3]. Eugène est originaire de Petit-Saguenay où son père, Joseph Houde, est maire depuis une trentaine d'années.

«Avant de dire non, promets-moi d'en parler à ta famille», lui avait dit Bernard, après lui avoir demandé d'aller diriger une mission de vingt-quatre experts pour le compte de la Banque Mondiale en République Centrafricaine. La mission devait s'échelonner sur trois ans, de 1971 à 1974. Eugène Houde pouvait dire non car il avait conservé son poste de sous-ministre. Toutefois, son identification avec l'ancien régime unioniste menaçait de lui causer des problèmes au sein de la nouvelle administration libérale. Bernard Lamarre avait vu juste: madame Houde et ses enfants avaient accueilli avec enthousiasme la perspective d'aller vivre en Afrique.

De retour au pays en 1974, Bernard Lamarre refuse de laisser partir ce partenaire efficace, insistant pour qu'il fasse le ménage dans la facturation, en retard de plusieurs années: «Je veux que tu nettoies le poulailler.» Le poulailler est l'expression utilisée pour désigner le coin des secrétaires où il est défendu de faire entrer des employés masculins. Des hommes, ça coûte trop cher!

Après trois ans passés dans les bureaux de l'entreprise à Montréal comme responsable de la facturation et comme directeur du personnel, Eugène Houde retourne en Afrique pour prendre en charge le développement commercial de Lavalin au Burkina Faso, au Nigéria, au Togo et au Ghana. Il préfère travailler dans les pays où le *bakchich* n'a pas encore tout corrompu. En 1977, ces pays peuvent se compter sur les doigts de la main. L'Afrique a alors atteint son sommet de corruption.

«Au milieu des années 1970, les surplus en pétro-dollars des princes du désert se déversaient sur un Tiers-Monde assoiffé d'équipement, tandis que l'Occident calmait cette soif par un transfert de technologies financé par l'argent du pétrole... Les banquiers aidaient leurs clients occidentaux à monter, avec l'aide de l'État, des crédits pour vendre leurs produits au Tiers-Monde; dans le même temps, ils vendaient de l'argent aux pays en voie de développement, épongeant ainsi le surplus de liquidités du système... La surenchère entre banquiers était telle qu'il fallait être héroïque pour refuser leur argent, d'autant que certains n'hésitaient pas à rendre de grands services aux dirigeants des pays en voie de développement: ristournes de commissions, facilités de transferts et de placements en Occident ou dans des banques *off-shore*...[4]»

Eugène Houde a découvert, à son grand désarroi, que dans certains pays, l'importance du «cadeau» est telle qu'elle tue toute perspective de rentabilité dans la réalisation d'un contrat. Lorsque le ministre identifié comme celui qui a le dernier mot possède déjà une villa d'un million de dollars, meubles et décoration non compris, il est préférable de s'abstenir de toute approche. Par contre, lorsque le fonctionnaire arrive en mobilette pour faire signer un contrat de plusieurs millions, Eugène n'éprouve aucun remords à l'aider à changer son véhicule pour un tout dernier modèle.

Bernard Lamarre est au courant. Une copie de chaque télex en provenance de l'étranger se retrouve automatiquement sur son bureau. De cette façon, il s'assure de suivre personnellement toutes les activités internationales de Lavalin. Lorsqu'un jour, Eugène Houde insiste pour soumissionner un projet dont les termes de référence ont été jetés à la poubelle par le responsable chez Lavalin à Montréal, Bernard Lamarre est ravi de son insistance car il veut décrocher tous les contrats: «Si tu veux une soumission, nous allons te la préparer en fin de semaine s'il le faut.» Il oblige le responsable à rentrer d'urgence pour faire le travail. Lavalin a de la chance, elle obtient finalement ce contrat très lucratif au Nigéria: une ville de 100 000 habitants près de Warri, qu'il faut construire de toutes pièces.

En plus de suivre à la trace les activités de ses représentants à l'étranger, Bernard Lamarre ne néglige pas non plus le côté politique des organisations. Le poste de président de l'ACDI est, pour lui, stratégique et il le surveille constamment. Lorsqu'il apprend qu'un changement se prépare à la tête de l'organisation et que Michel Dupuy est l'homme choisi par Pierre Elliott Trudeau pour remplacer Paul Gérin-Lajoie, il n'hésite pas une seconde. Il veut être le premier à le féliciter.

Michel Dupuy est déjà très bien disposé envers Lavalin lorsqu'il reçoit son invitation à dîner. Il vient tout juste de terminer la révision du dossier de la route de l'Unité et de l'Amitié canadienne au Niger, un projet qu'il a lui-même approuvé au ministère des Affaires extérieures. Il est d'avis que Lavalin a réalisé un tour de force en construisant cette route.

«J'aimerais bien dîner avec vous à Ottawa», lui déclare simplement Bernard Lamarre.

Michel Dupuy, habitué à être traité avec égards, est sensible à la spontanéité du geste. Il accepte sans se douter de ce qui l'attend. Les surprises ne manquent pas. Quelques minutes seulement après le début du dîner, Bernard Lamarre lance:

«Je parle au prochain président de l'ACDI.

— Comment le savez-vous?, s'exclame son interlocuteur, incapable de dissimuler son étonnement. Personne n'est supposé connaître la nouvelle. Le ministre des Affaires extérieures, Allan MacEachen, m'a seulement dit que le premier ministre Trudeau envisage de me confier la présidence de l'agence. Je rentre d'un séjour de plusieurs mois à Paris où je coprésidais la conférence Nord-Sud sur la coopération internationale et ...»

Le président de Lavalin s'amuse de son étonnement et refuse, il va sans dire, de divulguer sa source d'information. C'est à son tour d'être surpris lorsque Michel Dupuy, ayant retrouvé son calme, lui demande:

«Vous qui avez une expérience considérable dans une maison très importante, dites-moi comment je devrais gérer l'ACDI?

— C'est une organisation qui a besoin d'une grande réforme de gestion», répond Bernard Lamarre.

La réponse plaît à Michel Dupuy. Confidence pour confidence, il lui avoue que le premier ministre Trudeau lui a fait part de cette nécessité d'y instaurer un système de vérification efficace. Le budget de l'Agence est passé de 300 à 800 millions en sept ans. La machine a été poussée au maximum. Paul Gérin-Lajoie a mis l'ACDI sur la carte du monde, mais ses idées ont été appliquées à la hâte, au détriment d'une bonne évaluation. Bernard Lamarre le sait et n'hésite pas à confier à Michel Dupuy l'un des secrets de sa réussite:

*Michel Dupuy*

«La création d'un comité technique pour examiner les mauvais projets, ceux qui font problème de même que ceux qui démarrent, est essentielle. C'est la meilleure façon de prévenir les déraillements futurs. Découvrir l'organisation sous l'angle des points faibles et non pas des points forts. Cette connaissance des points faibles vous permet d'apporter les correctifs nécessaires pour y remédier. À titre de président, il faut vous engager cependant. Je préside moi-même toutes les réunions de ce comité technique qui se tiennent le lundi matin.»

À la fin du dîner, Bernard Lamarre a créé l'effet souhaité. Il s'est assuré l'amitié du futur président de l'ACDI. Avoir été le premier à le féliciter a créé entre eux une complicité. Cela suffit pour le moment. Lavalin a déjà ses entrées à l'ACDI où les fonctionnaires n'hésitent pas à lui donner un contrat. En raison de son expertise reconnue, ils savent qu'ils n'auront pas à s'inquiéter pour chaque pépin qui surgira en cours de route.

Bernard Lamarre n'attend d'ailleurs pas après l'Agence dont le budget est, de son point de vue, beaucoup trop à la merci des décisions politiques. Pour un gouvernement, il est plus facile de couper dans l'aide internationale que dans les fonds du ministère des Transports par exemple. Il ne prend donc aucun risque et envoie ses éclaireurs sur le terrain. En 1977, la firme a des bureaux permanents, c'est-à-dire une place d'affaires et un représentant dans quatorze pays étrangers dont les plus importants sont: la France, la Colombie, les Philippines, le Kenya, l'Arabie Saoudite et l'Algérie. Sa stratégie de développement à l'étranger suit cet ordre de priorités: l'Afrique, l'Amérique latine, l'Asie du Sud-Est et l'Union soviétique.

Bernard Lamarre n'hésite pas à cesser les opérations de Lavalin dans certains pays dès qu'il s'aperçoit que les efforts seront inutiles. C'est le cas dans la péninsule arabique où prévaut un système de parrainage: «Toute société, toute personne qui souhaite s'installer dans l'Émirat doit avoir un parrain, c'est-à-dire quelqu'un qui s'en porte garant... Le parrain ne peut être qu'originaire d'Abu Dhabi, et il est censé faciliter les relations avec l'Administration, ou, si la société est importante, avec le Cheikh lui-même. Le coût de cette «assurance» varie entre 1,5 et 8% du chiffre d'affaires[5].» Les ressources de Lavalin n'étant pas illimitées, Bernard Lamarre préfère les appliquer dans des endroits plus profitables.

Les instructions à ses représentants à l'étranger sont de travailler sur deux fronts, c'est-à-dire auprès des autorités du pays concerné et auprès des organismes internationaux de financement. Les contrats de la Banque Mondiale, de la Banque Africaine et de la Banque Islamique de développement sont particulièrement convoités et le Canada n'y compte pas que des amis: «N'allez pas au Canada. Les compagnies sont trop petites là-bas pour réaliser des projets de plusieurs millions.» Bernard Lamarre doit prouver le contraire. Ces contrats, donnés par les organismes internationaux, sont souvent beaucoup plus importants que ceux de l'ACDI car ils bénéficient d'un financement multiple.

Dix ans plus tard, les représentants de Lavalin à l'étranger auront tellement bien travaillé que Lavalin dépêchera, entre autres, un expert du nom de Frank Sutcliffe à Washington, auprès de la Banque Mondiale. Son but sera de convaincre les autorités de l'institution internationale que l'entreprise canadienne n'obtient que sa juste part de contrats.

Bernard Lamarre insiste, en effet, pour que le nom de Lavalin figure toujours sur la liste des firmes sélectionnées. «Chez Lavalin, il n'y a pas de petits projets, tous les projets sont intéressants», répète-t-il à ses représentants aux assemblées annuelles de l'entreprise.

Il a de nouveau la preuve de la fragilité des mécanismes d'obtention de ces contrats avec celui de Haute-Volta, pour lequel il vient de transmettre des ordres à Eugène Houde. Ce contrat, il le lui faut d'autant plus que ce sera un contrat facile à réaliser. Du «gâteau», si on le compare à celui de la route de l'Unité et de l'Amitié canadienne! Pas de rocher, pas de fleuve à traverser, rien que du sable et une route de sept mètres de largeur. Un contrat rentable également puisque les rentrées de fonds pour Lavalin risquent d'atteindre entre vingt et vingt-cinq millions.

Dix jours plus tard, à sa descente d'avion, le ministre Ouedraogo est attendu par Bernard Lamarre et son épouse de même que par l'ambassadeur de Haute-Volta au Canada. Le service d'immigration a été prévenu et le ministre prend place presque immédiatement dans une *Cadillac* louée pour la circonstance. Le convoi se dirige rapidement vers l'hôtel Ritz Carlton où toutes les dispositions ont été prises pour assurer au visiteur un séjour des plus accueillants à Montréal.

À dix-neuf heures, au Club Mont-Royal, l'assaut est donné. Bernard Lamarre préside un dîner en l'honneur du ministre étranger. Il s'est assuré d'avoir parmi les invités Jean-Pierre Goyer, ministre des Approvisionnements et Services et minis-tre-conseiller aux Affaires extérieures pour les pays de langue française. Le ministre Goyer vient d'accomplir un périple africain qui l'a mené justement en Haute-Volta où il a signé l'entente-cadre qui permet au gouvernement canadien de financer ce projet de routes secondaires dans ce pays[6].

Le lendemain, dimanche, Bernard Lamarre provoque un tête-à-tête avec le ministre Ouedraogo dans sa suite du Ritz Carlton... Le dossier est maintenant prêt pour l'ouverture des discussions avec l'ACDI. Bernard Lamarre doit maintenant compter sur ses appuis au sein de cette organisation pour accomplir le reste.

Cependant, tout ne va pas comme prévu lors de la première journée de négociations à Hull. Bernard Lamarre apprend que les fonctionnaires de l'ACDI se butent à la résistance du ministre Ouedraogo. Celui-ci persiste à vouloir que le contrat soit octroyé à Lalonde Girouard Letendre. Le lendemain, mardi, même son de cloche! Le ministre de la Haute-Volta continue à plaider la cause de LGL et il est à ce point convaincu d'avoir le dernier mot qu'il a invité Louis Larivière à venir célébrer la victoire, mercredi matin, à l'am-bassade de Haute-Volta à Ottawa.

À l'heure convenue, ce mercredi, le ministre africain a la

mine déconfite lorsqu'il serre la main de son ami Larivière. «J'ai tout essayé mais je n'ai pas pu.» Larivière apprend alors que quelqu'un de très haut placé est intervenu pour obliger le ministre de Haute-Volta à faire volte-face[7].

Un mois plus tard, le vingt-cinq mai 1978, la firme Lavalin International reçoit une lettre l'avisant qu'elle a obtenu le contrat de 20,5 millions pour superviser la réalisation de 321 kilomètres de routes dans un secteur qualifié de «Lot nord» en Haute-Volta. Le président de l'ACDI, Michel Dupuy, a autorisé la transaction.

La persévérance du président de Lavalin dans ce dossier est plus que récompensée. Ce premier contrat est suivi, quatre ans plus tard, d'un autre de treize millions. C'est à la demande expresse du chef de la direction des transports à l'ACDI, Raymond Rowe, que Lavalin est choisie et cette fois sans appel de propositions. Le ministre Charles Lapointe, nommé ministre responsable de l'ACDI trois mois plus tôt, a approuvé ce choix[9].

La nomination de Charles Lapointe à l'agence a d'ailleurs été accueillie avec enthousiasme chez Lavalin et pour cause: le frère de Marcel Dufour, Julien est l'organisateur politique de Lapointe dans sa circonscription de Charlevoix. Le ministre Lapointe visite régulièrement la famille Dufour à La Malbaie, où Julien et deux de ses frères exploitent l'entreprise familiale La poulette grise. Cette nomination est de bon augure[10].

Les contrats de l'ACDI sont importants parce qu'ils permettent à la firme montréalaise de s'affirmer de plus en plus sur la scène internationale en laissant ses compétiteurs québécois loin derrière. Ces rentrées d'argent inespérées donnent surtout à Bernard Lamarre le temps de concentrer ses énergies ailleurs. C'est en effet ce qu'il est appelé à faire maintenant. Il doit voler au secours de Claude Rouleau qui est menacé de payer cher pour avoir achevé un ouvrage important dans la vie de Lavalin: le Stade olympique.

## RÉFÉRENCES DU CHAPITRE 7

1. Devenu le Burkina Faso, «la terre des hommes intègres», le 4 août 1984, un an jour pour jour après le coup d'État perpétré par Thomas Sankara.

2. Hélène Baril, «Un homme modeste à la tête d'un empire: Bernard Lamarre», *Le Soleil*, 10 février 1985.

3. Voir chapitre 2, Les bonnes leçons de l'éducation où le rôle de Michel Gendron est expliqué plus en détails.

4. Pierre Péan, *Op. cit.*, p. 106.

5. *Ibidem*, p. 52.

6. Jean-Pierre Goyer démissionne comme ministre des Approvisionnements et Services le 23 novembre 1978 et il quitte définitivement la Chambre des Communes le 2 janvier 1979. Bernard Lamarre le nomme membre du conseil d'administration de Lavalin International.

7. Pierre Péan, *Op. cit.*, p. 249. «Le ministre Ouedraogo perd son droit de parole en Haute-Volta le 4 août 1983 lors du coup d'État perpétré par Thomas Sankara. Ce dernier veut mettre fin à la corruption et donner la parole au peuple. Tous les dirigeants de l'ancien régime, y compris le ministre Ouedraogo, sont emprisonnés. Le 4 août 1984, la Haute-Volta devient le Burkina Faso, la "terre des hommes intègres". Thomas Sankara est assassiné par son ami Blaise Comparé, le 15 octobre 1987: "Il a été en fait abattu comme un chien. Il était devenu insupportable à la plupart des dirigeants africains. Il leur tendait un miroir cruel, dans lequel ils se voyaient tels qu'ils étaient et tels qu'ils sont: des chefs corrompus, plus préoccupés de leur patrimoine personnel que du bien public".»

8. Dossier de l'ACDI: Demande de Raymond Rowe datée du 6 décembre 1982. Approbation du ministre Lapointe le 8 mars 1983.

9. L.R.C. 1985, c.E.-22. Voir art. 10 (2) f de la loi. Avec l'arrivée du gouvernement conservateur de Joe Clark en 1979, la structure a changé à l'ACDI. Des amendements à la Loi sur le ministère des Affaires extérieures accordent au ministre responsable de l'ACDI les pleins pouvoirs pour l'octroi des contrats de l'Agence.

10. Charles Lapointe rejoindra les rangs de Lavalin après avoir été défait aux élections générales de 1984.

**Chapitre 8**

# CLAUDE ROULEAU:
# L'OLIVER NORTH QUÉBÉCOIS[1]

Bernard Lamarre n'a pas peur de se mesurer aux géants. En 1974, son entreprise mène déjà de front deux importants contrats: la baie James et l'usine de filtration Charles-J.-Des Baillets. Il en veut un troisième: celui des installations des Jeux olympiques qui doivent se dérouler à Montréal en 1976. L'annonce de jeux «modestes» a été faite par Jean Drapeau et la maquette d'un concept inédit pour les principales installations du Parc olympique a été dévoilée, le tout pour une somme de 183 millions.

En juillet 1974, Lavalin obtient le contrat. La firme est nommée officiellement mandataire-coordonnatrice du Parc olympique, soit plus de quatre ans après l'annonce de l'événement et moins de deux ans avant les cérémonies d'ouverture.

Malgré ce court délai, Bernard accepte le défi. Comme d'habitude, il ne craint pas ce qui l'attend; il se sent capable de réaliser n'importe quel projet. En raison de la confiance aveugle du maire Drapeau en l'architecte Roger Taillibert, l'aide de son vieil ami Claude Rouleau devient vite une nécessité pour empêcher le Québec, le Canada et Lavalin de perdre la face devant le monde entier.

Claude Rouleau est comme lui, il n'y a rien à son épreuve. «Tout est faisable. Je ne veux pas savoir comment ça se fait, je veux des résultats», clame-t-il à ses fonctionnaires du ministère des Transports. Il traite donc le dossier des installations pour les Jeux olympiques comme un autre défi à relever.

Il ignore, en acceptant la présidence de la Régie des installations olympiques, le vingt et un novembre 1975, qu'il maudira toute sa vie le moment où il a accepté d'aider son ami Bernard Lamarre.

Quelques mois après avoir obtenu le contrat, le président de Lavalin s'est rendu à l'évidence: l'aventure ne sera pas de tout repos. On arrive difficilement à faire avancer les travaux. Bernard Lamarre consacre 60% de son temps au projet, mais sans résultat. Il tente une démarche auprès du premier ministre Bourassa.

«Pour être capable de terminer les installations à temps, il nous manque une unité de direction. Nous sommes coincés entre monsieur Taillibert et la ville de Montréal. Nous ne sommes jamais capables d'obtenir une quelconque décision.»

Les ministres Fernand Lalonde et Raymond Garneau de même que Claude Rouleau assistent à la rencontre. Le premier ministre accepte de faire un premier pas et de former un comité composé de Fernand Lalonde, Claude Rouleau, Gérard Niding et Jean Drapeau. Peine perdue! Après deux semaines, s'apercevant que Roger Taillibert renverse les décisions prises par le comité avec la bénédiction du maire Drapeau, Claude Rouleau démissionne au grand désespoir du président de Lavalin. Bernard Lamarre essuie un deuxième échec quelques mois plus tard, en tentant de faire nommer Claude Rouleau comme représentant de la province sur le chantier. Mais il persiste car il est convaincu que seul Claude Rouleau peut sauver le projet. Il ne reste plus que huit mois avant les Jeux.

Le cinq novembre 1975, n'en pouvant plus, Bernard Lamarre passe de nouveau à l'action.

«Il faut que je te voie», dit-il à Claude Rouleau au téléphone.

Le soir même, une véritable délégation se présente à l'appartement du sous-ministre à Québec. Bernard Lamarre est accompagné de son frère Jacques et de Charles-Antoine

Boileau, à qui il a fallu tout un courage pour entreprendre cette démarche. C'est le congédiement qui attend le directeur du Service des travaux publics de la ville de Montréal si jamais le maire Drapeau l'apprend. Toutefois, monsieur Boileau est lui aussi persuadé qu'un changement de direction s'impose pour terminer les installations à temps.

«Ça n'a plus aucun sens, Claude, il faut que tu prennes ça en main.»

Claude Rouleau n'a jamais vu Bernard Lamarre aussi découragé. Il hésite cependant.

«Cette décision est bien trop importante pour que je la prenne seul. Je vais téléphoner à Guy Coulombe.»

À vingt-trois heures, Guy Coulombe rejoint le groupe au restaurant préféré de Claude Rouleau, le *Continental*, près du Château Frontenac. Après plusieurs heures de discussions, une conclusion s'impose d'elle-même: le gouvernement du Québec doit intervenir et enlever la réalisation du projet à la ville de Montréal.

Guy Coulombe ne perd pas de temps. Dès le lendemain matin, il fait parvenir au premier ministre une note dans laquelle il explique la nécessité de procéder à la création d'une régie pour terminer les installations et d'une société de financement pour la période post-olympique[2]. Il demande à Claude Rouleau, parti travailler à Montréal, de revenir sur le champ à Québec pour assister à une rencontre prévue à douze heure trente au bureau de Robert Bourassa en présence de Raymond Garneau, Victor C. Goldbloom et quelques autres ministres.

Dès son entrée dans la pièce, quelques heures plus tard, le premier ministre lui annonce:

«Claude, nous avons décidé de prendre le dossier en main et nous voulons que tu sois président de la future régie.»

Claude Rouleau promène son regard sur les sept ministres rassemblés dans la salle de réunion pour s'assurer de leur unanimité. Satisfait, il déclare à Robert Bourassa:

*Claude Rouleau quittant le palais de justice, accompagné de
M^e Gabriel Lapointe, juin 1982.*

«J'accepte la présidence à la condition d'avoir comme bras droit Roger Trudeau. Je veux surtout n'avoir à subir aucune intervention politique. Je veux être le seul patron. Je pense qu'il y a un moyen de passer à travers, je n'en suis pas sûr, mais nous n'avons rien à perdre parce que c'est déjà un flop. Si nous réussissons, tant mieux.»

Pendant sept mois, Claude Rouleau est le seul maître à bord du bateau olympique. Il dirige avec une seule idée en tête: terminer les installations à temps. Afin de le protéger contre sa tendance à escamoter les règlements, Guy Coulombe lui désigne une équipe formée de Michel de Tilly, avocat, comme secrétaire, de Claude Tremblay, fonctionnaire du Conseil du Trésor, à la comptabilité, et de Jean Riendeau aux communications.

Le jour même de sa nomination, Claude Rouleau demande à Claude Payette, contremaître chez Desourdy Construction, de lui organiser une rencontre avec les chefs syndicaux qu'il connaît déjà pour la plupart. Ces derniers l'apostrophent:

«Ce n'est pas à toi de parler, c'est à notre tour.»

Le chantier du stade a déjà fait l'objet de plusieurs arrêts de travail. Le Parc olympique a été pris en otage par les syndicats des métiers de la construction. L'échéance de juillet 1976 et le nombre impressionnant d'heures supplémentaires à accorder pour respecter cette échéance ont attiré des profiteurs qui ont fait irruption sur le chantier pour vendre les meilleures «jobs» au plus offrant. Claude Rouleau sait exactement à quoi s'en tenir. Il connaît très bien les pratiques de ce milieu et refuse de se laisser impressionner. Il écoute leurs plaintes et leurs ultimatums puis tranche la question:

«Demain matin, je donne une conférence de presse pour dire que les "unions" ne veulent pas finir le chantier olympique. Je me retire du dossier. Je tiens à vous dire à quel point je suis content car ça va me permettre d'aller à Miami cet hiver.»

— Claude, tu ne peux pas faire cela.

— Bien sûr que je le peux. Ça fait une heure que vous me faites perdre mon temps. Regardez-moi aller! J'aime mieux être détesté pour ce que je suis que d'être aimé pour ce que je ne suis pas.»

La conférence de presse n'a pas lieu. L'équipe de Claude Rouleau se met au travail au grand soulagement de Bernard Lamarre car monsieur Taillibert en mène moins large. Après autant de mois passés à se faire du mauvais sang, le président de Lavalin désire se retirer du dossier et déléguer cette responsabilité à son frère Jacques qu'il vient de ramener expressément du Niger. Claude Rouleau ne le laisse pas faire. «Tu m'as embarqué dans la galère. Je veux que tu y sois aussi.»

Bernard réussit à s'exclure lui-même du comité à la suite d'une altercation avec Roger Trudeau sur l'à-propos de rem-

Le chantier du Stade olympique, 17 février 1976.

plir de sable le dessous des gradins. Roger Trudeau, qui n'aime pas se faire tenir tête, refuse dorénavant de le laisser assister aux réunions.

L'arrivée de Claude Rouleau ne calme pas complètement la panique qui s'est installée dans la communauté internationale. Le président du Comité international olympique, Lord Killanin, et tous les membres du CIO sont convaincus que les installations ne seront jamais prêtes à temps. Même le président du Comité organisateur des Jeux olympiques de Montréal (COJO), Roger Rousseau, en doute fortement. Il a demandé au gouvernement, en mai 1976, de trouver des solutions de rechange pour que les Jeux puissent avoir lieu. De son côté, Claude Rouleau n'a jamais cessé d'affirmer qu'il est possible de livrer les installations à temps. Pour ce faire, il prend des milliers de décisions à la volée, dont celle de construire des estrades en acier plutôt qu'en béton comme le prévoyaient les plans de l'architecte Taillibert. Lorsque, finalement, les installations sont complétées et qu'il organise un tour officiel, il insiste pour que tous les travailleurs du chantier soient présents avec leur famille.

En juillet 1976, il a perdu dix kilos, mais les installations du Parc olympique sont prêtes pour l'ouverture des olympiades.

Au mois d'août suivant, lorsqu'il manifeste à Robert Bourassa son intention de tirer sa révérence au gouvernement et de retourner à l'entreprise privée, le premier ministre le supplie de rester jusqu'à l'élection prévue pour l'automne. Il lui demande même de briguer les suffrages. Claude Rouleau refuse l'aventure politique, mais accepte de rester dans la fonction publique.

Même s'il est identifié aux libéraux jusqu'à la moelle, il n'est pas inquiet de l'arrivée du Parti québécois au pouvoir en novembre 1976. René Lévesque lui demande d'ailleurs de rester pour aider la nouvelle administration à faire la transition avec l'ancienne. Encore une fois, Claude se sent obligé d'accepter. Il s'impose rapidement auprès de plusieurs ministres péquistes, dont le responsable de la Régie des installations olympiques, Claude Charron. L'avenir s'annonce calme et serein. Ses hautes responsabilités dans la fonction publique lui donnent une sécurité d'emploi. Du moins, le croit-il! Il est encore sous-ministre, président de la Régie des installations olympiques, membre de l'Office des autoroutes du Québec, président-directeur général de la Société de développement immobilier du Québec (SODEVIQ). Il est plutôt fier de lui-même. Il a sauvé les Jeux et n'a reçu pour ce faire que 7000 $, soit 1000 $ par mois pendant sept mois: «Dire que j'aurais touché un boni de plusieurs millions dans l'entreprise privée», confie-t-il à la blague, à ses amis[3].

La perspective d'une enquête sur le coût des installations ne l'inquiète pas non plus même si l'heure est aux règlements de compte électoraux. Il s'attend d'ailleurs à ce que le gouvernement péquiste tienne parole. Les dirigeants de ce parti n'ont jamais digéré les coûts de la XXIᵉ Olympiade et ont promis de faire toute la lumière s'ils prenaient le pouvoir. La facture s'est élevée à 1,3 milliard alors qu'elle devait être de 310 millions.

Lorsque René Lévesque convoque Claude Rouleau à son bureau, au début de 1977, ce dernier s'y rend sans grande appréhension. Il ne se doute pas que son destin est sur le point de prendre un tournant:

«Je pense que nous sommes mieux de ne pas faire d'enquête, monsieur Rouleau, mais qu'en pensez-vous?

— Je pense qu'il n'y a pas de raison d'en mener une, mais vous pouvez avoir des raisons politiques de la souhaiter. Si vous en voulez une, faites-la», répond-il.

René Lévesque hésite. Il lui propose de procéder au préalable à des vérifications de trois dossiers. Si l'un d'eux présente des irrégularités, il y en aura une, sinon, l'idée sera abandonnée.

«D'accord!», répond Claude Rouleau qui ne recule pas devant une gageure.

Quelques mois plus tard, il apprend la nouvelle. Deux des trois dossiers vérifiés contiennent des irrégularités. La tenue d'une enquête est inévitable. Dès le mois de mars 1977, le Conseil du Trésor, qui obtient des pouvoirs spéciaux normalement réservés aux commissions d'enquête, reçoit le mandat d'intensifier ses recherches sur certains aspects des coûts.

Claude Rouleau ne sait pas encore s'il y aura création d'une commission d'enquête, mais il est persuadé que le Conseil du Trésor ira au fond des choses. Il risque forcément d'être éclaboussé puisqu'il a été au centre de toutes les décisions critiques depuis 1970 et ses tentatives d'appliquer les techniques de l'entreprise privée au gouvernement sont bien connues.

Lorsqu'il apprend que le grand déménagement des fonctionnaires au Complexe G ne peut avoir lieu parce que les monteurs d'ascenseurs refusent de travailler, il prend un raccourci. Tous les arrangements pour le déménagement sont faits. Le gouvernement risque d'encourir des pertes d'au moins cinq millions s'il n'a pas lieu. Bref, les syndiqués le savent et font chanter les autorités. Claude Rouleau réunit les responsables du syndicat et règle pour 45 000 $ autour d'une bouteille de cognac[4]!

Lorsqu'un entrepreneur veut se faire payer rapidement pour des travaux que sa firme a effectués pour le gouvernement, il téléphone à Claude Rouleau. Le chèque lui est expédié le lendemain. Le sous-ministre ne craint pas de bousculer les fonctionnaires pour satisfaire ses amis. Il redoute maintenant qu'on lui reproche ses méthodes. Il cède à l'envie de tout quitter pour un tour du monde où il pourrait faire le point tranquillement.

«Je suis vidé, annonce-t-il à un ami, quelques jours après Pâques.

— Pourquoi ne lâches-tu pas? lui répond ce dernier.

— C'est une très bonne idée», réplique Rouleau qui décide sur le champ de ne pas retourner au bureau. Il ne se préoccupe pas non plus de détruire quelque document que ce soit. Dès le lendemain, il est devenu introuvable. Le lundi suivant, le premier ministre et le ministre des Transports sont avisés, par lettre, de son intention de prendre un repos de deux ou trois mois à l'étranger. Claude Rouleau prépare son voyage. Il refuse tous les appels téléphoniques, sauf celui de Bernard Lamarre, pour qui son épouse a brisé la consigne du silence.

«Je sens que quelque chose ne va pas et je veux te parler, lui dit Bernard.

— Viens manger au lac des Deux Montagnes», répond Claude, plus ému qu'il ne veut le laisser croire par l'appel de son ami. Que ce dernier prenne le temps de s'informer de son état d'âme et qu'il se déplace ainsi pour le rencontrer, le touchent profondément.

Attablés dans un restaurant, quelques heures plus tard, et savourant un bon champagne en sa compagnie, il a une autre surprise. Bernard Lamarre lui propose de venir travailler avec lui.

«C'est le moment ou jamais, Claude. Ça fait depuis 1960 que je te parle de te joindre à nous. Fais-le donc. Je t'offre la présidence de Lavalin International et, en plus, l'occasion d'acquérir un pourcentage d'actions dans Lavalin inc.

Claude Rouleau sait qu'il retournera à l'entreprise privée un jour ou l'autre, mais il hésite. D'une part, il a déjà reçu plusieurs offres d'emploi dans la construction et il préfère ce secteur au génie-conseil. D'autre part, il a toujours été son propre patron. Chez Lavalin, il n'y en a qu'un seul, Bernard Lamarre. L'offre est alléchante cependant. Devenir associé chez Lavalin lui donnera la possibilité de participer à des projets importants et de faire de l'argent. Depuis l'obtention du contrat de gérance de la baie James, les millions entrent à pleine porte dans l'entreprise. Claude sait aussi que Bernard lui fera confiance, l'impliquera dans tout, le fera voyager. Il lui demande quand même un temps de réflexion et quitte le pays.

Dès son retour, au début de juin, il accepte son offre de devenir président de Lavalin International, offre qui prend effet le premier juillet 1977. Puis, il se rend à la banque

*De g. à dr.: Jean-Guy Laliberté, Albert Malouf et Gilles Poirier, membres de la commission Malouf, 1978.*

emprunter pour payer ses 3% d'actions. Sa position chez Lavalin est privilégiée car il cumule les fonctions d'associé, d'affilié et de cadre. Il obtient un salaire régulier, une participation aux profits de sa filiale et un pourcentage sur ceux de l'ensemble de la compagnie.

Il démissionne de l'Office des autoroutes du Québec et de son poste de sous-ministre. «Après mûres réflexions et après avoir envisagé les différentes possibilités d'avenir, j'ai décidé de retourner dans l'entreprise privée», écrit-il au premier ministre René Lévesque. Il dit aussi adieu à la Régie des installations olympiques où il a vu son collègue Roger Trudeau confirmé dans son poste de directeur général.

Il est déjà au travail chez Lavalin lorsqu'il apprend officiellement, le quinze juillet 1977, la création de la commission présidée par le juge Albert Malouf pour enquêter sur le coût des installations de la XXIe Olympiade. Ce n'est qu'un an plus tard qu'on l'appelle à la barre comme témoin. La comparution se passe à huis clos et il se fait accompagner par un avocat de la RIO.

Claude Rouleau est estomaqué. À sa grande surprise, il n'est pas interrogé sur les Jeux. Le procureur de la Commission, maître François Beaudoin, ne lui pose aucune question sur son rôle à la Régie des installations olympiques. Tout l'interrogatoire porte sur des faits qui se sont produits avant sa participation au chantier olympique. La Commission a manifestement épluché tous ses comptes en banque. Il est surtout question d'un chèque de Régis Trudeau, au montant de 25 000 $, fait à l'ordre de Claude Rouleau et qui date de 1973, deux ans avant sa nomination à la RIO. Régis Trudeau a déjà partagé un appartement à Québec avec Paul Desrochers et Claude Rouleau. L'appartement camouflait, en fait, le centre d'activités par excellence à Québec: on y jouait aux cartes jusqu'aux petites heures du matin.

Claude Rouleau explique qu'il s'agit d'une gageure. Régis Trudeau devait lui payer 1 000 $ pour chaque circonscription remportée par les libéraux aux élections de 1973, si le nombre dépassait 60. Le Parti libéral ayant obtenu 102 sièges, Régis Trudeau lui devait 42 000 $. Il lui a remis 17 000 $ comptant et signé un chèque de 25 000 $ pour le reste.

C'est une grosse somme! une gageure extravagante comme Claude Rouleau les aime. Il tente d'expliquer qu'il gage à toutes les élections et qu'à celles de 1976, toutefois, il a perdu! Le procureur de la Commission n'est pas intéressé par la gageure de 1976. C'est celle de 1973 qui l'intéresse et il insiste pour savoir s'il a gagé avec d'autres personnes à cette occasion[5].

«J'avais gagé avec Charles Rochette. C'est une gageure semblable, pareille à celle de Régis Trudeau, mais quelques semaines avant les élections, il m'a demandé de la changer. Au lieu de 1 000 $ par comté, il préférait que ce soit 100 $. J'ai accepté.»

Après ce témoignage, Claude Rouleau acquiert la conviction que la Commission cherche des boucs-émissaires. Il est prêt à parier qu'elle veut impliquer les anciens politiciens et, à défaut de ne pouvoir le faire, qu'elle s'attaquera aux proches de Robert Bourassa. En conséquence, il doit être une des victimes.

«Je pense que nous allons avoir des problèmes», dit-il à Bernard Lamarre. Ce dernier est désolé et se culpabilise d'avoir tant insisté pour l'entraîner dans le chantier olympique.

— J'attends le rapport. Pour moi, tu es innocent jusqu'à preuve du contraire», déclare-t-il à Claude Rouleau qui lui offre sa démission.

L'enquête Malouf donne à Lavalin des raisons supplémentaires de s'inquiéter. Sous la supervision de l'entreprise, le coût des installations du Parc olympique est passé de 183 millions, selon l'estimation de 1972, à 835 millions. Qui plus est, Lavalin s'est placée en situation de conflit d'intérêt.

Un mois seulement après sa nomination comme mandataire-coordonnatrice, la ville de Montréal a octroyé à sa filiale, la Compagnie nationale de forage et de sondage, dirigée par Marcel Dufour, un contrat de 507 893 $. Cet octroi contrevient aux règles stipulant que: «Le mandataire-coordonnateur ne doit recevoir, de la ville ou de tiers, aucune commission, indemnité ou autre rémunération ayant quelque relation directe ou indirecte avec la présente convention[6]». Les procureurs de la commission Malouf ont trouvé la résolution. On découvre aussi que c'est à la suggestion même de Lavalin que Charles-Antoine Boileau, alors directeur du Service des travaux publics de la ville de Montréal, a accepté de retenir les services de la filiale. Monsieur Boileau travaille maintenant chez Lavalin depuis qu'il a pris sa retraite à la ville de Montréal[7].

Il y a eu violation du contrat et Marcel Dufour doit expliquer l'inexplicable. Il témoigne à son tour devant la Commission[8]. À sa grande surprise, le procureur ne s'intéresse pas au contrat pour lequel Lavalin s'est placée en conflit d'intérêt, ce sont les sommes versées par Marcel

Dufour à Claude Rouleau qui suscitent sa curiosité:

«Actuellement, qui est le président de Lavalin International?

— Monsieur Claude Rouleau.

— Vous connaissez cette personne-là depuis quand?

— ... Oh.... Claude Rouleau... euh.... lorsque j'étais à la Polytechnique, j'ai obtenu mon diplôme à la Polytechnique en 1952. Puis mon frère et moi, nous étions deux étudiants de l'extérieur de la ville et nous demeurions, à ce moment-là, dans la maison de madame Rouleau qui était au coin de la rue Marquette et du boulevard Saint-Joseph; Claude Rouleau était au premier étage; nous étions au troisième. Nous nous sommes très bien connus à ce moment-là.

— Vous êtes de vieux amis?

— Oui!

— Entre 1970 et la fin mai de 1976, qui correspond à la période des Jeux olympiques, avez-vous eu des transactions financières avec Claude Rouleau?

— ... Les seules transactions financières que j'ai pu avoir avec Claude Rouleau, ce sont les cartes. Je me rappelle, entre autres, que le premier juillet 1975, nous avons joué aux cartes à La Malbaie... dans la maison de mon frère... puis, j'ai perdu 10 000 $. J'ai retrouvé dans mes papiers, en fin de semaine, un autre chèque à Claude Rouleau de 1000 $ au mois de novembre 1974, aussi pour les mêmes fins, parce que j'avais joué aux cartes avec lui.

La Commission est curieuse de tout ce qui représente des contributions à des partis politiques. Elle scrute à la loupe les transactions bancaires de l'associé de Bernard Lamarre:

«Lorsque je vous ai posé la question relativement à des contributions qui auraient pu être faites à des partis politiques provinciaux ou municipaux, je visais la ville de Montréal, vous avez répondu non. Parliez-vous en votre nom personnel?

— Oui!

— Et au nom de qui?

— De la Compagnie nationale de forage et de sondage.

— Bon. Mais les autres compagnies auxquelles vous êtes intéressé, Lavalin, LVLVA, à votre connaissance, est-ce qu'elles ont contribué?

— Je ne sais pas.

— Vous êtes administrateur et vous ne savez pas?

— ... Bien, je ne peux vous donner aucun chiffre. Je ne peux pas vous dire si elles ont contribué ou non. Ce n'est pas moi qui s'occupe de ça. C'est notre contrôleur et c'est un type qui est très secret.

— Qui est le contrôleur?

— C'est un monsieur Mercier.

— Je comprends que le contrôleur a pu faire des versements sans vous en parler, mais au conseil d'administration, est-ce qu'on a discuté le versement ou le non-versement de sommes d'argent aux partis politiques?

— Le conseil d'administration ne s'occupe pas de contributions politiques. On ne discute jamais de cela au conseil.

— Peu importe les sommes d'argent qui sont versées, le contrôleur peut décider de son propre chef de sortir n'importe quel montant d'argent?

— Ça ne se discute pas au conseil.

— Vous voulez dire que les paiements faits par le contrôleur ne reçoivent pas l'approbation des administrateurs?

— Pas pour les questions de... de contributions politiques.

— Mais un rapport doit être fait, vous laissez carte blanche au contrôleur?

— ...Le... les... il y a certainement un montant d'argent qui est mis de côté au cas où il y aurait... dans notre charte... le... le contrôleur ou le président ont... peuvent prendre certaines sommes pour les partis politiques qui sont... que nous... on n'a pas le droit de regard là-dessus.

— Ce n'est pas dans la charte, c'est une politique interne», intervient l'avocate de Marcel Dufour, Ginette Pérusse, qui est aussi conseillère juridique de Lavalin.

Bernard Lamarre n'apprécie pas l'épisode de la commission Malouf. Qu'à cela ne tienne! En juin 1980, l'organisme publie son rapport et Lavalin essuie un blâme pour s'être placée en situation de conflit d'intérêt. Rien de dramatique cependant pour sa réputation et c'est à peine si les journaux en font mention.

La situation est beaucoup plus sérieuse pour Claude Rouleau. Elle l'est tellement qu'aussitôt après la publication du rapport, il rapplique auprès de Bernard Lamarre.

«Quand réglons-nous nos comptes? Je t'ai dit que je vendrais mes parts et m'en irais. Je veux le faire maintenant.»

Bernard Lamarre refuse. Il préfère attendre la suite des événements. En septembre 1980, il a sa réponse: huit accusations criminelles de fraude, d'abus de confiance et de corruption sont portées contre Claude Rouleau. «Des peccadilles», selon le président de Lavalin, mais des peccadilles pour lesquelles son associé risque une condamnation et qui l'obligent à démissionner de la présidence de Lavalin International afin de ne pas risquer d'indisposer les gouvernements étrangers. Ces pays demandent généralement, lors de l'entrée en relations d'affaires avec une entreprise, de certifier qu'aucun des actionnaires ne possède de casier judiciaire.

Bernard Lamarre envoie Claude Rouleau en Indonésie où Lavalin doit solutionner un problème de surpeuplement. À son retour, il lui demande de devenir résident de Terre-Neuve et lui confie la responsabilité des opérations de la filiale Fenco dans les provinces atlantiques. La découverte de l'important champ pétrolifère Hibernia[9] au large des côtes de Terre-Neuve, laisse entrevoir tout un développement dans cette partie du pays.

Claude Rouleau revient pour subir son enquête préliminaire et son procès. Six mois plus tard, il est reconnu coupable de fraude, mais reste en liberté en attendant sa sentence. Il est passible d'une condamnation au criminel pour avoir accepté, lorsqu'il était fonctionnaire à l'emploi du gouvernement du Québec, un avantage ou une récompense d'une personne qui avait des relations d'affaires avec ce même gouvernement.

Pour la période où Claude Rouleau était président de la Régie des installations olympiques, la Commission n'a rien trouvé d'incriminant.

Pendant des mois, Bernard Lamarre espère que son ami ne sera pas accusé, puis qu'il sera acquitté des huit accusations pesant contre lui. C'est une mince consolation de constater que le juge n'en a retenues que deux.

La première a trait à la construction, en 1972, d'un quai et d'un mur de soutènement à sa résidence du lac des Deux Montagnes par la firme Simard-Beaudry. Les travaux ont été évalués à environ 20 000$ mais Claude Rouleau n'en a payé que 3000$, soit la somme que son voisin lui a remise pour payer sa partie du mur. Paul Matte de Simard-Beaudry a déclaré avoir accepté de faire la «jobbine», parce qu'il «voulait maintenir de bonnes relations avec monsieur Rouleau». Or, Simard-Beaudry a obtenu des contrats du ministère de la Voirie, à l'époque où Claude Rouleau était sous-ministre.

L'autre chef d'accusation pour lequel Claude Rouleau a été reconnu coupable concerne la préparation des plans pour le mur de soutènement et le quai par la firme Trudeau Gascon Lalancette & Associés. Le coût de ces plans, réalisés par Marc Trudeau, s'élevait à 300$, somme qui n'a pas été payée non plus[10].

En décembre 1982, l'occasion est donnée à Bernard Lamarre de venir prouver ce qu'il a toujours prêché: «L'amitié doit être bâtie à l'enseigne de la loyauté. Lorsque qu'un ami a besoin de toi, il faut que tu y sois.» Il y est. Il accepte d'être un témoin surprise au procès de Claude Rouleau. Maître Gabriel Lapointe, l'avocat de ce dernier, a décidé d'appeler de «gros noms» à la barre dans l'intention manifeste d'impressionner le juge. Pour que son client écope le moins possible, il lui faut présenter une preuve de caractère solide et il compte sur la réputation du président de Lavalin, Bernard Lamarre, pour faire pencher la balance.

«Depuis quand connaissez-vous monsieur Rouleau? demande maître Lapointe.

— Depuis le début des années 1950 à la Polytechnique.

— Est-ce que vous êtes resté en contact avec Claude Rouleau jusqu'à ce qu'il entre à l'emploi du gouvernement?

— Oui, toujours.

— Est-ce que vous vous souvenez d'un entretien que vous auriez eu avec lui au moment où il est entré au gouvernement?

— On a eu souvent des entretiens puisqu'on collaborait à plusieurs projets. J'avais toujours voulu que monsieur Rouleau se joigne à notre société. Cela fait depuis 1960 que je lui en parle. Je lui avais dit que si jamais il quittait le gouvernement, s'il revenait à l'entreprise privée, j'aimerais qu'il se joigne à nous. En fait, les bons administrateurs et les bons vendeurs sont très rares dans notre métier et quand nous pouvons en trouver un, nous n'hésitons pas à saisir l'occasion.

— En votre qualité de président de la société d'ingénieurs qui détenait le mandat de coordonnateur du chantier olympique depuis 1974, comment qualifieriez-vous l'apport de Claude Rouleau au succès des Jeux olympiques de 1976?

— Son apport a été essentiel. S'il n'avait pas été là, il n'y aurait pas eu de Jeux.

— Vous avez vécu assez étroitement avec Claude Rouleau depuis plusieurs années, surtout au cours des dernières années, est-ce que vous pourriez donner votre évaluation au président du tribunal sur ce bonhomme qui s'appelle Claude Rouleau?

— Depuis que j'ai fait sa connaissance à la Polytechnique, j'ai toujours considéré qu'il était un organisateur extraordinaire et un leader qui savait entraîner les gens derrière lui. C'était et c'est encore un très bon administrateur. C'est un négociateur hors pair. Pour moi, c'est un homme honnête que j'apprécie beaucoup et que je considère comme mon ami.»

Cette déclaration, donnée sans hésitation par Bernard

Lamarre, produit son effet. Elle est le point culminant de cet avant-midi de témoignages. Premièrement, elle vient du patron de Claude Rouleau et, deuxièmement, elle suit les propos louangeurs d'André Bachand, administrateur de l'Université de Montréal, de Jean-Guy Décarie, organisateur du Prêt d'honneur, de Roger Langlois et d'Henri Godefroy, ex-directeurs de l'École polytechnique, de Guy Coulombe, président d'Hydro-Québec, et de Pierre April, journaliste à la *Presse canadienne*.

Un mois plus tard, Claude Rouleau écope d'une amende de 31 000 $. L'emprisonnement n'a pas été réclamé par la Couronne. Le juge conclut que la réhabilitation est incontestable. Il déclare avoir tenu compte de certaines circonstances atténuantes telles l'ancienneté du crime, l'humiliation publique déjà subie, la contribution apportée par ailleurs à la société par l'inculpé. Claude Rouleau paye pour les autres. Les Jeux devaient coûter 310 millions[11], ils en ont coûté 1,23 milliard de plus. De cette somme, 2,5 millions seulement étaient récupérables.

La commission d'enquête Malouf a retenu, comme principal facteur de l'échec financier des Jeux, l'irresponsabilité administrative des autorités de la ville de Montréal. Le coupable, le maire Jean Drapeau, le mauvais planificateur, a promis d'écrire sa version de l'histoire mais on attend toujours. Les Montréalais lui ont redonné un nouveau mandat en novembre 1982. Lorsque monsieur Drapeau a pris sa retraite comme maire de Montréal, le premier ministre du Canada, Brian Mulroney, a dérangé à son tour sa carrière littéraire en le nommant ambassadeur à l'UNESCO. Un poste qui le condamne enfin à vivre à Paris.

Les ouvriers du chantier olympique, ceux-là mêmes qui défaisaient la nuit ce qu'ils avaient fait la veille pour le refaire le lendemain et être payés à double tarif, s'en sont eux aussi très bien tirés. Ils ont pu témoigner sous cagoule.

Claude Rouleau s'est vu déchu de ses droits d'actionnaire à l'intérieur même de l'entreprise dont il a contribué à sauver la réputation en terminant les installations olympiques à temps pour les cérémonies d'ouverture. L'aventure a fourni à Bernard Lamarre l'occasion de prouver à ce compagnon son amitié indéfectible, ce qui lui assurera ses bons et loyaux services pour plusieurs années à venir. Le sauveur de la réputation du Canada, le sauveur des Jeux olympiques, Claude Rouleau, a subi et subira toute sa vie l'opprobre public pour des gestes qui n'ont rien à voir avec les Jeux et leur coût astronomique. On l'a jugé sur des faits survenus pendant la période où il était sous-ministre des Transports.

Sa réputation ne s'en remettra jamais, mais celle de Lavalin est sauve. L'entreprise s'en sort la tête haute et un peu plus riche. Comme pour la baie James, le contrat des Jeux olympiques a été payant. La firme a négocié un honoraire basé sur le coût du projet qui ne pouvait être supérieur «en aucun cas» à 3,3 millions [12]. Les imprévus ont fait grimper cet honoraire à 13,9 millions[13]. La firme a aussi manœuvré pour poursuivre sa participation après les Jeux, ce qui lui a procuré une somme supplémentaire de 1,7 million [14].

Bernard Lamarre n'a eu presque aucun compte à rendre. Il est devenu intouchable grâce à sa conquête de l'opinion publique.

# RÉFÉRENCES DU CHAPITRE 8

1. UPI Washington, «Oliver North écope de trois ans avec sursis», La Presse, 6 juillet 1989. Ex-lieutenant-colonel, il est le principal accusé dans l'affaire de l'Irangate, soit la dissimulation de ventes d'armes à l'Iran et le détournement des bénéfices au profit des rebelles nicaraguayens de la Contra, entre 1985 et 1989. On lui reprochait également d'avoir accepté l'installation gratuite d'un système de sécurité dans sa maison, un cadeau d'une valeur de 14 000 $. Il fut condamné a trois ans de prison et à 150 000 $ d'amende. Le 20 juillet 1990, la cour d'appel de Washington a annulé le chef d'accusation de falsification et de destruction de documents publics.

2. Note pour le premier ministre Bourassa rédigée par Guy Coulombe le 6 novembre 1975.

3. Arrêté en conseil numéro 5134-75. Nomination de Claude Rouleau à la RIO. Il reçoit 150 $ par jour de séance plus 1000 $ par mois payés par la RIO.

4. La commission Cliche a émis un blâme à son endroit pour ne pas avoir dévoilé au ministre de la Justice en 1972 ce chantage exercé par un syndicat.

5. Notes sténographiques de la comparution du 30 octobre 1978.

6. Article 4.3 de la convention signée le 16 juillet 1974.

7. Guy Pinard,«Des compétences acquises... sans remords de conscience», La Presse, 8 septembre 1980. Monsieur Boileau est aujourd'hui décédé.

8. Notes sténographiques de l'audience du 23 avril 1979.

9. Gilles Saint-Jean, «Les firmes montréalaises SNC et Monenco sont choisies maitres-d'œuvre du chantier Hibernia», La Presse, 15 septembre 1990.

10. Claude Rouleau a été acquitté en appel de ce chef d'accusation, le 7 août 1984.

11. Estimation d'octobre 1972.

12. Convention signée entre Lalonde Valois Lamarre Valois & Associés et la ville de Montréal le 16 juillet 1974. Article 6.2.

13. Trésorerie de la Régie des installations olympiques. Il a été impossible d'obtenir le total des sommes versées au chapitre de la rémunération car la compilation n'existe pas selon Mireille Zigby, secrétaire et vice-présidente; numéro 20-0.13, mandat de mandataire-coordonnateur (note 107) sur les installations du Parc olympique: 13,9 millions.

14. Numéro S-006-00. Prêt d'employés de novembre 1976 à octobre 1978: 1,7 million.

**Chapitre 9**

# LA MANIPULATION DE L'OPINION PUBLIQUE

Le 15 novembre 1976, Marcel Masse se retrouve chez Bernard Lamarre, après avoir commenté les résultats des élections à Télé-Métropole. Il est à même de constater que la victoire du Parti québécois ne fait pas beaucoup d'heureux. Plusieurs invités ont la mine soucieuse. Quant au président de Lavalin, il fait contre mauvaise fortune bon cœur et garde le sourire:

«Si le ciel est tombé, il faut le ramasser.»

Au fond de lui-même, Bernard Lamarre est très déçu. L'ingénieur qui rêve de conquérir le monde trouve incompréhensible que les Québécois veuillent laisser les montagnes Rocheuses au reste du Canada. Qu'ils soient d'accord pour abandonner toutes les richesses naturelles contenues dans la mer de Baffin ou les Territoires du Nord-Ouest le dépasse.

Il lui faut quelques semaines pour admettre que le danger n'est pas imminent, que la société québécoise ne risque pas de changer du jour au lendemain. La possibilité de continuer à vivre comme par le passé est là, du moins pour quelques années encore.

L'élection du Parti québécois lui donne un bon coup de fouet. Elle lui fait prendre conscience de la nécessité de procéder à un rajustement stratégique. Son entreprise ne doit plus se limiter au Québec. Elle doit s'implanter à l'extérieur de la province. Pour ce faire, il lui faut se débarrasser de cette crainte de voir les autres gouvernements provinciaux refuser d'aider sa compagnie parce que ses propriétaires sont des Québécois. Le meilleur moyen d'en avoir le cœur net est de foncer d'abord vers l'ouest, où le pétrole et les activités reliées à son exploitation laissent entrevoir tout un développement.

Afin d'arrondir les angles et de se sécuriser dans son approche auprès des gouvernements provinciaux, Bernard nomme Marcel Masse responsable du développement des affaires de Lavalin dans l'ensemble du Canada. Marcel Masse est le choix logique puisqu'il fait maintenant partie de l'équipe. Son arrivée chez Lavalin en a surpris plusieurs, à commencer par le principal intéressé qui rêvait d'une longue carrière en politique.

Ses débuts en 1966 avec l'équipe de Daniel Johnson avaient été prometteurs. En plus du ministère d'État à l'Éducation, le premier ministre lui avait confié, en 1967, la responsabilité d'accueillir les chefs d'État lors de l'exposition universelle de Montréal, un poste clé où il avait pu multiplier ses relations. Son penchant pour les voyages était ressorti rapidement au grand déplaisir de ses collègues de l'Union nationale[1]. Son confrère Jean-Noël Tremblay, alors ministre des Affaires culturelles, l'avait décrit comme un courant d'air national, un ministre qui faisait beaucoup de bruit pour bien peu de résultats. «Vous voulez savoir où est Marcel Masse, appelez la tour de contrôle du gouvernement», avait-il déclaré à l'Assemblée législative[2].

Après le ministère d'État à l'Éducation, Marcel Masse avait été nommé ministre responsable de la fonction publique et de l'OPDQ, l'Office de planification et de développement du Québec. Ayant été épargné par la vague libérale d'avril 1970, il avait tenté sa chance, en 1971, à la direction de l'Union nationale et avait subi la défaite contre Gabriel Loubier. Masse avait quitté l'Union nationale, devenu Unité-Québec, pour siéger comme indépendant.

En 1973, il s'était déclaré à la recherche d'une troisième option entre les défenseurs du fédéralisme et les partisans de l'indépendance. Il croyait possible d'injecter un souffle d'esprit québécois dans le Parti conservateur. Il perdit son pari. Marcel Masse avait misé gros en se lançant sous la bannière d'une formation politique dirigée par un unilingue anglophone du nom de Robert Stanfield. Après huit années en politique, il s'était retrouvé, à trente-sept ans, Gros-Jean comme devant, avec, en plus, une situation financière précaire. Il avait investi dans les «mini-putts» et l'affaire avait mal tourné.

Bernard Lamarre l'avait rejoint au moment où il ruminait sa défaite à son chalet de Saint-Donat. Deux jours plus tard, ils étaient attablés dans un restaurant de Montréal, lorsque Bernard lui fit une proposition: «J'ai une équipe de développement pour les Nations Unies que je voudrais que tu ailles la diriger en Afrique. Je t'offre d'aller deux ans à Ouagadougou, en Haute-Volta.»

L'offre ressemblait à une faveur, mais Bernard Lamarre s'en souciait peu. Il savait pertinemment que Marcel Masse avait un urgent besoin d'argent pour renflouer ses finances et l'homme lui était très sympathique. Tant pis si son embauchage risquait de déplaire aux libéraux. Il préférait miser sur les gens plutôt que sur les partis politiques. Prendre l'ex-député à la face du monde quand il n'avait plus de place où aller ne pouvait que commander le respect du parti au pouvoir et, qui sait, contribuer à amadouer les hommes politiques en place, puisque tous savent qu'en politique, tout vainqueur est un futur perdant.

Le lendemain, Marcel Masse avait accepté cette occasion de tourner la page. Il serait responsable d'une équipe de huit experts internationaux pour la réalisation d'un projet appelé le «Liptako-Gourma», du nom de deux anciens royaumes. Il s'agissait de tracer des plans de développement pour une région grandement affectée par la sécheresse, située à l'embouchure du fleuve Niger, entre Bamako et Niamey, et touchant trois pays: le Niger, le Mali, et la Haute-Volta.

À son retour d'Afrique, deux ans plus tard, Marcel est frais et dispos. Il a eu le temps de réfléchir au phénomène du développement des pays du Tiers-Monde et au besoin pour les firmes d'ingénierie de s'assurer une relève dans les pays d'Afrique en offrant la formation sur place. Bernard Lamarre trouve l'idée excellente. Étant donné que Marcel ne veut rien administrer, qu'il ne veut pas perdre son temps dans la comptabilité et l'application des règlements, pour lesquelles il n'est d'ailleurs pas doué, Bernard le nomme vice-président d'Éconosult, avec la responsabilité de développer un noyau d'expertise en formation de personnel. De cette façon, il pourra disposer de tout son temps pour réfléchir et créer.

Bernard Lamarre est prêt à plusieurs concessions pour garder Marcel Masse dans son entourage. L'homme le distrait. Ses discours à l'emporte-pièce le détendent et le délivrent de ses préoccupations quotidiennes. Lui-même a toujours cru que pour se souvenir d'une idée, il faut la verbaliser le plus rapidement possible. C'est d'ailleurs pourquoi Bernard Lamarre raconte tout à sa femme et à ses enfants. L'arrivée de Marcel Masse avec son franc-parler fait l'effet d'un rayon de soleil parmi ces ingénieurs au verbe réservé.

Le président de Lavalin pressent que Marcel laissera sa marque chez Lavalin. Il ne soupçonne pas encore à quel point!

L'ex-politicien est certainement le meilleur ambassadeur dont Lavalin pouvait rêver auprès des gouvernements provinciaux conservateurs: il est considéré comme un des leurs. «De cette façon, si Lavalin a un problème avec William Davis de l'Ontario, avec John Buchanan de la Nouvelle-Écosse, avec Frank Moores de Terre-Neuve ou avec Peter Lougheed de l'Alberta, Marcel Masse pourra s'en occuper[3].» Il possède un sens politique qui se révélera fort utile à la compagnie qui a maintenant des bureaux dans toutes les provinces.

Une fois le Parti québécois en place à Québec et lui-même bien installé dans ses nouvelles fonctions de responsable du développement des affaires, Marcel Masse constate que Lavalin est souvent la cible d'attaques dans les journaux. Il n'aime pas la publicité négative faite à la compagnie.

Pendant la campagne électorale de 1976, c'est René

Lévesque lui-même qui ne cesse de parler de failles dans les projets auxquels Lavalin participe. À commencer par la baie James qui menace de coûter plusieurs milliards de plus que prévu[4] en grande partie à cause des rivalités syndicales sur le chantier qui ont dégénéré en guerre ouverte. Le Local 791 de la FTQ, l'Union des opérateurs de machinerie lourde, ayant tenté sans succès de s'imposer par la force sur le chantier de LG2, son représentant Yvon Duhamel[5], – haut comme trois pommes, mais très costaud avec les épaules carrées et les jointures hypertrophiées[6] – décide le vingt et un mars 1974 d'utiliser la manière forte. Aux commandes d'un bélier mécanique, il renverse d'abord les trois génératrices qui alimentent le campement puis, avec un chargeur Caterpillar 988, il éventre des réservoirs contenant de l'essence et de l'huile lourde. Le liquide dévale la pente jusqu'à ce qu'il atteigne les dortoirs et les garages. Trois ou quatre minutes plus tard, ceux-ci sont en flammes[7]. Peu après, Yvon Duhamel monte sur un autobus et déclare: «Quand j'ai fait le coup, j'étais sain de corps et d'esprit et je savais ce que je faisais. Si c'était à refaire, j'en ferais davantage. La SEBJ doit comprendre que nous sommes les boss[8].» Le saccage a un impact considérable sur le projet. En plus d'obliger la fermeture du chantier pendant cinquante et un jours, il retarde d'un an la dérivation de la rivière La Grande et la construction du barrage. Lavalin n'y est pour rien, mais l'entreprise est directement associée au projet et ces événements malheureux nuisent à son image.

Et il n'y a pas que la baie James! En 1977, la controverse bat son plein concernant le coût des Jeux olympiques. Tous ceux qui ont été mêlés au projet sont pointés du doigt et à plus forte raison Lavalin, la mandataire-coordonnatrice. L'enquête du juge Malouf rend les choses encore plus pénibles.

Avec son sens politique, Marcel Masse entrevoit l'effet néfaste à longue échéance d'une telle publicité négative pour Lavalin. «Pour être capable de passer à travers la vie, il faut regarder en avant», lui répète Bernard Lamarre. Au fil des mois cependant, le président de Lavalin constate que ses principaux collaborateurs, Marcel Dufour, Armand Couture et Jacques Lamarre, sont démotivés eux aussi par ces attaques directes dans les journaux. Tous le pressent d'agir car ils sont d'avis qu'il faut la contrecarrer, mais par quoi? Là est toute la question.

Marcel Masse insiste pour qu'on évite d'être sur la défensive. Il importe de réagir de façon positive: «Tu parles dans le désert si tu essaies de te justifier. L'opinion publique préfère se ranger du côté de la suspicion. Il faut trouver un véhicule différent, rejoindre les personnes en passant par le champ d'à côté», explique-t-il à Bernard Lamarre.

Il se souvient d'un livre qu'il a lu au début des années 1960, un ouvrage qui l'a beaucoup marqué: *The Anatomy of Britain*[9]. Le livre trace un portrait de la structure industrielle de l'Angleterre et des problèmes inhérents à la fermeture de ce pays aux étrangers. La spécialisation des sociétés britanniques les a rendues incapables de dialoguer avec l'extérieur, ce qui a freiné leur développement. Le message est clair et Marcel Masse s'en souvient: les sociétés qui réussiront seront celles qui sont capables d'établir un dialogue à l'intérieur, entre leurs diverses composantes, et à l'extérieur, avec les autres. La priorité doit être donnée aux communications interne et externe.

Le diagnostic qu'il établit pour Lavalin est le suivant: la firme est en train de commettre la même erreur que plusieurs grandes sociétés en négligeant son environnement social. L'absence de dialogue est perceptible à tous les échelons. Quant au dialogue avec l'extérieur, il n'y en a aucun. Bernard Lamarre n'a pas parlé en public depuis 1970[10]. Lavalin est en train de devenir une des trois plus grosses sociétés d'ingénierie au Canada et le public québécois l'ignore. René Lévesque et ses ministres se tuent à vouloir convaincre leurs semblables qu'ils sont aussi bons, sinon meilleurs que les autres. La société québécoise a un urgent besoin de modèles, mais Lavalin reste muette.

Bernard Lamarre ne connaît personne au Parti québécois. Pour lui, les péquistes sont comme ces tuberculeux que ses parents lui défendaient d'approcher lorsqu'il était enfant. Le nationalisme véhiculé par ce parti, il le refuse d'emblée pour des questions de principe. C'est cette approche, beaucoup plus que la religion, qui est responsable, à son avis, de toutes les guerres que le monde a connues. «Pour devenir champion de tennis, il faut se mesurer à des champions et non à des joueurs de faible calibre.» De la même façon, il croit que le Québec ne gagnera rien en se repliant sur lui-même.

Le président de Lavalin n'a pas d'image publique et ne s'en préoccupe pas puisque ce sont les entreprises et les gouvernements qui utilisent les services des firmes d'ingénieurs-conseils, pas les particuliers. Il ne saisit pas encore cette nécessité pour la société québécoise de projeter son espoir à travers certains succès d'entreprises. Que plusieurs journaux accordent plus d'attention aux nouvelles économiques du Québec le laisse indifférent.

Marcel Masse n'est pas de cet avis. Une fois le problème identifié, il ne laisse pas traîner les choses: «Le champ d'à côté sera le domaine des arts visuels, explique-t-il à son patron. Pourquoi la compagnie Texaco a-t-elle décidé de commanditer le *Metropolitan Opera* de New York? Parce que le président de Texaco avait un problème d'image. Ses opinions personnelles sur le problème allemand, diffusées largement dans les journaux des États-Unis, avaient indisposé bon nombre d'Américains. Plutôt que d'investir des millions pour contrer une publicité négative, la compagnie a pris la décision de commanditer l'Opéra et elle a gagné haut la main la bataille de l'opinion publique. Lavalin doit aussi se trouver un secteur qui relève d'un domaine que je qualifierais du domaine des "anges" parce qu'inoffensif. Les arts visuels feront très bien l'affaire.»

C'est le mécène chez Bernard Lamarre qui doit être mis en évidence. Il faut faire en sorte que les arts visuels chez Lavalin deviennent une légende, en raison de la passion de son patron pour le domaine et de sa propension à aider les jeunes artistes en leur achetant des tableaux.

Marcel Masse n'a pas de difficulté à convaincre les dirigeants. Bernard Lamarre et surtout Louise, son épouse, se sont toujours intéressés à l'art contemporain, encouragés par Paul Mailhot, leur beau-frère qui a épousé Marielle Lalonde. Grâce à ce grand connaisseur d'art, le couple a pu rencontrer plusieurs artistes et s'en faire des amis. Bernard Lamarre répète maintenant à qui veut l'entendre: «Il faut toujours acheter des tableaux et ne jamais les vendre.» Marcel Masse soupçonne son patron de collectionner par amour de l'art, mais aussi pour des raisons philanthropiques. La preuve en est qu'il croit à l'importance d'aider les artistes lorsqu'ils sont vivants: «Quand ils sont morts, les achats ne font vivre que le marchand de tableaux», explique-t-il.

Il achète aussi volontiers pour aider des amis dans le besoin. Lorsque Jean Lapointe a brisé son association avec les Jérolas et qu'il a organisé une vente de tableaux dans une salle du Ritz Carlton, Bernard Lamarre a acheté le *Jardin Rouge* de Pellan. Il raconte maintenant en riant: «Ce fut un sacrifice car le tableau, qui avait appartenu à Doris Lussier, sentait la "vieille pipe".»

Le flair du président de Lavalin pour les arts est indéniable. Son attirance naturelle pour la précision des formes, l'éclat des couleurs et la planification des choses lui fait réaliser de bons achats. Il arrive aussi qu'il rate son coup, comme en 1972, l'année où il a manqué ce qu'il considère être l'achat de sa vie. Au cours d'un voyage à Londres, il tombe amoureux d'une sculpture de Gabo, une tête avec des hyperboles pour laquelle la vendeuse réclame 50 000 $. Bernard Lamarre vient alors de décrocher le contrat de la baie James et se meurt d'envie de l'acheter.

«N'achète pas, c'est beaucoup trop cher», lui lance son épouse qui se montre inflexible. Il obéit car il a une grande confiance en son jugement et, à plus forte raison, dans le domaine de l'art où elle s'y connaît beaucoup plus que lui. L'obéissance ne lui réussit pas. Quelques années plus tard, il se mord les doigts de l'avoir écoutée. Il revoit la même sculpture en vente à 250 000 $ dans une galerie située sur la rue Sherbrooke à Montréal. Lorsque, n'y tenant plus, il retourne pour l'acheter, il se fait répondre par la vendeuse: «Je ne peux plus vous la vendre à 250 000 $, elle vaut maintenant un million.»

Pour mener à bien sa nouvelle stratégie, Marcel Masse n'a aucun mal à convaincre son patron d'embaucher un spécialiste d'origine européenne, du nom de Léo Rosshandler, afin de préciser ce rendez-vous de Lavalin avec l'art moderne qui est, il faut l'admettre, à peine esquissé à l'époque[11]. Rosshandler accepte de s'occuper de la collection Lavalin à raison de quatre jours par semaine.

La stratégie de Marcel Masse est triple: premièrement, lui confier le soin de faire le ménage dans les tableaux achetés depuis le début des années 1960, soixante-quinze au total. Deuxièmement, faire connaître la collection en insistant sur le fait que Lavalin achète uniquement des tableaux québécois et canadiens: une façon de reconnaître que ce sont les leurs qui lui ont permis de grandir et de prospérer. Troisièmement, informer le public que, dans l'entreprise, on exerce son métier en présence d'œuvres d'art: chez Lavalin, le souffle de l'artiste est présent au moment où les études sont faites, où les plans et devis sont exécutés et où les décisions sont prises.

Pendant que monsieur Rosshandler s'emploie à remplir ses nouvelles fonctions, la campagne de dénigrement continue de battre son plein. La tâche de Marcel Masse consistant à contrer l'image négative faite à la compagnie dans les journaux s'annonce plus difficile que prévu. Les années 1978 et 1979 apportent en effet plusieurs mauvaises nouvelles.

Il y a d'abord cette participation de Lavalin dans la construction de l'usine de filtration Charles-J.-Des Baillets. Bernard Lamarre doit expliquer pourquoi sa firme touchera plus de 21 millions en honoraires et non pas 7 millions comme prévu. Pourquoi cette générosité de la ville, puisque les coûts initiaux ont triplé? Sa construction est passée en sept ans de 73 à 185 millions[12]. Le public apprend aussi que Lavalin a fait l'acquisition de Fenco, cette compagnie qui lui a ouvert les portes du monde industriel au Québec, cinq mois seulement après que Bernard Lamarre fut intervenu auprès de la ville de Montréal pour convaincre les autorités de donner à Janin Construction ce qu'elle réclamait[13].

«Est-ce que Lavalin a voulu rendre service à la compagnie qu'elle devait bientôt acheter et avec laquelle elle menait de délicates négociations[14]?», demande le candidat du Rassemblement des citoyens de Montréal (RCM), Guy Duquette.

Jean-Claude Leclerc, éditorialiste au quotidien Le Devoir, publie de son côté un papier cinglant:

«Il est dans l'intérêt public qu'une enquête poussée soit faite dans le dossier de l'usine Des Baillets, non seulement parce que ses coûts obèrent les contribuables de Montréal, mais parce que des règles fondamentales de gestion des grands chantiers publics sont en cause. Il n'est plus d'appels d'offres valables si, après coup, il est permis de rouvrir des contrats... Il n'est plus enfin d'éthique professionnelle si le surveillant et le surveillé entretiennent en privé des rapports d'affaires...[15]»

Au moment où tous ces détails sont rendus publics, l'usine n'a pas encore été inaugurée et surtout, il n'y a pas eu de pénurie d'eau. Gérard Niding a lui-même déclaré en 1976, en plein milieu du déroulement des Jeux olympiques, en réponse à une question du conseiller du RCM, Michael Fainstat: «Il n'y a aucun danger. La ville a bouché des trous dans le vieux système et récupéré 151 millions de litres par jour. Il n'y a aucune presse.» Il prétendait le contraire quatre ans plus tôt.

Lorsque enfin la première goutte d'eau sort de l'usine en janvier 1978, c'est l'extravagance des installations qui est mise en évidence. La démesure de l'usine est pointée du doigt par le journaliste Gilles Provost du journal Le Devoir. «Dans cette usine, tout est démesuré: par exemple, les trois "petites pompes" destinées simplement à nettoyer les filtres de sable en faisant circuler l'eau à rebours périodiquement, sont quand même capables de porter 37 850 litres par minute à une hauteur de douze mètres. Cela leur donne une puissance supérieure à celle des pompes principales de toutes les autres municipalités québécoises. En somme, de la belle mécanique, de quoi faire rêver bien des pompiers[16].»

Lavalin perd davantage la face pour un geste posé en 1972, au moment de l'obtention du contrat de l'usine Charles-J.-Des Baillets. Dans la foulée de l'enquête Malouf, il est révélé que Gérard Niding s'est fait offrir une maison d'une valeur de 160 000 $ à Bromont par Régis Trudeau, président de Régis Trudeau & Associés[17]. Or, lorsque qu'il a mis en vente sa propriété de Stukely, située dans la région de l'Estrie, en avril 1972, c'est le représentant de Lavalin en Afrique, Yves Beauregard, qui en est devenu propriétaire pour la somme de 62 000 $. Bernard Lamarre a servi d'intermédiaire. La maison a été revendue à perte, pour 52 000 $, quelques mois plus tard. «Très mauvaise transaction pour un homme qui fait profession de rigueur technique et économique», de préciser Françoy Roberge du journal *Le Devoir*. Interviewé sur les ondes du réseau anglais de Radio-Canada, Bernard Lamarre se défend mal, déclarant: «C'est un geste de bonne entente que l'on fait pour n'importe qui quand l'occasion se présente[18].» Lavalin passe d'emblée aux yeux du Canada anglais pour une firme ayant des accointances avec le pouvoir.

La devise préférée de Bernard Lamarre: «Bien faire et laisser braire», ne suffit plus devant l'ampleur des dégâts. L'offensive vers les arts visuels n'est pas prête à donner des résultats, car Léo Rosshandler commence à peine à pouvoir organiser des expositions. Étant donné qu'il est trop tôt pour en transmettre les effets au grand public, Marcel Masse prend la décision de communiquer en tête à tête avec les principaux clients de Lavalin. De Vancouver à Saint-Jean de Terre-Neuve, le mot d'ordre est clair: établir une relation solide avec le client et demeurer en communication étroite avec lui! Au début des années 1980, la firme se lance dans l'organisation d'imposantes parties d'huîtres dans les villes de Calgary, de Toronto, d'Ottawa, de Montréal et de Québec. Ces soirées, où l'on invite un nombre impressionnant de fonctionnaires, deviennent tellement courues que Lavalin n'osera plus les abandonner, surtout qu'elles représentent des occasions rêvées pour tirer les ficelles afin de régler un problème ou d'activer un dossier. Les bienheureux invités ne peuvent qu'être impressionnés par un tel étalage plantureux de plats et de boissons. La puissance financière qui se dégage de ces événements est incontestable. On ne peut les blâmer de vouloir tout faire pour demeurer sur la liste d'invités.

Une autre décision est prise: celle d'obliger en quelque sorte Bernard Lamarre à témoigner publiquement de son succès d'entreprise. Entre 1979 et 1982, il prononce sept importants discours au Québec. Au début, il a un trac épouvantable puis, petit à petit, la panique s'estompe. Il commence à jouer pleinement son rôle dans la communauté des affaires.

Les acquisitions, les contrats, les réalisations de Lavalin au pays et à l'étranger alimentent maintenant les pages des grands quotidiens et des périodiques. Ces interventions dans le monde des affaires, jointes à la stratégie élaborée dans le monde des arts produisent des résultats étonnants. Il ne faut que quelques années à Bernard Lamarre et à Lavalin pour conquérir l'opinion publique.

Un phénomène inexplicable se produit. Les Québécois s'identifient plus à Lavalin qu'à n'importe quelle autre firme. Le succès de Bernard Lamarre devient celui de tous les Canadiens français. En témoignant personnellement de son succès, il a attiré l'attention sur lui. En devenant un homme public, il a obtenu la sympathie des ministres péquistes, a appris à les connaître et réalisé qu'ils ne sont pas les «tuberculeux» qu'il croyait autrefois. Lavalin entre dans la légende.

À la mort de son beau-père Jean-Paul Lalonde en 1983, le président de Lavalin peut dire mission accomplie. Bernard Lamarre reçoit, en quelques années, l'Ordre national du Québec et l'Ordre du Canada de même que huit doctorats honorifiques dans les domaines du droit, de l'ingénierie, des sciences appliquées et de l'administration des affaires. Lui qui se moquait volontiers du président de SNC, Camille Dagenais en ces termes: «Camille, c'est un collectionneur de doctorats», devra désormais se moquer de lui-même.

PHOTO: LAVALIN

*Bernard Lamarre recevant un doctorat honorifique*
*de l'Université Bishop.*

Bernard Lamarre s'est pris à son propre jeu. Il se dévoue corps et âme pour le Musée des beaux-arts de Montréal dont il a été élu président à la fin de 1982. Il organise en collaboration avec le ministre des Affaires culturelles du Québec, Clément Richard, l'exposition Picasso qui connaîtra un immense succès. Toute l'aventure commence lorsqu'en route pour Saint-Malo, pour assister à la commémoration de l'arrivée de Jacques Cartier au Québec, Clément Richard rencontre par hasard dans l'avion une amie de Jacqueline Picasso qui s'offre comme intermédiaire pour la lui présenter. Il vient alors l'idée au ministre d'exposer les œuvres de Picasso à Montréal. À la première occasion, il téléphone à Bernard Lamarre pour lui faire part de son projet:

«Si j'arrivais à convaincre Jacqueline Picasso de faire une exposition à Montréal, serais-tu d'accord pour que nous la fassions au Musée des beaux-arts?»
— Fantastique! Tu as le feu vert.»

Au cours d'un dîner privé à la résidence de madame Picasso, celle-ci donne son approbation. L'exposition se révèle l'une des plus exceptionnelles jamais présentées au Musée. Plus de 525 000 personnes acceptent le rendez-vous. Les Montréalais voient enfin leur musée dirigé par Alexandre Gaudieri. Son président, Bernard Lamarre, rêve déjà d'agrandissement.

Clément Richard, qui s'entretient fréquemment avec lui à propos de finances et de projets d'expansion, s'étonne. Il ne comprend pas comment un homme aussi occupé que Bernard Lamarre puisse consacrer autant de temps à jongler avec l'avenir du Musée des beaux-arts de Montréal. Surtout que l'engagement personnel du président de Lavalin place l'entreprise dans l'impossibilité d'obtenir quelque contrat que ce soit de l'organisme en raison des possibilités de conflit d'intérêt. Il se rend à l'évidence, Bernard Lamarre a toujours du temps et de l'argent non seulement pour le musée mais aussi pour les artistes en général. Son épouse Louise s'en occupe encore plus que lui et de façon anonyme. On la rencontre très souvent dans des ateliers en train de surveiller le travail de ses protégés. En 1988, la collection Lavalin compte 1100 œuvres d'art.

Bernard Lamarre prouve définitivement son engagement pour l'art lorsqu'il aménage une galerie dans le nouvel édifice qu'il partage avec La Laurentienne au 1100, boulevard René-Lévesque à Montréal. L'endroit est un feu roulant. Léo Rosshandler y organise des vernissages au rythme d'un à tous les mois et demi. Lavalin ne ménage rien pour assurer le succès de chaque exposition. En plus d'y voir ses œuvres exposées, l'artiste a droit à un catalogue en couleurs de ses tableaux avec un mot de bienvenue sans prétention du patron de Lavalin: un à-côté cher à son cœur. Pour chaque

*Bernard Lamarre en compagnie de Jacqueline Picasso
et de Pierre Théberge et Alexandre Gaudieri.*

vernissage, les ateliers graphiques de l'entreprise sont mis à contribution sans qu'il en coûte un sou au créateur. Cette générosité de Lavalin en laisse plusieurs perplexes[19]. La firme joue un rôle qui, jusqu'à ce jour, n'était réservé qu'aux musées, aux galeries d'art et aux instances gouvernementales[20]. Bernard Lamarre n'a d'ailleurs pas envie de lâcher. Son style centralisateur produit des résultats étonnants au Musée des beaux-arts de Montréal. Les Montréalais n'y ont jamais vu défiler autant d'expositions, ce qui n'empêche tout de même pas la critique. Son approche jugée trop dictatoriale cause certains remous au sein du conseil d'administration. C'est particulièrement le cas lorsqu'il est question de remplacer le directeur Gaudieri. Trois membres du conseil, soit Maurice Sauvé, Stephen Jarislowsky et Joan Ivory préfèrent démissionner plutôt que d'accepter la candidature de Pierre Théberge, le protégé du président de Lavalin. Bernard Lamarre tient son bout et monsieur Théberge entre par la grande porte au Musée.

En plus de son style de direction, Bernard Lamarre y transporte aussi ses propres goûts d'ingénieur. La célébration du Centenaire de l'ingénierie en 1987 donne lieu à une parade inattendue: deux grues géantes et des camions défilent sur la rue Sherbrooke pour inaugurer l'exposition Léonard de Vinci. Les amateurs de peinture restent sur leur faim. Lorsqu'ils visitent l'exposition, ils découvrent Léonard l'ingénieur, mais rien du grand peintre.

En 1989, Lavalin organise conjointement avec la Maison Alcan une exposition sur l'aluminium qui, selon Serge Fisette de la revue *Espace*, est «susceptible à la rigueur d'intéresser un ingénieur ou un technicien des matériaux, mais une telle approche ne s'avère d'aucune utilité, d'aucun secours pour un amateur d'art.»

Bernard Lamarre s'en fout. Son statut de protecteur généreux lui permet d'imposer ces incursions du monde de l'ingénierie dans celui des arts, et il ne s'en prive pas. Il trouve malheureux que le rôle de l'ingénieur soit aussi méconnu, laissé dans l'ombre par l'histoire. «Qui aujourd'hui peut nommer les constructeurs de l'Acropole, des pyramides ou de la plupart des autres merveilles de l'humanité? L'époque moderne ne fait pas exception. Les réalisations de l'ingénierie sont omniprésentes, mais personne n'y reconnaît la main de l'ingénieur.»

Cette reconnaissance est d'autant plus justifiée pour lui qu'il se sent directement concerné: il s'est lui-même toujours perçu comme un créateur. Il estime que la toute première difficulté d'une œuvre de génie est de pouvoir la concevoir avant de passer aux calculs. Sans cette capacité de visualiser l'œuvre dans son ensemble, il n'y a pas de réalisation de qualité possible. Lavalin l'a prouvé avec le sanctuaire du Martyr, un monument majestueux laissé aux générations futures de l'Algérie.

## RÉFÉRENCES DU CHAPITRE 9

1. «Excès à nos dépens», (éditorial), *Calgary Herald,* 29 juillet 1987. Marcel Masse a conservé ce gôut pour les voyages. Extrait: «Au cours de la première année de son mandat comme ministre des Communications, Marcel Masse a dépensé 100 000 $ pour des voyages à l'étranger en compagnie de sa femme et de ses adjoints.»

2. Pierre Godin, *Daniel Johnson, Op. cit.,* p. 287.

3. Michel Vastel, «Pourquoi Hollywood a-t-il peur de Mickey Masse?», *L'actualité,* décembre 1985.

4. En 1976, les plus pessimistes parlent de 16 milliards. Le chiffre final comptabilisé à la fin de juillet 1987 est de 13,6 milliards.

5. Yvon Duhamel a été condamné le 23 août 1974 à un emprisonnement maximum de 10 ans.

6. Roger Lacasse, *La baie James, une épopée, Op. cit.,* p. 360.

7. *Ibidem,* p. 350.

8. Chronologie des événements établis par la CSN, *La Presse,* 26 avril 1974.

9. Anthony Sampson, *The Anatomy of Britain,* London, Hodder & Stoughton, 1962, 662 p.

10. Allocution de Bernard Lamarre, «Intégration et systématisation dans les études de transport», Sixième Congrès routier mondial à Montréal en 1970.

11. «La Collection Lavalin en pleine expansion», *Vie des Arts,* automne 1984.

12. Charles-Jules Des Baillets est un ingénieur d'origine suisse qui fut ingénieur en chef du Service des travaux publics à l'emploi de la ville de Montréal de 1920 à 1949, année de son décès.

13. Voir le chapitre 6: «Dans les plates-bandes de SNC».

14. Gilles Provost, «RCM: L'enquête Malouf doit inclure l'usine Des Baillets», *Le Devoir*, 6 octobre 1978.

15. Jean-Claude Leclerc (éditorial), «Le coût de l'usine Des Baillets», *Le Devoir*, 15 février 1979.

16. Gilles Provost, «L'usine Des Baillets commencera dès mercredi à alimenter Montréal en eau», *Le Devoir*, 21 janvier 1978.

17. Le juge Albert Malouf, *Rapport de la Commission Malouf sur la XXI$^e$ Olympiade*, publié le 5 juin 1980.

18. Françoy Roberge, «Un ingénieur achète une maison de Niding puis la revend à perte», *Le Devoir*, 4 avril 1979. Confirmation donnée par Bernard Lamarre à l'émission *Fifth Estate* à la chaîne anglaise de Radio-Canada.

19. Jocelyne Lepage, «La galerie Lavalin ferme ses portes», *La Presse*, 12 septembre 1990, Extrait: «La galerie qui avait ouvert ses portes en 1986 dans l'édifice vert du boulevard René-Lévesque, fermera le 2 décembre.»

20. Serge Fisette, «Quand se risque l'entreprise privée», *Espace, Sculpture,* vol. 6, n° 2, hiver 1990. «Maison Alcan, La Galerie d'art Lavalin à propos d'Artluminium.» Exposition du 14 septembre au 29 octobre 1989.

# Chapitre 10

# LE TRAIT DE GÉNIE DE LAVALIN

Pour la première fois, Bernard Lamarre n'a pas cru bon de se déplacer pour suivre le premier ministre Pierre Elliott Trudeau qui effectue son premier voyage en Algérie, à titre officiel, en ce mois de mai 1981. C'est inhabituel! Il sait d'expérience que lorsqu'un premier ministre se déplace, il faut être de la partie pour ramasser les contrats qui s'ensuivent. S'il a pris cette décision de ne pas y être, c'est qu'il se sait très bien représenté là-bas. Il a embauché pour ce faire nulle autre que Marie Choquette, l'une des amies de jeunesse du premier ministre Trudeau.

Lavalin a presque toujours raté son coup en Algérie. La plupart de ses tentatives pour décrocher des contrats dans ce pays producteur d'hydrocarbures ont échoué, en dépit des fortes sommes dépensées en soumissions et en relations publiques. Sur une quinzaine de projets, Lavalin n'en a recolté que quelques-uns: la surveillance de la construction d'une raffinerie de sel de même que celle d'un complexe de liquéfaction de gaz naturel. Ce n'est pas satisfaisant. Bernard Lamarre veut d'autres contrats et ils tardent à venir. Les Algériens hésitent à utiliser la ligne de crédit que le Canada a mise à leur disposition par le biais de la Société pour l'expansion des exportations. L'organisme fédéral a prévu 1,2 milliard à un taux d'intérêt de 8%, une aubaine étant donné que le taux d'intérêt courant est de 15%. Plusieurs centaines de millions doivent être engagés d'ici un an et demi.

Bernard Lamarre a connu Marie Choquette en 1979; elle

s'occupait alors activement de la Chambre de commerce arabe du Canada. Elle avait réuni un groupe d'hommes d'affaires pour faire pression sur le premier ministre Joe Clark, afin qu'il corrige sa bévue de vouloir déménager l'ambassade du Canada de Tel Aviv à Jérusalem. Cette promesse avait déclenché la colère des pays arabes, amis des Palestiniens, car elle équivalait à reconnaître que Jérusalem, à qui l'Organisation des Nations Unies (O.N.U.) a reconnu un statut de ville internationale, faisait maintenant partie d'Israël.

Marie Choquette est une grande dame que Bernard Lamarre juge extraordinaire, énergique, persuasive et intelligente. Même si pour lui, en général, les affaires se brassent encore entre hommes, il n'hésite pas à lui confier l'avenir de Lavalin en Algérie lorsque Claude Courtemanche le quitte pour entrer au service de Sofati.

L'engagement de Marie fait jaser. Bernard Lamarre est soupçonné de se servir d'une femme pour séduire les Algériens. Ça lui est égal car il comprend mal qu'un homme puisse se laisser manipuler par une personne de la gent féminine. Il se sent, lui, en tout cas, bien à l'abri de ce type de pièges. Depuis qu'il a épousé Louise, en 1952, elle est la seule qui ait jamais compté dans sa vie.

«Elle est la seule personne capable de le faire changer d'idée. Il est allé à la messe tant qu'elle y est allée, il a fumé (un gros paquet par jour) tant qu'elle a fumé. Ils occupent à la maison le même bureau, la même table de travail, juste à côté de leur chambre à coucher. Dos à la fenêtre qui donne sur un immense jardin au fond duquel se trouve la piscine, elle administre les portefeuilles des enfants. Lui, face à elle, matin et soir, revoit les dossiers des compagnies[1].»

Il ne comprend pas l'infidélité tout court et encore moins dans le mariage: «Si quelqu'un trompe sa femme, je ne peux plus lui faire confiance. Il va me tromper moi aussi», déclare-t-il à propos de l'un de ses collaborateurs qui a divorcé pour une employée de Lavalin. La fidélité est sa philosophie de base. Fidélité à sa femme, à son banquier, à son restaurateur.

Même son épouse ne comprend pas comment il peut manger deux fois par jour au même restaurant, le Beaver Club de l'hôtel Reine Elizabeth.

La compagnie des autres femmes le rend mal à l'aise, car il se sent obligé de surveiller son langage et ses manières. Heureusement, il n'est pas forcé d'en côtoyer beaucoup pour mener ses affaires car, jusqu'en 1970, le monde de l'ingénierie est resté quasi fermé aux femmes. On leur interdisait l'entrée sur les chantiers pour des «raisons de sécurité»[2]. Il n'est toutefois pas contre l'idée de leur donner leur chance. L'entreprise a d'ailleurs, dès 1972, embauché deux ingénieures: France Crevier et Claire Meunier. Mais Bernard Lamarre demeure encore sous l'impression qu'être vu en tête à tête avec une autre femme ailleurs que dans son bureau pourrait provoquer des bavardages. Ces considérations ne vont cependant pas jusqu'à lui faire oublier les intérêts premiers de Lavalin.

Même si l'embauchage de Marie Choquette est en soi exceptionnel, il s'explique par le fait que madame Choquette est une ambassadrice de premier ordre non seulement auprès des dirigeants des pays arabes, mais aussi auprès du premier ministre du Canada. Bernard Lamarre fait le pari qu'elle passera de longues heures avec Pierre Elliott Trudeau au cours de son séjour dans la capitale algérienne. Elle pourra ainsi orienter facilement les conversations du lendemain qu'il aura avec les autorités de ce pays. Le président de Lavalin avoue lui-même qu'il ne pourrait faire mieux.

Pierre Elliott Trudeau représente, de son côté, le meilleur ambassadeur du Canada dans les pays du Tiers-Monde, en raison de ses prises de position autonomistes face aux Américains, dictées, selon certains, par la montée du nationalisme au Québec. «Dans ses relations avec les États-Unis, le gouvernement d'Ottawa se devait de toujours se distinguer de la culture américaine, de la politique américaine et de l'économie américaine. Il lui faut critiquer les États-Unis, pointer les erreurs, les faiblesses, les faux pas et les aspects repoussants

PHOTO: CANAPRESS PHOTO SERVICE

*Pierre Elliott Trudeau, alors premier ministre, et son fils Michel, âgé de 5 ans, reçus par le président algérien Chadly Benjedid, 1981.*

de cette société dans plusieurs de ses dimensions et à la fois explicitement ou implicitement donner du Canada l'image d'une société plus accueillante, dont il fait bon être membre[3].»

Trudeau fait en effet figure de héros dans les pays socialistes et son voyage vise à promouvoir les intérêts des firmes canadiennes.

Au cours de l'entretien entre les deux hommes d'État, le président algérien, Chadli Benjedid, lui fait part de l'intention de son pays d'ériger, sur les hauteurs d'Alger, un immense monument pour commémorer le vingtième anniversaire de l'indépendance algérienne que le pays célébrera dans quatorze mois, soit le vingt juillet 1982. «Si vous avez besoin d'une bande d'ingénieurs un peu fous pour réaliser ce monument, pensez à une firme de chez nous: Lavalin.» Il la recommande en toute sécurité. Il pense au Stade olympique, un ouvrage complexe que Lavalin a livré dans des délais très serrés.

Quelques semaines plus tard, l'impact de cette déclaration de Pierre Elliott Trudeau prend tout son effet à Montréal lorsque Marie Choquette demande à Bernard Lamarre de lui envoyer des experts pour discuter avec la Présidence algérienne de la faisabilité dudit monument. Le seul outil dont disposent les Algériens, c'est un dessin de l'œuvre d'une trentaine de centimètres de hauteur préparé à partir d'une esquisse réalisée par un architecte polonais Marian Konieczny, professeur à l'Académie des beaux-arts de Varsovie[4]. Le directeur de l'École des beaux-arts d'Alger pilote le projet.

En jetant un coup d'œil sur l'ébauche, Bernard Lamarre réalise immédiatement le besoin d'envoyer là-bas quelqu'un doté d'une imagination débordante pour le design et la conception. La géométrie d'ensemble, surtout la courbure des palmes et leur forte inclinaison à la partie inférieure, présente des difficultés techniques considérables. Il songe immédiatement à son frère Pierre, qu'il considère comme le meilleur ingénieur de la famille. Détenteur d'une maîtrise en génie hydraulique du *Massachusetts Institute of Technology*, Pierre travaille avec lui depuis quinze ans. C'est toujours lui qui hérite des calculs compliqués nécessitant l'utilisation de l'informatique.

Pierre Lamarre se rend en Algérie accompagné de Claude Naud, un ingénieur des plus expérimentés dans la construction. Les deux experts étudient le projet pendant quelques jours avec les autorités algériennes, puis rentrent à Montréal où ils font immédiatement rapport de leur visite à Bernard Lamarre. Ils ont découvert que le Bois des Arcades, où doit être érigé le monument, est considéré comme une région à forte séismicité et ils ne possèdent aucune donnée concernant la solidité du sol. Malgré tout, les deux experts recommandent d'aller de l'avant:

«Nous pensons qu'il est possible de réaliser ce monument en sept mois. Du point de vue technique, c'est faisable, surtout que les Algériens nous promettent de nous laisser utiliser de la main-d'œuvre canadienne et de nous faciliter les formalités de douanes», déclare Pierre Lamarre.

Avant d'accepter, Bernard Lamarre veut prendre toutes les précautions nécessaires. Il réunit son comité technique qui décide d'analyser le projet comme s'il devait être réalisé à Montréal. L'œuvre proposée est gigantesque. Le monument est constitué de trois palmes stylisées de quatre-vingt-deux mètres de hauteur, symbolisant les trois révolutions survenues en Algérie: industrielle, agricole et culturelle et supportant à quarante-sept mètres du sol une tourelle de style islamique surmontée d'un dôme de six mètres. La partie supérieure comprendra quatre étages de bureaux, un belvédère, de même qu'une tour de communications. L'accès à l'observatoire se fera au moyen de deux ascenseurs. Les visiteurs pourront contempler dans sa totalité la baie d'Alger.

Pierre Lamarre et Claude Naud ont imaginé une solution gagnante: faire reposer la structure non pas sur l'extrémité des palmes, ce qui les placerait au bord de la falaise, mais vers le centre de l'ouvrage. Afin de gagner du temps, ils proposent de ne pas construire de fausse charpente, mais plutôt de bétonner les palmes à la verticale jusqu'à une hauteur de cinquante mètres, puis de les faire basculer afin de les rejoindre en un même point et enfin de continuer le bétonnage jusqu'au sommet. De cette façon ils pourront ériger les trois palmes en même temps.

En 1955, Bernard Lamarre s'était juré d'acquérir la taille et la technologie nécessaires pour se lancer dans la réalisation de grands contrats à travers le monde. Il a déjà prouvé que les ingénieurs québécois francophones sont aussi bons, sinon supérieurs à ceux des autres pays. Il considère maintenant que ce serait faire preuve de lâcheté que de ne pas essayer d'aller vendre cette expertise à l'étranger en refusant de réaliser ce monument pour les Algériens. N'ayant pas de passé colonialiste comme la France, le Canada peut prétendre à l'amitié algérienne sans fausse pudeur. Lavalin a aussi l'avantage de pouvoir offrir une technologie nord-américaine des plus modernes dans une langue que les Algériens comprennent très bien: le français. Il a une autre excellente raison de décrocher le contrat: la réalisation d'un tel projet, unique en son genre, suppose une absence de compétition, ce qui commande des honoraires beaucoup plus élevés: quand on vend quelque chose d'unique, on peut toujours le vendre plus cher.

Après plus de six heures de discussions, la décision est prise: le projet est faisable. Normand Morin, qui s'est joint au groupe, en est lui aussi convaincu. Il a étudié, comme son patron, à l'*Imperial College of Science* de Londres, puis au *Massachusetts Institute of Technology*. Il a enseigné le génie informatique pendant trois ans à l'Université de Sherbrooke avant de joindre les rangs de Lavalin en 1971. «La qualité de notre produit se traduit par la bonne solution au moindre coût»: telle est sa devise. En 1984, Normand Morin fera économiser 400 millions à Hydro-Québec en lui proposant de poser un isolant devant les voûtes du barrage Daniel Johnson plutôt que de couler du béton dans les fissures[5].

Bernard Lamarre peut se fier sur cet expert dont l'appui au projet est considéré comme une garantie que tout ira bien. Il donne l'ordre à Marie Choquette de parapher l'entente pour la construction du monument au nom de Socodec, la filiale qui réalisera le contrat «clé en main» de 115 millions.

L'engagement du président de Lavalin dans un projet se mesure, la plupart du temps, à son degré de difficulté car la répétition l'ennuie. Dans le cas du monument d'Algérie, il n'est pas au bout de ses surprises. Quelques semaines plus tard, en effet, la secrétaire de Jacques Lamarre, président de Socodec, annonce à son patron que le commandant algérien, Benkortebi désire avoir un entretien avec lui. Jacques Lamarre reçoit sur le champ ce visiteur qui se présente à lui avec une maquette sous le bras et qui déclare presque aussitôt en posant le carton devant lui: «Voilà, monsieur Lamarre, je trouve que le monument a l'air trop aplati à 82 mètres, il faut lui en donner dix de plus.»

Jacques Lamarre reste bouche bée. De réaliser ce monument à 82 mètres, dans le délai fixé, tient déjà du miracle. Voilà que le commandant se montre encore plus exigeant. Jacques hésite à lui répondre. Quelque chose lui dit qu'il vaut mieux ne pas mécontenter ce visiteur. Le commandant s'exprime avec une assurance et une autorité surprenantes. Il téléphone sur le champ à Bernard: «Je crois que tu dois rencontrer le commandant Benkortebi. Je t'avoue que c'est la première fois que je rencontre un Algérien comme lui. Je pense que nous aurons bien besoin d'un type de cette envergure, capable de prendre des décisions lorsque nous serons en train de réaliser la construction.»

Jacques Lamarre a vu juste. Le commandant Benkortebi et le président de Lavalin se respectent au premier coup d'œil. Le commandant parle au nom de la Présidence, l'organisme tout puissant d'Algérie. Lavalin ne peut se permettre de s'aliéner ce visiteur, Bernard le sait mieux que quiconque: les calculs sont donc modifiés pour satisfaire ses désirs. En effet, tous les projets de la Présidence bénéficient d'une priorité absolue.

S'il y a une qualité que Bernard Lamarre apprécie chez ses interlocuteurs, c'est bien la force qui émane d'eux: il croit que si les premiers de classe ont souvent plus de mal à réussir dans la vie, c'est parce qu'ils peuvent répondre à toutes les questions, mais qu'ils sont incapables d'en poser. Ils leur manque aussi le nerf pour décider et prendre des risques. Celui qui a un petit peu de jugement et du nerf est donc capable d'accomplir beaucoup plus. Benkortebi a les deux et sera dorénavant son meilleur allié lors de la réalisation de ce monument qui oblige les experts de Lavalin à se dépasser.

À partir d'une maquette de plâtre à l'échelle 1/50 de degrés, Normand Morin prépare l'analyse structurale détaillée. Il utilise pour ce faire le programme Nastran, un logiciel de la NASA, et un puissant ordinateur pour élaborer dix-huit scénarios de chargement tenant compte des conditions météorologiques, des accélérations sismiques verticales et horizontales, etc. Par exemple, au moment du basculement des palmes, à l'aide de rotules glissant l'une sur l'autre, chacune pèsera 4 500 tonnes.

Le respect des délais nécessite, sur le chantier en Algérie, une coordination et une synchronisation sans bavure. «Les matériaux doivent arriver à la date prévue, les excavations exécutées au bon moment, les coffrages montés avec précision, le béton, d'une qualité rigoureusement contrôlée, produit en quantité suffisante pour assurer un coulage continu[6].» C'est le branle-bas de combat, vingt-quatre heures sur vingt-quatre. Les Algériens parlent d'une véritable opération de commando de la part de trois sociétés canadiennes: Lavalin, Fitzpatrick Construction et International Catering Service. Cinq cents Canadiens logent sur le S.S. Boréa, un bateau-hôtel finlandais amarré en permanence au port d'Alger. Pierre Ranger, le directeur des travaux pour Lavalin, a recruté les meilleurs ouvriers du Québec. Ils ne sont pas syndiqués, la juridiction des syndicats québécois étant limitée à la province, mais travaillent douze et parfois quinze heures par jour pour un salaire horaire de 17,03 $[7].

«Il n'y a pas d'histoire de femmes. Les hommes qui arrivent ici savent à quoi s'en tenir sur la question. Certains viennent sans transition de nos chantiers du Grand Nord et les Esquimaudes ne passent pas non plus pour particulièrement légères. Ce sont des gens qui vont d'un chantier à l'autre partout dans le monde, travaillant parfois pour Lavalin depuis vingt ans. Il gagnent gros, mais acceptent aussi le risque du chômage entre deux contrats: ce sont les "seigneurs" du milieu ouvrier[8].»

Tout l'équipement est acheminé par bateau du Canada. Les porte-drapeaux ont été fabriqués par John Irving de Toronto, les lampadaires par Lumec de Boisbriand, les ascenseurs par Allan-Bradley Canada.

L'occupation a été pacifique, mais elle a laissé des traces: trois gigantesques piliers de béton partent à l'assaut du ciel. Le monument est livré à l'ultime minute: aux petites heures du matin, le cinq juillet 1982, on effectue le dernier ponçage du marbre de la plaque devant être dévoilée lors des cérémonies. Palmes, musée, salle de cinéma pour des films sur la guerre, crypte de marbre noir où le Coran voisine avec le livre d'or destiné aux visiteurs de marque, tout y est, y compris la torche pour allumer la flamme perpétuelle. Les trois statues de sept mètres de hauteur de *moudjahid* (combattant) en *djellaba*, tenant à deux mains son fusil, y sont aussi, mais on a dû tricher pour la cérémonie d'inauguration: au lieu d'être en bronze, elles sont en papier mâché, peint en bronze... Qu'importe! Les Algériens sont impressionnés par le travail de Lavalin. Ils désignent eux-mêmes leur monument, qui s'élève à 221 mètres de hauteur au-dessus de la baie d'Alger, comme la tour des Canadiens. Pour Lavalin, cette réalisation ne représente qu'un premier pas dans sa coopération avec l'Algérie.

C'est un pays qui demande à être traité avec tous les égards. Lorsque le ministre d'État aux Relations extérieures du Canada, Pierre de Bané, se rend à Alger en mai 1982, Bernard Lamarre l'accompagne. Au cours de sa visite, le ministre obtient de son homologue algérien du Commerce et de l'Industrie la promesse que son pays puisera rapidement dans l'ouverture de crédit dont le Canada dispose pour l'Algérie[9]. Le président de Lavalin n'a pas à attendre longtemps pour apprendre la bonne nouvelle. Au cours du voyage, le commandant Benkortebi a une autre demande à lui formuler: «Maintenant que nous avons le monument, seriez-vous capable de me proposer un concept pour y intégrer un centre culturel?»

Cette fois l'Algérie veut célébrer avec faste le trentième anniversaire du «déclenchement de la Révolution», dans trois ans et demi. Bernard Lamarre est ravi par cette demande du commandant. Fidèle à lui-même, il ne perd pas de temps et lui annonce immédiatement la venue prochaine en Algérie de son expert en urbanisme et en développement urbain, Daniel Arbour, qui verra à recueillir ses idées et à lui présenter un concept, ce qui est fait à la grande satisfaction de Benkortebi. Après avoir dénoncé abondamment le gigantisme des réalisations effectuées par l'équipe gouvernementale précédente, la Présidence sombre à son tour et passe la commande. Lavalin obtient cinq contrats totalisant 450 millions, son plus gros coup en Afrique. Bernard Lamarre est fou de joie. Il n'a confiance qu'en Claude Rouleau pour mener cette délicate négociation.

Le projet prévoit la construction d'un complexe multidisciplinaire qui prendra le nom de parc de la Victoire. Il comprend un centre socio-culturel, un musée militaire, un palais de la culture, un hôtel des délégations et l'aménagement du bois des Arcades. Un chantier comme Bernard Lamarre les aime, mais qui n'ira pas sans difficultés. À son grand étonnement, la première lui vient de ses compatriotes.

En septembre 1982, le réseau de télévision CTV ouvre la saison de l'émission d'affaires publiques W5 avec un reportage dévastateur sur le travail de Lavalin en Algérie. Les Canadiens, qui peuvent apercevoir pour la première fois sur leur petit écran la tour du sanctuaire du Martyr d'Alger,

*Le parc de la Victoire à Alger en construction.*

apprennent du journaliste Jim Reed qu'il leur en coûtera dix millions par année pendant dix ans pour financer ce monument. L'œuvre est présentée comme un immense gaspillage de fonds publics pour le Canada: «Le gouvernement canadien emprunte à des taux de 14 à 16% et prête cet argent à l'Algérie à 8% qui l'investit dans des projets n'ayant rien à voir avec le développement. Un monument n'améliore en rien le niveau de vie de la population.» Jim Reed dévoile, en plus, que le gouvernement algérien a menti à sa population en affirmant que la tour du sanctuaire du Martyr d'Alger a été construite par l'armée algérienne, alors qu'en réalité ce sont les équipes de Lavalin qui ont fait tout le travail.

«Est-ce que les Algériens viennent nous dire quoi construire au Canada? Nous n'avons pas à nous immiscer dans leurs décisions», déclare Bernard Lamarre, pour qui le reportage manque, bien sûr, totalement de perspective. «Vouloir évaluer une transaction à l'étranger en la ramenant à des dimensions provinciales ou canadiennes fausse la comparaison.» Le porte-parole de la Société pour l'expansion des exportations, Richard Hegan, se porte timidement à la défense du projet en précisant que sa construction a procuré de l'emploi à des milliers de personnes au Canada. Il insiste sur le fait que l'engagement du gouvernement canadien vise à favoriser l'obtention d'autres contrats de ce pays producteur d'hydrocarbures.

Le gouvernement Trudeau pense évidemment de la même façon. Il a la volonté politique d'aider les firmes canadiennes en Algérie et Bernard Lamarre a son réseau trop bien établi dans ce pays pour qu'un simple reportage télévisé ne vienne mettre en danger des contrats d'une telle importance. La susceptibilité algérienne n'est pas éraflée par des informations diffusées à des milliers de kilomètres de distance. Elle l'est davantage lorsque des Canadiens se permettent de commenter ouvertement la disposition des fonds publics algériens. L'embauchage d'hommes politiques, habitués à faire des  remarques à la volée n'est pas nécessaire de tout repos et Bernard Lamarre s'en rend compte avec l'arrivée chez Lavalin de Denis de Belleval, qui fut ministre des Transports dans le premier gouvernement de René Lévesque.

Il est embauché pour remplacer Marie Choquette qui veut rentrer au pays pour des raisons de santé. Ce dernier a pris lui-même l'initiative d'offrir ses services à Lavalin après avoir été ignoré par le premier ministre René Lévesque lors de la formation de son dernier cabinet.

Fidèle à sa politique d'embaucher tous ceux qui ont travaillé au ministère des Transports ou dans des domaines connexes, Bernard Lamarre s'exécute, surtout que de Belleval a été ministre et qu'il a de la prestance. Âgé de quarante-quatre ans, Denis de Belleval a été élu pour la première fois en 1976. Il est devenu ministre de la Fonction publique puis titulaire du ministère des Transports avant d'être relégué sur les banquettes arrières. Ses déclarations intempestives, dont la plus célèbre a trait à son rêve de voir un jour le Québec posséder sa propre flotte marchande, ont nui à sa carrière: «Tous les navires circulant sur le Saint-Laurent seraient obligés d'arborer le drapeau fleurdelisé[10]», avait-il alors déclaré. Il avait fait d'autres déclarations jugées inappropriées, tel le dévoilement prématuré des grandes lignes d'une stratégie gouvernementale à un conseil national, en septembre 1978 à Rouyn[11]. René Lévesque lui reprochait de manquer de discernement.

L'expérience n'est pas un succès pour Lavalin non plus. Bernard Lamarre doit rapatrier de Belleval en douce au Canada. L'ex-député parle trop et Lavalin ne peut se permettre de froisser des susceptibilités au moment précis où elle a besoin de tous les appuis qu'elle peut trouver[12]. La récession frappe durement au Canada et Lavalin doit compter de plus en plus sur les projets à l'étranger pour survivre. En 1984, 50% de ses activités sont réalisées à l'étranger: 126 contrats dans 56 pays différents. La réalisation du parc de la Victoire à Alger, avec ses 450 millions, est sans contredit le plus important et constitue une précieuse soupape de sécurité.

L'entreprise québécoise est en plein essor dans ce pays: «De l'esplanade du monument, les Algériens peuvent observer la réalisation de la seconde phase du projet. En quelques mois, un quartier populaire a été rasé; l'armée algérienne a fait les terrassements, puis les Canadiens ont pris le relais[13].» Lavalin doit construire une terrasse gigantesque capable d'accueillir plus de 500 000 personnes au pied du monument. Pour ce faire, ses experts mettent à profit l'expérience acquise lors de la construction du Stade olympique en assemblant à l'avance les panneaux de pierre et de ciment et en les vissant directement sur le gros œuvre. Cette méthode leur permet de sauver du temps.

Toutefois, les précautions et les trouvailles de Lavalin sont soudainement reléguées au second plan par un événement qui vient tout bouleverser: l'effondrement des prix du pétrole. C'est la consternation dans l'entreprise où on s'interroge, avec raison, sur le sort que le gouvernement algérien réservera au parc de la Victoire. L'Algérie est confrontée à des choix difficiles devant ces mains qui se tendent de toutes parts. Encouragé par la manne pétrolière, le président Benjedid a entrepris une réforme de tous les secteurs de l'économie ainsi que de l'infrastructure sociale et industrielle. L'Algérie voulait doubler son réseau ferroviaire, moderniser ses ports pour que les navires n'aient plus à attendre un mois au port d'Alger avant de décharger leur cargaison, construire des universités et des centres médicaux.

La baisse des prix du pétrole vient tout remettre en question. Elle a un impact immédiat sur la santé financière du pays qui se détériore rapidement. La profondeur de la crise a dépassé les pronostics déjà pessimistes: en un an, le prix moyen du baril algérien a chuté de 30$ à 14,50$. Les recettes d'exportation de l'Algérie ont connu une baisse de quatre milliards en 1986[14].

Lavalin ne tarde pas à en ressentir les effets dans ses discussions avec les autorités algériennes. La firme se retrouve avec 70 millions de créances impayées et le projet

n'est toujours pas terminé. Bernard Lamarre appréhende la
suite: Lavalin n'a aucun moyen d'obtenir cet argent. C'est la
Société pour l'expansion des exportations qui rembourse
mais seulement après que l'Algérie ait approuvé les factures.
Bernard Lamarre refuse de finir les travaux à rabais considé-
rant que si les ingénieurs-conseils se mettent à réduire les
prix, ils se nuisent à eux-mêmes et, à longue échéance,
pénalisent aussi toute l'industrie. Depuis la récession de
1982, c'est d'ailleurs ce qui se produit au Canada: «L'attribution des contrats se décide presque uniquement d'après les
prix demandés sans tenir compte des aptitudes et du savoir-
faire des experts responsables. Cette situation oblige les
firmes à lésiner sur la qualité. Résultat: les travaux sont moins
bien faits et l'entretien coûte plus cher[15].» Bernard Lamarre
croit profondément que la base fondamentale de toute opération commerciale est un bon produit que l'on vend à des
clients capables de payer. Chez Lavalin, tout le monde facture ses heures, y compris lui-même et ses trois associés. La
clé est de se faire payer, et en Algérie, rien n'est garanti.

Le défi du paiement se transforme rapidement en cauchemar. Les Algériens interprètent à leur façon certaines clauses
du contrat. D'avoir ses entrées directement à la Présidence
joue en faveur de Lavalin, c'est vrai, mais la tension est
grande de part et d'autre. La décision à laquelle Bernard
Lamarre est confrontée peut mettre la firme en faillite. Le
risque est énorme! Les associés et présidents de filiales appe-
lés à devoir garantir personnellement pour l'augmentation de
la marge de crédit de Lavalin ne le prennent pas de gaieté de
cœur. Mais Lavalin a-t-elle le choix? Si elle choisit de rompre
le contrat et de rapatrier ses équipes de travail au Canada,
l'entreprise court le danger de ne jamais être remboursée
pour les travaux déjà effectués. Si elle continue, elle risque de
s'enliser davantage dans les difficultés.

Cette décision cruciale nécessite la collaboration de la
Banque Nationale. C'est dans ces moments critiques que
Bernard Lamarre se félicite de n'avoir jamais changé de

banquier, de lui être toujours resté fidèle comme son père et son grand-père avant lui. Sa loyauté lui permet de tabler sur la compréhension des autorités bancaires même en cette période précaire. Mais avant de conclure, Bernard Lamarre se rend sur place tester encore une fois la parole du commandant Benkortebi:

«Mon commandant, nos travaux, comme vous pouvez le constater, sont très avancés. Par contre, votre pays nous doit un bon montant d'argent et nous ne pouvons plus obtenir de financement pour les terminer. À moins que j'aie votre parole...

— Prenez ma parole, cela va se régler. La parole, c'est comme une balle de fusil, lorsqu'elle est donnée, on ne peut plus la retirer», déclare ce dernier avec une vigueur peu commune.

Bernard Lamarre décide de le prendre au mot. Ses instructions à Jacques Lamarre sont d'en mettre plein la vue aux Algériens en redoublant d'ardeur pour finir les travaux. Il mise sur le fait que la Présidence ne pourra qu'être séduite par les installations une fois achevées. L'important est de leur fournir un produit de qualité et de les laisser juger du travail de Lavalin.

Au plus fort de la vague, ce sont 1700 ouvriers et cadres québécois qui séjournent dans la capitale algérienne. Le S.S. Boréa est toujours amarré au port d'Alger, mais il ne suffit plus, car il ne peut loger plus de 300 personnes. Les autres travailleurs sont logés dans un campement militaire abandonné par les Américains dans le désert et récupéré par Lavalin.

Parallèlement aux efforts fournis sur le chantier, Jacques Lamarre s'arme de patience pour convaincre les représentants de la Présidence du bien-fondé des factures qu'ils refusent d'approuver. Bernard Lamarre vient encore une fois à sa rescousse, accompagné cette fois par Pierre Elliott Trudeau, une façon comme une autre de tenter d'impressionner les Algériens. Monsieur Trudeau a une bonne excuse. Il a ac-

*Le sanctuaire du Martyr, Alger.*

cepté l'invitation à une expédition dans le désert que lui avait lancée le président Benjedid lors sa visite officielle en 1981.

Dès leur arrivée, un avion les conduit à Tamanrasset, en plein cœur du Sahara, à plus de mille kilomètres d'Alger, pour visiter le monastère du père Charles de Foucaud, tué en 1916 par des pillards et dont la philosophie a inspiré plusieurs communautés religieuses.

Bernard Lamarre qui pensait connaître assez bien Pierre Elliott Trudeau se rend compte qu'il n'est pas au bout de ses surprises. Le président de Lavalin voit l'ex-premier ministre grimper plus de six cents mètres avec agilité, tandis que lui cherche désespérément son souffle. Il l'entend ensuite réciter aux missionnaires ébahis des pages entières tirées des œuvres du père de Foucaud et qu'il a apprises par cœur. Pierre Elliott Trudeau participe ensuite à une course de chameaux, puis exécute des danses berbères lors de la réception organisée en son honneur à l'agora du village. Le président de Lavalin est ébahi par autant de talents chez un même homme.

Le voyage est un succès. Peu après, les Algériens honorent les factures. Il faut dire que le parc de la Victoire est aussi terminé. À force de patience et d'efforts, l'ouvrage est achevé à leur satisfaction et déclenche une telle curiosité parmi la population que le gouvernement algérien doit demander un prix d'entrée pour diminuer les foules.

Les entrées directes de Lavalin à la Présidence jouent en faveur de l'entreprise qui se retire finalement sans avoir perdu un sou. Bernard Lamarre sait, lui, que la popularité du projet a été déterminante: les Algériens et surtout les autorités de ce pays voulaient le parc de la Victoire parce qu'il complétait harmonieusement leur monument.

Jamais encore il n'a ressenti aussi fortement la fragilité d'une parole donnée en l'occurrence celle du commandant Benkortebi. Cette citation de Sacha Guitry dans son œuvre *Si Versailles m'était conté*, il l'a trouvée bien utile en Algérie: «On nous dit que nos rois dépensaient sans compter, qu'ils prenaient notre argent sans prendre nos conseils, mais quand ils construisaient de semblables merveilles, ne nous mettaient-ils pas notre argent de côté?» Lorsqu'il l'avait lue pour la première fois, Bernard Lamarre avait décidé de l'apprendre par cœur pour pouvoir la réciter au moment opportun. Les décideurs qui partagent cette vision du majestueux se faisaient malheureusement rares, trop rares à ses yeux. Les gouvernements étaient de plus en plus dirigés par des comptables immobilisés par leurs craintes des déficits, conviction renforcée par certaines de ses tractations à Montréal même, sa ville préférée.

# RÉFÉRENCES DU CHAPITRE 10

1. Georges-Hébert Germain, «Le castor bricoleur», *L'Actualité*, février 1987.

2. *Lavalin 50 ans, Op. cit.*, p. 26.

3. Jean-François Lisée, *Dans l'oeil de l'aigle*, Montréal, Éditions Boréal, 1990, p. 144.

4. Daniel Junqua, «Trois palmes de béton pour la guerre de libération», *Jeune Afrique*, mars 1982. Les documents de Lavalin précisent que le dessin a été préparé à l'École des Beaux-Arts d'Alger sous la direction de Bachil Yeles, directeur de l'École des beaux-arts d'Alger.

5. Anne Gardon, «Normand Morin, l'homme de Lavalin, a compris que la clef de la réussite passe par de bonnes relations avec ses ingénieurs et ses clients», *Commerce*, décembre 1989.

6. «Importante réalisation à Alger», *Publication de Lavalin*, août-septembre 1982.

7. Gilles Fisette, «Alger... la nouvelle baie James», *La Tribune de Sherbrooke*, 13 août 1983.

8. Jean de la Guérivière, du journal *Le Monde*, «Lavalin construit un complexe multidisciplinaire à Alger», *Le Devoir*, 21 août 1984.

9. Gilles Boivin, «Les Canadiens débordés par les offres de contrats en Algérie», *Le Soleil*, 6 mai 1982.

10. Pierre O'Neill, «Denis de Belleval a aussi un emploi en Afrique du Nord», *Le Devoir*, 17 novembre 1982.

11. Pierre O'Neill et Jacques Benjamin, *Les Mandarins du pouvoir, Op. cit.*, p. 188.

12. «De Belleval à Québec», *La Presse*, 29 mai 1990. Denis de Belleval est nommé président-directeur général de la Société canadienne des Ports en juin 1985 puis président-directeur général de Via Rail Canada, en juin 1987. En désaccord avec les compressions imposées par le gouvernement fédéral à cette société, le ministre des Transports Benoît Bouchard demande à de Belleval sa démission. Il est choisi à l'unanimité parmi 27 candidats pour le poste d'administrateur général de la ville de Québec en mai 1990.

13. Jean de la Guérivière, *Op. cit.*

14. *Afrique Industrie*, Spécial Algérie, juin 1987.

15. Jacques Benoît, «Temps difficiles pour les firmes d'ingénieurs», *La Presse*, 16 juin 1990.

# Chapitre 11

# DU CINÉMA VÉRITÉ AU VIEUX-PORT DE MONTRÉAL

Gérard Vibien, directeur de la Société immobilière Le Vieux-Port de Montréal, n'a jamais été d'accord pour faire participer Lavalin à l'aménagement du Vieux-Port de Montréal. Il travaille à ce projet depuis six ans, il le connaît par cœur. C'est devenu son projet depuis que le ministre des Affaires urbaines, André Ouellet, lui a confié la responsabilité d'aller ouvrir cette fenêtre sur le fleuve pour que les Montréalais qui arpentent les rues du Vieux-Montréal puissent enfin apercevoir le Saint-Laurent. Il en est venu à considérer comme un joyau cette bande de terrain de six kilomètres longeant le fleuve. Il cherche l'idée la plus originale pour y attirer la population et il est prêt à lancer des appels d'offre dans le monde entier pour la trouver. Il refuse de s'en laisser imposer par ces nouveaux seigneurs de l'ingénierie québécoise. Et il est très têtu. Émigré de France lorsqu'il était adolescent, il a gardé cet accent et cette attitude de supériorité propres à certains cousins d'outre-mer.

Cependant, tout le projet commence à lui filer entre les doigts depuis que le gouvernement fédéral a créé une société de la Couronne dotée d'un conseil d'administration présidé par Paul Gérin-Lajoie. Gérard Vibien s'est pourtant réjoui de la nomination de l'ancien ministre, le percevant lui-même comme un homme d'action. Il ignorait que l'étoile de ce dernier avait décliné; que les ministres anglophones du cabinet, lui reprochant son train de vie à l'ACDI, avaient eu sa tête. Homme têtu et très fier, Gérin-Lajoie n'avait pas écouté les conseils de son ami Bernard Lamarre qui le pressait de briguer la vice-présidence de la Banque Mondiale ou d'accepter un autre poste, afin que son départ de l'ACDI ne soit pas perçu comme un abandon par le premier ministre Trudeau. Paul Gérin-Lajoie n'avait fait qu'à sa tête; il n'avait pas planifié sa rentrée dans le monde des affaires et l'avait regretté. Plus tard, il avait dû insister auprès de Marc Lalonde, son ami, pour que ce dernier lui trouve un poste quelque part.

«J'aimerais que ce soit Lavalin, déclare-t-il au directeur Gérard Vibien peu de temps après son arrivée au Vieux-Port. Bernard Lamarre est un esprit universel, un homme de vision, mais avec les deux pieds sur terre, qui sait calculer... C'est précisément l'homme qu'il nous faut pour réaliser un projet complexe comme celui du Vieux-Port de Montréal où il faut tenir compte de toutes sortes de volets et de préoccupations. Bernard Lamarre voit grand, mais de façon humaine.» Gérard Vibien reste silencieux, ce qui incite Paul Gérin-Lajoie à renchérir: «Connaissez-vous plusieurs présidents de sociétés d'ingénieurs-conseils qui sont présidents de musée? Que Bernard Lamarre soit président du Musée des beaux-arts de Montréal est révélateur, mieux que n'importe quel discours! C'est aussi la première firme d'ingénierie à installer une garderie en milieu de travail. Ce sont des aspects qui montrent les préoccupations de cet homme sur le plan humain et sur le plan social. Lavalin souhaite se voir confier la gestion du plan d'aménagement du Vieux-Port et je suis d'accord.»

Gérard Vibien sait maintenant à quoi s'en tenir sur les intentions du président. Il n'est pas convaincu pour autant. En tant que directeur général, il a le dernier mot puisqu'il signe les chèques de la Société. Il peut donc tenir son bout, mais il décide, pour le moment, de se montrer bon joueur car le gouvernement fédéral retarde depuis longtemps l'octroi du financement pour la réalisation du projet. Si Lavalin peut aider, pourquoi pas!

Bernard Lamarre et Paul Gérin-Lajoie sont très proches,

trop proches. Leurs conversations téléphoniques au vu et au su de Gérard Vibien, où il est question de contrats à l'étranger, lui laissent soupçonner que les deux hommes entretiennent déjà des rapports d'affaires. Son expérience de fonctionnaire lui commande la prudence. Il connaît trop les pièges des conflits d'intérêt et les règles d'attribution des contrats publics pour ne pas prendre ses précautions: «Il y aura un concours. Trois firmes d'ingénierie seront invitées à présenter des propositions. Celle qui sera choisie devra s'adjoindre les services d'une firme spécialisée en développement immobilier. C'est le conseil d'administration qui tranchera la question», précise-t-il à Paul Gérin-Lajoie. À la surprise de Gérard Vibien, les membres du conseil choisissent la proposition de Lavalin plutôt que celle de SNC, qu'il trouvait, lui, plus étoffée.

La première étude confiée à Lavalin et à Devencore, une firme d'experts en développement immobilier, consiste à déterminer la vocation première du site et à identifier le type de commerces qui pourraient s'installer dans le Vieux-Port. Dès le départ, Gérard Vibien en profite pour mettre Lavalin au pas. Le directeur négocie chaque virgule du contrat de 600 000$ pendant plusieurs jours avec Bernard Lamarre.

Les rapports d'étape qu'il reçoit périodiquement de Lavalin le déçoivent. La firme d'ingénieurs balaie du revers de la main les résultats d'une consultation publique menée en 1979, qui donnait la priorité aux espaces verts dans le secteur. Ayant supervisé cette consultation, Gérard Vibien craint que les berges du Vieux-Port passent aux mains de quelques propriétaires de condominiums. Lavalin, en effet, veut transformer le Vieux-Port en une place de rassemblement et propose de peupler le site afin de donner confiance aux visiteurs. «Personne n'aime se promener dans des endroits déserts», clame Bernard Lamarre qui souhaite recréer l'ambiance du Vieux-Québec où les visiteurs se sentent à l'aise de déambuler sur la terrasse, rassurés par la proximité du Château Frontenac.

Gérard Vibien n'est pas convaincu. Il est par contre enchanté du travail de la firme Devencore qui, n'ayant pu s'entendre avec Lavalin, a produit un rapport séparé. Vibien trouve ses idées nouvelles, bien présentées et bien documentées. Il juge qu'au contraire le travail de Lavalin coûte cher, manque d'imagination et il décide d'alerter certains membres du conseil d'administration. Le président de la Bourse de Montréal, Pierre Lortie, lui donne raison; Pierre Camu, président de March Shipping, qui a longtemps occupé un emploi de fonctionnaire, l'encourage à tenir son bout. Il considère, lui aussi, que la présentation du rapport de Lavalin pourrait être améliorée et certains aspects développés davantage.

Pour en avoir le cœur net, Gérard Vibien sollicite une rencontre avec Bernard Lamarre et le président Paul Gérin-Lajoie qu'il rejoint dans la salle à manger de l'hôtel Quatre-Saisons, rue Sherbrooke à Montréal. À les voir attablés côte à côte, il se demande ce que les deux hommes peuvent bien avoir en commun, hormis leurs cheveux blancs: Paul Gérin-Lajoie, avec ses airs d'aristocrate nerveux et Bernard Lamarre, avec sa simplicité désarmante. Gérard Vibien est le premier à admettre le charme et la spontanéité irrésistibles du président de Lavalin. Celui-ci a une façon de serrer la main, de dire bonjour, de sourire, qui le rend d'emblée sympathique. Ses interventions, souvent ponctuées d'un grand éclat de rire ou d'un sourire en coin, lui donnent un air de bon vivant.

«L'un a besoin de l'autre», se dit Gérard Vibien. L'avantage de Bernard Lamarre est d'avoir compris, avant les autres, les rêves de Paul Gérin-Lajoie. Maintenant au Vieux-Port de Montréal après avoir été ministre à Québec et président de l'ACDI, c'est un homme précieux pour une firme d'ingénierie. Il a permis au bâtisseur Lamarre d'installer ses ponts, ses routes, ses barrages, ses monuments aux quatre coins du globe.

À sa grande surprise, Bernard Lamarre prend les devants: «Vous savez, j'ai moi-même approuvé cette étude avant qu'elle ne vous soit remise.»

Vibien n'est pas désarmé pour autant: «Je suis désolé, Monsieur Lamarre, l'étude n'est pas satisfaisante et j'ai décidé de ne pas vous verser le reste du montant prévu. À moins que vous nous en donniez pour notre argent, nous refusons de vous payer.»

Bernard Lamarre réagit en affichant un large sourire. Il ne peut s'empêcher d'admirer l'audace de son interlocuteur. Il n'y a pas beaucoup de personnes qui osent lui parler sur ce ton. Pour Gérard Vibien, la phrase est dite. Il se l'était répétée plusieurs fois pour trouver le courage de la prononcer. Il savait à l'avance qu'il ne devait pas compter sur l'appui de Paul Gérin-Lajoie. En effet, ce dernier fixe résolument son assiette.

«Ou bien vous complétez le rapport à notre satisfaction, c'est-à-dire selon l'entente de départ et dans un délai de deux mois, ou bien on se quitte ici. Nous considérerons que vous avez terminé votre travail», ajoute Gérard Vibien, soulagé. «Cette fois, je ne plierai pas», s'était-il juré.

Il continue de croire qu'il n'a pas besoin de l'aide de Lavalin. Les silos à grains qui masquaient la vue sur le fleuve sont démolis, la tour de l'Horloge, ce monument commémoratif, est maintenant accessible au public, un parc linéaire jette une tache de verdure le long du fleuve. Sa petite équipe a fait ses preuves et peut continuer.

De son côté, dans sa stratégie de conquête du monde, le président de Lavalin trouve primordial de réaliser le projet du Vieux-Port. Quand une firme n'a rien fait de tel dans son propre pays, il est bien difficile d'évaluer sa compétence[1]. Chaque fois que les associés de Lavalin accueillent des visiteurs étrangers, ils les emmènent d'ailleurs visiter la baie James et les autres projets auxquels ils ont contribué. Bernard Lamarre tient à ce projet pour une autre raison: c'est la «déprime» dans les bureaux d'ingénieurs et Lavalin doit, comme les autres, gérer la décroissance.

La firme rajuste son tir en changeant son représentant pour le projet du Vieux-Port, Michel Branchaud, par Claude Rouleau, ex-président de la Régie des installations olympiques. Celui-ci entre avec la bénédiction de Pierre Lortie, un des membres influents du conseil qui lui donne quand même un avertissement: «Si tu acceptes de gérer le dossier, je vais donner une chance à Lavalin. Si dans quatre mois, tu n'as pas réussi à terminer l'étude et à faire la paix avec les autres, je te mets dehors et Lavalin avec.»

Gros travailleur, Claude Rouleau met les bouchées doubles. Gérard Vibien ne peut que s'incliner devant les résultats et payer Lavalin.

Encouragée par cette victoire, la firme rapplique rapidement avec une proposition pour gérer le plan d'aménagement qui découle de l'étude de développement. Vibien est pris au dépourvu: «Ils sont fous! Vous vous rendez compte, ils nous proposent de tout faire à notre place.» Il est toujours persuadé qu'il peut gérer le projet avec sa propre équipe. De son côté, Paul Gérin-Lajoie est plus que jamais déterminé à tout confier à Lavalin. La proposition est à peine déposée qu'il déclare à Gérard Vibien: «Il faut trouver un bureau à Claude Rouleau.»

Surpris, celui-ci réplique du tac au tac:

«Nous n'avons pas de place et surtout nous n'avons pas de quoi l'occuper douze mois par année.

— Claude Rouleau est le coordonnateur délégué par Lavalin pour prendre en charge la gestion du projet du Vieux-Port, rétorque Paul Gérin-Lajoie d'un ton cinglant.

— Ce que vous proposez dépasse le million de dollars et je ne suis pas autorisé à l'accepter. Il me faut une résolution du conseil.»

Claude Rouleau ne s'installe pas dans les locaux de la Société. Gérard Vibien croit la question réglée.

Un soir de juillet, Vibien termine sa journée de travail, place d'Youville. C'est devenu une habitude, pour lui, de quitter le bureau après le coucher du soleil. Il se sent bien dans ce vieil édifice rénové avec goût. Les murs de pierre et le mobilier en pin ont contribué à créer une atmosphère agréable. Tout absorbé à mettre la touche finale à une lettre, il ne sursaute pas lorsque Paul Gérin-Lajoie fait irruption dans son bureau. Après avoir signalé sa présence par un raclement de gorge, celui-ci annonce plus sans attendre: «J'ai une nouvelle pénible à vous annoncer. Le conseil d'administration a décidé, au cours d'une consultation téléphonique, de vous rendre votre liberté et de vous souhaiter bonne chance. Par souci d'économie, la décision a été prise de me faire cumuler les fonctions de président du conseil et de directeur général de la Société. Vous aurez droit à un an de salaire.»

Gérard Vibien fixe son interlocuteur. Il n'en croit pas ses oreilles. Que le conseil d'administration décide de l'écarter à ce moment-ci est inconcevable. Dans son budget d'avril 1983, le ministre des Finances, Marc Lalonde, a octroyé quarante millions pour l'aménagement du site du Vieux-Port[2].

Le message ne peut être plus clair. On ne veut plus de lui au Vieux-Port de Montréal. Les «décideurs», et certainement Paul Gérin-Lajoie en tête, ont choisi Lavalin.

Gérard Vibien soupçonne Gérin-Lajoie d'avoir planifié son départ derrière son dos, sans passer par le conseil d'administration. Ce ne peut être que cela! Si des réunions avaient eu lieu, il en aurait été informé en tant que secrétaire. Cela explique aussi pourquoi Gérin-Lajoie a précisé et insisté sur les mots «au cours d'une consultation téléphonique».

Vibien parti, Paul Gérin-Lajoie s'adjoint rapidement un fonctionnaire de carrière à l'emploi du Secrétariat d'État, Pierre Émond, qui a travaillé pour lui lorsqu'il était ministre de l'Éducation.

La Société déménage peu après ses bureaux dans d'édifice Allan, rue de la Commune, un immeuble rénové et décoré à grands frais. Elle se doit d'avoir l'air prospère pour attirer des promoteurs privés. On a d'ailleurs pris la décision de ne pas lésiner sur les dépenses, qui sont absorbées par les fonds publics.

Le changement de gouvernement à Ottawa en 1984 laissait présager le remplacement de Paul Gérin-Lajoie. C'est fait. Les conservateurs nomment Roger Beaulieu, un avocat de Montréal. C'est sa récompense pour avoir appuyé Brian Mulroney à la direction du parti.[3] Le nouveau gouvernement fédéral se permet même d'être généreux en donnant à Paul Gérin-Lajoie un an de grâce. Il est nommé directeur, même si Pierre Émond, qui exerce déjà cette fonction officieusement, reste à son poste. Roger Beaulieu avouera lui-même en sep-

tembre 1985: «Nous avons examiné l'organigramme de la
société pour cette période de mise en veilleuse et avons conclu
qu'il y avait trop de monde dans la boîte[4].» Contrairement à
toute attente, Lavalin n'est pas remplacée et y est encore. Elle
a acquis la personnalité d'un Canadien: «bleu, rouge, petit,
gros, français, anglais, provincial et fédéral», comme le dit si
bien Marcel Dufour. La firme prouve encore une fois qu'elle
peut s'accommoder de toutes les situations et même des critiques que certains osent soulever à son endroit.

Dans un article publié dans Le Devoir, Jean-Claude Marsan
qualifie le rapport de Lavalin de «Marché aux illusions»: «Le
Vieux-Port n'est absolument pas prêt pour un développement aussi extensif que celui proposé par Lavalin. Il dénonce
entre autres le projet de construire sur le site une station de
métro dont le coût est estimé à quarante millions. Ne risque-
t-on pas de se retrouver avec un mini-Mirabel, c'est-à-dire des
équipements dont le taux de fréquentation sera très en deçà
des prévisions et qu'il faudra animer à tour de bras pour
justifier leur présence et leurs déficits d'exploitation[5]?»

Le dossier se complique davantage avec l'entrée en scène
de la célèbre architecte et héritière des Bronfman, Phyllis
Lambert. Elle veut s'assurer que les espaces verts auront la
priorité et elle sait trouver les appuis en haut lieu. Bernard
Lamarre se résigne à rester dans l'ombre. La compétition est
assurément trop forte. À défaut de pouvoir construire sur les
berges du fleuve, Lavalin décide d'ériger cent condominiums
sur un terrain de stationnement situé dans un lieu choisi, soit
à l'angle des rues McGill et de la Commune[6]. La firme a fait
l'acquisition de ce terrain au plus fort du projet alors que
l'intérêt du gouvernement fédéral pour le Vieux-Port était
palpable. Pendant que ses experts continuent à réaliser des
études pour tenter de réconcilier toutes les positions et
surtout donner du temps au gouvernement conservateur
pour se décider, Bernard Lamarre trouve aussi le moyen
d'engager Lavalin au Vieux-Port d'une tout autre façon.

Il aide son destin lorsqu'il accepte la présidence du comité organisateur pour le Centenaire de l'ingénierie et s'engage à présenter trois grandes activités: un congrès, l'exposition de Léonard de Vinci au Musée des beaux-arts de Montréal de même qu'une autre exposition à caractère technique et scientifique. La décision des libéraux de Robert Bourassa de reporter la construction d'un musée des sciences et de la technologie vient contrecarrer ses plans. Il se demande où tenir cette dernière exposition et en parle ouvertement à tous ceux qu'il rencontre. Il trouve lui-même la solution au cours d'une conversation avec le président du conseil d'administration de la Société Le Vieux-Port de Montréal, Roger Beaulieu:

«Baptême, Roger, j'ai trouvé la solution. Mon exposition, nous allons la tenir dans un des hangars du Vieux-Port. Je n'ai pas d'argent pour te payer, mais je te propose de garder le tiers de l'argent récolté sur la vente des billets.» Roger Beaulieu accepte. Bernard Lamarre a même déjà identifié celui qui s'occupera de l'exposition: Clément Richard, qui a fait son entrée la veille chez Lavalin. L'ex-ministre des Communications et des Affaires culturelles dans le cabinet Lévesque se voit tout de suite précipité dans l'action et va de surprises en surprises.

En effet, trois mois plus tard et à peine cinq mois avant l'ouverture de ladite exposition, il ne sait toujours pas d'où viendra l'argent pour l'organisation de l'événement. La ministre des Communications à Ottawa, Flora MacDonald, refuse d'honorer une promesse de subvention de 500 000 $ faite par son prédécesseur Marcel Masse. La prodigalité de ce dernier à même les fonds publics étonne cette ancienne secrétaire de Kingston qui décide d'y voir clair avant de remplir les promesses tous azimuts lancées par Marcel Masse. Chez Lavalin, Clément Richard s'impatiente:

«Bernard, à mon avis, il est préférable pour nous de laisser tomber. Nous n'avons encore signé aucun contrat et nous ne savons pas si nous aurons la subvention.

— Je te rappelle en fin d'après-midi.

Quelques heures plus tard, Bernard lui déclare:

— Allons-y quand même.»

Le président de Lavalin a obtenu l'assurance du sous-ministre des Communications, Alain Gourd, qu'il obtiendra l'argent.

L'exposition, à l'été 1987, remporte un succès tel que le président de la Société immobilière Le Vieux-Port de Montréal propose à Lavalin un contrat de cinq ans:

«Ça a bien marché, cette année, mais nous allons devoir être créatifs en diable pour maintenir la même qualité d'exposition pendant cinq ans, confie Bernard Lamarre à Clément Richard qui lui rétorque:

— J'ai une idée! Pourquoi ne pas importer à Montréal la technologie IMAX? C'est une technologie de pointe dans le cinéma et nous jouerions un rôle de précurseur?

— Excellent!» déclare Bernard Lamarre qui s'en veut de

PHOTO: LAVALIN

*Marc-André Coallier, porte-parole IMAX (Grand Canyon), Clément Richard, prés. Lavalin Communications et Pierre Émond, v.-prés. dir. gén. de la Société immobilière Le Vieux-Port de Montréal.*

n'y avoir pas pensé lui-même. Il avait pourtant été témoin de la popularité de cette nouvelle technologie lors de l'exposition universelle de Vancouver en 1986.

La technologie IMAX fait fureur: «Inutile de voler vers l'Arizona: courez plutôt au Vieux-Port», écrit Mariane Favreau dans *La Presse*. L'expérience est tellement concluante que Lavalin Communications rachète aussi les droits exclusifs pour la technologie IMAX dans tout le Sud-Est asiatique où elle compte bâtir des cinémas.

Bernard Lamarre est maintenant persuadé que les communications représentent un secteur d'avenir depuis que Lavalin a pénétré le secteur de la télévision, un peu par hasard d'ailleurs. Lorsque MacLaren Plansearch, une de ses filiales spécialisées dans le domaine des océans et surtout dans la gestion des données météorologiques pour les plate-formes de forage, a vu ses activités ralentir à la suite de l'effondrement des prix du pétrole, un de ses employés, Lawrence Zimmering, a conçu l'idée d'offrir le service à la grandeur du pays en opérant un canal météo à la télévision offert dans les deux langues officielles. Bernard s'est emparé du projet, a piloté le dossier auprès du CRTC qui a imposé le service de météo aux abonnés du câble en novembre 1987 en même temps qu'une série de canaux spécialisés. Météo Média compte environ quatre millions d'auditeurs captifs, forcés de payer vingt sous par mois pour le service de météo, ce qui rapporte à l'entreprise des revenus garantis totalisant environ huit millions par année[7].

Tout ce dont Bernard Lamarre a eu besoin, au Vieux-Port de Montréal, c'était une porte d'entrée. En manœuvrant pour y rester, il a réussi à faire tourner le vent des événements à son avantage et à faire entrer Lavalin dans un tout nouveau champ d'activités: les communications. La transition de l'ingénierie aux communications s'est faite facilement, presque naturellement, en raison de la présence d'amis aux bons endroits. Ce n'est toutefois pas toujours le cas. Ainsi, lorsqu'il a voulu percer dans le domaine manufacturier, il lui a fallu plus que des amis pour réussir.

## RÉFÉRENCES DU CHAPITRE 11

1. Bernard Lamarre, «Les entreprises d'ici et la concurrence mondiale» (extrait d'une allocution devant le Centre des dirigeants d'entreprises, le 28 octobre 1983), *Le Devoir*, 5 décembre 1983.

2. Discours du budget prononcé par Marc Lalonde, *Le Devoir*, 21 avril 1983.

3. Ian MacDonald, «Mulroney: De Baie-Comeau à Sussex Drive», Montréal, les Éditions de l'Homme, 1984, p. 179. Roger Beaulieu, principal associé administratif de Martineau Walker, a travaillé pour Brian Mulroney lors de sa campagne au leadership.

4. Alain Duhamel, «Gérin-Lajoie quitte la direction générale du Vieux-Port», Le Devoir, 5 septembre 1985.

5. Jean-Claude Marsan, «Le rapport Lavalin: le marché aux illusions», Le Devoir, 23 août 1985.

6. Jean-Luc Renaud, «Lavalin prépare un projet de plus de 100 condos près du Vieux-Port», *Les Affaires*, 8 avril 1989.

7. CRTC, communiqué, 30 septembre 1987. Le tarif autorisé est 0,20 $ la première année. Il augmentera à 0,21 $, 0,22 $, 0,23$ et 0, 24 $ au cours des années subséquentes. La licence est émise pour une durée de 5 ans. Weather Channel, un service météorologique américain distribué par satellite, détient 20% des actions.

Chapitre **12**

# UN PIED DE NEZ À BOMBARDIER

Le gouvernement ontarien est à la recherche d'acheteurs pour sa Société de développement du transport urbain, mieux connue sous le nom d'UTDC (*Urban Transport Development Corporation*). Depuis que le premier ministre William Davis a créé l'UTDC en 1973, le gouvernement y a englouti 178 millions pour en éponger les pertes. Les libéraux de David Peterson, alors dans l'opposition, n'ont jamais perdu une occasion de le leur reprocher. Leurs attaques constantes et leurs plaisanteries – *Mickey Mouse, white elephant* – ont sérieusement miné la crédibilité de cette corporation. Deux mois et demi seulement après la prise du pouvoir par les libéraux, David Peterson annonce son intention de s'en débarrasser.

Dans son magasinage, John Kruger, conseiller spécial engagé par le gouvernement Peterson pour passer en revue toutes les sociétés de la Couronne, identifie Lavalin comme un acquéreur potentiel. L'entreprise a travaillé avec l'UTDC à la réalisation du *SkyTrain* de Vancouver, un système de transport sur rails construit pour Expo 1986, qui fait encore la fierté de Vancouver. Le *SkyTrain* est équipé d'un moteur linéaire, automatique, qui ne coûte presque rien à faire fonctionner. La technologie TRLP: transport léger, rapide, de pointe, et surtout technologie entièrement canadienne développée par l'UTDC, impressionne Bernard Lamarre.

Mais pour Lavalin, l'achat de l'UTDC est un très gros morceau. Ce serait un premier pas dans le monde manufacturier et une étape majeure de son histoire. C'est tentant mais risqué et Bernard Lamarre est de plus en plus convaincu qu'une association avec Bombardier, l'expert québécois dans le domaine, augmenterait ses chances de réussite avec cette acquisition: «Je suis intéressé, mais seulement si Bombardier accepte d'être dans le coup avec nous.»

L'idée n'est pas nouvelle, il en a déjà discuté avec le président de Bombardier, Laurent Beaudoin:

«Avec Bombardier installée au Québec et UTDC en Ontario, une ou deux compagnies dans l'Ouest, nous serions capables d'affronter n'importe quelle compétition à travers le monde. Le Canada pourra offrir des systèmes de transport en commun sur mesure, des projets clé en main. Nous, chez Lavalin, pourrions te fournir les ingénieurs et mettre à ta disposition notre réseau international de correspondants pour compléter le tien. Notre association nous permettrait de compter sur un appui total du gouvernement canadien puisque nous présenterions un front uni. Bombardier dans le matériel roulant et Lavalin dans le génie civil, c'est une association parfaite, géniale.»

Laurent Beaudoin n'en est pas convaincu. Il est vrai que Bernard Lamarre fait figure d'original dans la communauté d'affaires montréalaise en raison de sa façon non conformiste de diriger son entreprise. «Lamarre et Beaudoin sont des êtres très différents, tant au niveau individuel que dans leur façon de brasser des affaires. Beaudoin, naturellement ouvert et disponible, fraternise librement et fait partie de nombreux conseils d'administration; sa compagnie est publique et son style de gestion décentralisé. Au contraire, Lamarre a la poigne solide et est plutôt cachottier. Il a fallu attendre 1982 pour qu'il se joigne à un conseil d'administration autre que celui de Lavalin. Sa compagnie n'est pas cotée à la Bourse, il ne révèle jamais le montant de ses profits et son style de gestion est centralisé et autocratique[1].» Bernard Lamarre ne fait pas d'ailleurs un mystère de sa gestion centralisée:

«La cogestion est quelque peu un mythe, puisque le fonctionnement par consensus demeure à mes yeux un défi colossal. Peu d'entreprises à l'intérieur desquelles les décisions étaient l'affaire de multiples intervenants ont véritablement réussi à s'en sortir», déclare-t-il ouvertement[2].

Il n'y a aucun doute que Lavalin a le vent dans les voiles, mais ses succès n'expliquent pas comment Bernard Lamarre s'y prend pour faire digérer à son entreprise autant d'acquisitions simultanées. Depuis sept ans, la compagnie connaît en effet une croissance effrénée[3].

Ce style de leadership n'est pas toujours apprécié par ses associés. Depuis 1981, plusieurs d'entre eux sont partis. De gré ou de force, cela reste à voir! Paul Roberge et Marcel Mercier ont été les premiers à quitter en janvier 1981. Peter Martin, son beau-frère, qui a épousé une héritière de Jean-Paul Lalonde et qui aurait donc pu, lui aussi, aspirer à la succession, a préféré voler de ses propres ailes en octobre de la même année. Il trouvait difficile de composer avec sa façon de diriger. En février 1983, l'entreprise a perdu Eugène Claprood et André Gagnon. Enfin, Claude Rouleau a lui aussi démissionné le même mois, mais pour des raisons différentes. Bernard Lamarre n'a gardé comme associés que son frère Jacques et ses deux amis: Marcel Dufour et Armand Couture.

Avec 41,92% des actions contre 19,36% pour chacun de ses associés, il exerce le contrôle absolu puisque les lettres patentes de la compagnie stipulent qu'il faut une majorité de 67% pour changer un règlement. Personne ne peut donc décider sans lui.

Qui plus est, Laurent Beaudoin n'a aucune raison de vouloir s'associer à Lavalin. En effet, si Bombardier achète l'UTDC, spécialisée elle aussi dans la recherche et la fabrication de systèmes de transport en commun, elle élimine un concurrent. S'il n'y a qu'un seul manufacturier canadien, le gouvernement n'aura pas le choix, il ira vers lui directement. Comme Lavalin n'osera sans doute pas s'aventurer seule et que le prix demandé sera sûrement une aubaine, pourquoi s'embarrasser d'un partenaire?

Laurent Beaudoin tâte le terrain. Il choisit, pour le représenter à Toronto, un ex-député libéral déjà convaincu que l'UTDC est un éléphant blanc qui n'intéresse aucune compagnie ontarienne! Eric Cunningham a ses entrées auprès du premier ministre David Peterson et a fait figure, dans l'opposition à Queen's Park, du plus ardent détracteur de l'UTDC. Grâce à son intervention, Laurent Beaudoin obtient la promesse du premier ministre que le gouvernement de l'Ontario lui cédera la société d'État. Une poignée de mains scelle le pacte.

Laurent Beaudoin fait néanmoins patienter Bernard Lamarre jusqu'à la dernière minute pour lui donner sa réponse définitive: «Nous avons décidé de soumissionner, mais seuls.»

Bernard Lamarre est très déçu que Bombardier n'ait pas saisi que l'union aurait fait leur force. La réponse de Laurent Beaudoin ne lui laisse pas le choix, il doit abandonner. Cependant, l'idée d'acquérir l'UTDC continue de le hanter. Il est persuadé qu'un grand bouleversement se prépare dans le domaine des transports. Le coût du billet d'avion est trop élevé et les sources d'énergie trop précieuses pour être gaspillées indéfiniment. À son avis, le transport en commun sur rails est la solution de l'avenir dans les pays populeux d'Asie et même au Canada.

Avec ses associés, il pèse le pour et le contre. Il y a le risque financier rattaché à cette acquisition et aussi la crainte de mécontenter le gouvernement du Québec en faisant une incursion dans un domaine réservé à Bombardier et surtout à partir de l'Ontario. Toutefois, c'est Bombardier qui a refusé l'offre d'association; elle doit donc se préparer à en subir les conséquences. La tentation devient trop forte, il n'y résiste pas.

Peter Connolly, un vieux routier de la politique et représentant de Lavalin à Ottawa depuis un mois seulement, est le premier à apprendre que Lavalin vient de succomber et

*John Turner et son chef de cabinet Peter Connolly, 1987.*

qu'elle tentera d'acheter l'UTDC. Ayant été chef de cabinet de plusieurs ministres libéraux, il a des contacts autant à Toronto qu'à Ottawa et dans le bureau même du premier ministre David Peterson. C'est d'ailleurs pour son carnet d'adresses que Lavalin l'a embauché après qu'il se soit fait un peu tirer l'oreille. Armand Couture l'avait d'abord rencontré une première fois, sans succès. Trois mois plus tard, le conseil d'administration de Lavalin au grand complet l'avait invité à dîner au Beaver Club. Les quatre associés avaient su créer une atmosphère tellement «pétillante» que Peter Connolly n'avait pu résister. «Peter, nous voulons acheter UTDC, par quoi commençons-nous?», lui demande Armand Couture.

Maintenant informé officiellement de l'intention de ses patrons, Connolly ne perd pas une minute et fouille dans son carnet. Quelques semaines plus tard, Armand Couture annonce au gouvernement ontarien que Lavalin est prête à soumissionner.

En apprenant la nouvelle, le premier ministre David Peterson est surpris: «Comment se fait-il qu'ils décident de soumissionner seuls? Est-ce qu'ils savent ce qu'ils veulent enfin?» La volte-face de Lavalin l'embarrasse car elle l'oblige à reconsidérer sa promesse à Laurent Beaudoin.

Lavalin et Bombardier versent un million de dollars chacune pour examiner les livres de l'UTDC, puis déposent leur offre d'achat le onze février. Une surprise attend le président de Bombardier: Laurent Beaudouin apprend que Lavalin a offert trente millions pour l'achat de l'UTDC, un montant beaucoup plus élevé que le leur. Il est hors de lui. Il n'a jamais cru que Bernard Lamarre irait jusque-là...

Dix jours plus tard, on informe les deux compagnies qu'elles doivent soumissionner à nouveau. On soupçonne le processus de soumissions d'avoir été violé. Surprise par l'offre de Lavalin, Bombardier aurait modifié sa proposition, après avoir été informée du contenu de l'autre. Le premier ministre David Peterson, étonné de cette surenchère, mais heureux de l'occasion d'obtenir davantage, en ordonne de nouvelles sans préciser le pourquoi[4]. Il sait surtout que la transaction est étroitement surveillée par les médias.

Pour Lavalin, un autre dilemme se pose: doit-on hausser le montant de l'offre? Puisque Bombardier sait maintenant à quoi s'en tenir, rien ne l'empêche d'offrir beaucoup plus. Bernard Lamarre décide de ne rien changer à sa proposition initiale. «Je sais une chose: sans l'UTDC, Lavalin va survivre. Avec, je ne sais pas», déclare-t-il à Peter Connolly.

Elle gagne. La vente est signée en juillet 1986. Lavalin remet dix millions au gouvernement de l'Ontario, qui conserve 15% des actions, et s'engage à verser vingt millions dans dix ans. Le comptant pour la transaction est puisé à même l'épargne des Canadiens puisqu'il provient d'une émission publique d'actions.

Les 1 200 travailleurs de l'UTDC aux usines de Kingston et Thunder Bay poussent un soupir de soulagement lorsqu'ils apprennent le nom du nouveau propriétaire. Le choix de Bombardier aurait fait peser sur eux la menace d'être éliminés advenant la nécessité de trancher entre le Québec et l'Ontario. Les journaux ontariens emboîtent le pas et rapportent les succès enregistrés par Lavalin dans le monde entier les attribuant, bien sûr, au génie de Bernard Lamarre[5].

Peter Connolly a été bien utile à Lavalin; il pourrait l'être encore, mais l'heure est venue pour lui d'accepter un autre défi. Lorsque le chef du Parti libéral du Canada, John Turner, désespérément à la recherche d'un chef de cabinet, l'approche pour ce poste, Peter saisit l'occasion de lancer cette fleur à son patron: «Demandez vous-même à Bernard Lamarre s'il accepte de me laisser partir?» Ce dernier accepte, il va sans dire, de rendre ce service à John Turner, certain du retour de l'ascenseur un jour ou l'autre.

Des circonstances particulières permettent à Bernard Lamarre de faire la paix avec Laurent Beaudoin quelques mois plus tard. Président de la Corporation de développement des investissements du Canada (CDIC), qui gère le dossier de la privatisation des sociétés de la Couronne au gouvernement fédéral, Bernard Lamarre est très bien placé pour avoir le dernier mot sur la vente de Canadair à Bombardier. Lorsqu'il apprend que le fleuron des entreprises québécoises est intéressé par l'achat de Canadair, il n'en croit pas ses oreilles. Pourtant habitué à prendre des risques, il trouve cet achat extrêmement périlleux pour Bombardier. Canadair qui a été payée au départ 36 millions a coûté aux contribuables canadiens plus de 2,4 milliards en coûts de développement et en pertes depuis que Jean Chrétien, alors ministre libéral, a recommandé sa nationalisation en 1976.

Insister pour obtenir un tête-à-tête avec Laurent Beaudoin, afin de s'assurer de ses intentions réelles, apparaît au prési-

*Remise d'un certificat à Laurent Beaudoin, prés. du conseil et chef de la direction de Bombardier inc. pour le développement de la motoneige, à l'occasion du Centenaire de l'ingénierie.*

dent de la CDIC comme la seule façon d'en avoir le cœur net. Si Laurent Beaudoin l'a fait poireauter pendant des mois avant de l'éconduire cavalièrement pour l'achat de l'UTDC, Bombardier est aussi capable de se désister à la dernière minute pour l'achat de Canadair. Bernard Lamarre veut éviter au Conseil qu'il préside, une fois la décision prise, l'odieux d'une réponse du genre par le président de Bombardier: «Nous ne sommes plus intéressés.»

Surtout que Bombardier n'est pas seule en lice. Elle a un compétiteur de taille: le groupe dirigé par l'industriel allemand Justus Dornier, un expert en aéronautique, soutenu financièrement par un financier montréalais bien connu de Bernard Lamarre, Howard Webster. C'est un homme d'affaires qui n'a jamais hésité à contribuer généreusement aux souscriptions lancées par le président de Lavalin pour des œuvres de bienfaisance et surtout pour le Musée des beaux-arts de Montréal. Il est un de ceux qui ont contribué à bâtir sa réputation de grand collecteur de fonds: «Bernard Lamarre est celui qui réussit le mieux à aller chercher les plus grosses sommes auprès des puissants du Québec. On lui prête même un formidable talent de tordeur de bras. Il maîtrise si bien sa technique que ceux qu'il sollicite parviennent difficilement à se défiler en douce[6].» C'est là une réputation qui sera difficile à maintenir sans l'appui de monsieur Webster. Il y pense donc à deux fois avant de donner son appui à Bombardier.

«Laurent, nous nous obstinons passablement dans le dossier de Canadair. Si nous continuons et que nous allons jusqu'au bout pour privilégier Bombardier comme acheteur, il ne faudrait pas que tu nous dises non. C'est pourquoi je te demande: voulez-vous vraiment acheter Canadair? Les discussions semblent s'orienter en votre faveur et je veux m'assurer que c'est bien vrai que vous voulez aller de l'avant.

— Oui, oui, c'est sérieux, nous sommes vraiment intéressés, avait répondu Laurent Beaudoin.

— Dans ce cas-là, je suis prêt à t'aider.»

Un président de conseil d'administration se trouve dans une position privilégiée pour influencer la discussion et orienter le vote. Bernard Lamarre tient parole, quitte à passer pour un ingrat aux yeux de son ami Howard Webster. S'il a décidé d'aider Bombardier, c'est principalement pour éviter que la technologie du Challenger développée et payée par tous les Canadiens se retrouve un jour en Allemagne, ce qui risque d'arriver si Justus Dornier en fait l'acquisition. Le gouvernement fédéral a aussi été hautement critiqué pour avoir vendu son avionnerie de Havilland de Toronto à la compagnie américaine Boeing, donc à des étrangers.

L'offre de Bombardier n'est pas facile à défendre. Les membres du conseil d'administration ne sont pas les seuls à hésiter. Plusieurs ministres du gouvernement doutent ouvertement des capacités financières et administratives de Bombardier. On pointe du doigt le bénéfice modeste de seize millions retiré par Bombardier sur des ventes de 662 millions en 1985 et on insiste sur son niveau élevé d'endettement de 44 millions[7]. Bernard Lamarre refuse de se laisser influencer, il a promis son aide à Laurent Beaudoin, il tiendra parole.

Lorsque les membres du conseil d'administration se réunissent à Vancouver pour passer au vote, Bernard Lamarre s'assure de la présence de tous les francophones dont Pierre Des Marais II, Antoine Turmel et Pierre Péladeau. Le consensus est obtenu: le conseil arrête son choix sur Bombardier. Au mois d'août 1986, le gouvernement annonce la vente de Canadair à Bombardier pour 120 millions.

Cette décision du roi de la motoneige de diversifier ses activités ne pouvait mieux tomber puisqu'elle a maintenant un concurrent redoutable dans le domaine du transport en commun et elle ne tarde pas à l'apprendre. Sous la gouverne de Lavalin, l'UTDC rafle un contrat de 250 millions pour la fabrication de 1122 camions lourds destinés à l'armée canadienne, camions que les Ontariens de Kingston construiront au lieu des Québécois de Valcourt et des environs: «UTDC a été choisie pour la fabrication des camions de préférence à trois autres concurrents à la suite d'une évaluation approfondie qui a révélé que sa soumission répond aux exigences des Forces canadiennes et qu'elle offre le meilleur ensemble de retombées économiques[8]». Pour Bombardier, c'est un coup dur. Elle était tellement certaine de décrocher le contrat qu'elle en avait même annoncé la signature prochaine dans un prospectus boursier, au printemps de 1986. Ce ne sera ni la première ni la dernière fois que les deux compagnies québécoises se feront compétition.

Bernard Lamarre n'a plus qu'à souhaiter à Laurent Beaudoin toute la chance au monde avec son Challenger. Quant à lui, il est fier de cette entrée dans le domaine manufacturier qui le rendra moins dépendant à longue échéance des projets en ingénierie. Au Québec, cependant, les événements se précipitent pour l'obliger à s'y enfoncer jusqu'au cou.

## RÉFÉRENCES DU CHAPITRE 12

1. Matthew Fraser, *Op. cit.*, p. 191.

2. Gilbert Tarrab, Léo-Paul Lauzon, Michel Bédard, «L'homme d'affaires québécois des années 80: Bernard Lamarre», *Revue Commerce*, octobre 1981.

3. Un survol des nouvelles acquisitions depuis 1978 est donné dans le chapitre 14, «La conquête fait des malheureux».

4. John Partridge, «Two bids for UTDC rejected», The *Globe and Mail*, 22 février 1986.

5. Mary Lasovich, «Bernard Lamarre: the brains behing the success of Lavalin inc.», Whig Standard, March 8, 1986.

6. Pierre Lacerte, «Nos riches sont-ils si riches», *Magazine Les Affaires* +, juillet-août 1990.

7. Michel Vastel, «Ottawa doute de la rentabilité d'un mariage Bombardier-Canadair», *La Presse*, 13 août 1986.

8. Ministère de la Défense nationale, communiqué du 5 février 1988.

# Chapitre 13

# KEMTEC:
# PÉTROCHIMIE COÛTEUSE

Nicolas Gravino, un Italo-Canadien au cœur tendre, avait, comme plusieurs, entendu parler abondamment des succès de Lavalin et surtout de Bernard Lamarre. Il avait accepté de bon coeur de travailler avec eux dans le projet pour sauver la raffinerie Gulf de Montréal, mais n'avait jamais imaginé que l'aventure se terminerait pour lui de cette façon.

Au départ, Bernard Lamarre insiste pour ne pas ébruiter le fait que Lavalin a accepté de s'associer à parts égales avec Gaz Métropolitain pour acheter les actifs de Gulf Canada. Effectivement, toute l'affaire restera secrète pendant plusieurs mois. Ces actifs comprennent une raffinerie dans l'est de Montréal et 1800 stations-service au Québec et dans l'est du Canada. Tant que la transaction n'est pas achevée, pourquoi risquer de s'attirer les reproches de ses propres clients? Une filiale de Lavalin, Partec, est précisément en train de réaliser des travaux à la raffinerie de Petro-Canada à Montréal.

Dans ce dossier, Lavalin est une alliée naturelle. Elle éprouve justement des difficultés à obtenir le paiement de créances pour des travaux effectués dans des pays producteurs de pétrole, dont le Nigéria et l'Algérie. La possibilité de faire du troc avec eux, c'est-à-dire de se faire rembourser avec des barils de pétrole, intéresse Bernard Lamarre. Il estime qu'il ne sera bientôt plus possible de conduire des affaires dans les pays en voie de développement sans utiliser le commerce de contrepartie, en raison de l'endettement massif de ces pays[1].

À titre de vice-président chez Gaz Métropolitain, Gravino se sent bien placé pour piloter l'achat. Il jouit d'une très bonne réputation dans l'industrie et les 520 travailleurs de la raffinerie lui ont arraché la promesse de s'occuper d'eux, c'est-à-dire de trouver un acheteur qui maintiendrait le complexe en opération. Chez Lavalin, avec la bénédiction du président du conseil d'administration de Gaz Métropolitain Pierre Martin, qui a d'ailleurs fait les approches auprès de Bernard Lamarre, Gravino s'active à trouver une façon de battre Ultramar. Cette compagnie manifeste son intérêt pour les actifs de Gulf Canada. Son plan secret est de mettre la main sur les 1 800 stations-service pour compléter son réseau de distribution au détail et de fermer la raffinerie. Elle en possède déjà une à Saint-Romuald près de Québec.

Le dossier devient vite très politique. Les travailleurs de la raffinerie Gulf réussissent à sensibiliser l'opinion publique, par les médias, à l'importance de maintenir les installations en activité par une grande campagne. Ils obtiennent l'appui des députés de l'opposition à Ottawa, surtout celui du libéral Jean-Claude Malépart, et même des députés conservateurs de la région de Montréal: Vincent Della Noce, Carole Jacques, Robert Toupin et Suzanne Blais-Grenier. Le groupe se rend même à Ottawa mener un vacarme d'enfer dans le foyer de la Chambre des Communes après la période des questions. Le premier ministre Mulroney a du mal à se défendre. Le rôle exact joué par Petro-Canada dans le dossier n'est pas clair. La société d'État s'est appropriée le contrat de 34 000 barils par jour que fournissait la raffinerie Gulf à Texaco, coupant ainsi de moitié la production de l'installation Gulf. Sans ce contrat, les perspectives de rentabilité du complexe sont grandement diminuées.

On sait surtout que la fermeture de la raffinerie Gulf serait catastrophique pour l'est de Montréal puisqu'elle viendrait s'ajouter à celles de Texaco, d'Esso et de BP Canada, survenues quelques années plus tôt dans le même secteur. La population le sait et la popularité du Parti conservateur s'en

*Le ministre de l'Énergie du Québec, John Ciaccia, en visite à la raffinerie Gulf avec Bernard Lamarre, en 1986.*

PHOTO: CANAPRESS PHOTO SERVICE

ressent. Il chute de quinze points dans les sondages au Québec.

À titre de ministre responsable du Québec à Ottawa, Marcel Masse veut redorer l'image de son parti. Il lui faut à tout prix trouver une solution pour empêcher cette fermeture. Le ministre des Communications harcèle littéralement son ami Bernard Lamarre et lui promet son aide pour l'obtention de subventions. «Il faut que tu rencontres Bernard Lamarre», dit-il au ministre de la Consommation et des Corporations, Michel Côté, à la sortie d'une réunion. Ami personnel de Brian Mulroney, Michel Côté est perçu comme l'étoile montante du cabinet, ce qui en fait un ministre très respecté par ses collègues anglophones et en particulier par Sinclair Stevens, le titulaire du ministère à subventions, l'Expansion industrielle régionale (MEIR).

Quelques jours plus tard, le président de Lavalin rencontre Michel Côté pour lui dévoiler ses intentions. Il le convainc que Lavalin tente toujours de trouver les meilleurs projets et de les réaliser en investissant le moins possible. Si un projet a du sens, il faut qu'il vive par lui-même. Les subventions sont dues à Lavalin parce que l'entreprise crée des emplois. Le reste, soit 90%, doit provenir des banques. «Je suis un ministre sans beaucoup d'expérience, mais je vais voir ce que je peux faire pour vous aider,» répond le ministre Côté.

Tout va bien, Nicolas Gravino s'aperçoit que Lavalin possède les bons contacts politiques et il est confiant, pour sa part, de pouvoir convaincre les dirigeants de Gulf Canada, avec qui il a déjà travaillé pendant plusieurs années, de leur vendre la raffinerie. Malheureusement, son employeur, Gaz Métropolitain, le laisse tomber. Devant l'incertitude de pouvoir rentabiliser la raffinerie, elle lésine sur le prix, offrant 90 millions de dollars. Ultramar, convaincue de réaliser une bonne affaire, risque 120 millions.

Chez Lavalin, la réaction est vive: «J'ai toujours détesté, pour m'en confesser, les projets avec des partenaires. Ça ne marche jamais lorsqu'on se fie aux autres. Je viens d'en avoir la preuve. Nous venons de manquer le meilleur coup de notre vie», déclare Bernard Lamarre.

Nicolas Gravino s'apprête à fermer le dossier, mais surprise! le projet continue. Marcel Masse insiste toujours pour que Lavalin achète la raffinerie. Devant l'ampleur des dégâts dans l'opinion publique, le Parti conservateur ne peut tout simplement plus se permettre l'odieux d'une fermeture. Michel Côté, qui avait promis son aide, y met tellement de zèle qu'il dévoile lors d'une conférence de presse le contenu d'un rapport révélant que la fermeture de la raffinerie Gulf rendrait le Québec dépendant de l'Ontario pour son approvisionnement en produits pétroliers: «Contrairement aux dires et énoncés de l'industrie, les raffineries québécoises ne produisent pas assez pour répondre à la demande des consommateurs[2].» Il affirme tenir cette information de son directeur du Service des enquêtes sur les coalitions. Aux journalistes qui lui demandent en chœur la date de publication du rapport,

PHOTO: JEAN-GUY PARADIS, LES AFFAIRES

*M. Nicolas Gravino, président de Kemtec.*

Michel Côté, répond: «Vendredi». Il réalise les risques ratta-
chés à sa déclaration lorsqu'à la réunion hebdomadaire du
conseil des ministres, son chef Brian Mulroney lui glisse à
l'oreille, après l'avoir amené à l'écart: «Michel, dans cette
affaire, tu vas te brûler les doigts.»

Michel Côté comprend immédiatement qu'il a trop parlé.
Sa déclaration n'en continue pas moins d'alimenter les pages
des grands quotidiens pendant des semaines[3]. En juin 1986,
le président de la Commission sur les pratiques restrictives du
commerce, Gerry Stoner, conclura: «Le gouvernement fédéral a approuvé la fermeture de la raffinerie Gulf à Montréal en
approuvant l'achat des actifs de Gulf (en Ontario et dans
l'Ouest) par Petro-Canada, ce qui entraînait presque
inévitablement la fermeture de la raffinerie.» Il ajoutera que la
consommation de produits pétroliers au Québec entre 1979
et 1985 a chuté de 39%, ce qui a rendu la fermeture des
raffineries de Montréal en 1983 virtuellement inévitable.
Quant à celle de Gulf, il reconnaît n'avoir pas tous les faits en
main pour conclure qu'elle provoquera une dépendance du
Québec envers l'Ontario pour les produits raffinés. La transition était néanmoins, selon lui, dans l'intérêt public[4]. Une
précision qui à l'heur de plaire au gouvernement Mulroney.

En attendant, en cette fin d'année 1985, tous s'y mettent
pour trouver une solution: «Nous essayons de provoquer de
l'action et d'aider l'est de Montréal. Nous espérons que le
secteur privé trouvera une solution productive au cours des
prochains jours ou des prochaines semaines dans ce dossier
important», déclare le premier ministre à la période des
questions. Sévèrement blâmé pour avoir laissé tomber ce
secteur de la métropole, Brian Mulroney s'accroche à cette
solution.

Nicolas Gravino veut bien, mais il sait que Lavalin a deux
gros problèmes à solutionner avant de sortir le gouvernement conservateur de l'embarras. Le premier consiste à convaincre Ultramar de lui vendre la raffinerie, le deuxième, de
trouver des acheteurs pour sa production. Sans le réseau de

stations-service maintenant entre les mains d'Ultramar, écouler la production de la raffinerie est devenu une tâche presque impossible. En effet, les seuls clients potentiels, les distributeurs indépendants, ne sont pas intéressés puisqu'ils peuvent s'approvisionner à meilleur prix sur le marché international. Les Américains bénéficient des mêmes avantages et ne sont donc pas intéressés non plus.

La ténacité de Bernard Lamarre est mise à rude épreuve. Il hésite entre continuer ou laisser tomber. Il se sent presque soulagé par une annonce d'Ultramar qui promet, en échange de la fermeture définitive de la raffinerie Gulf, d'augmenter de 20% sa production à sa raffinerie de Saint-Romuald: un investissement de 100 millions. Pressée également d'en finir avec la mauvaise presse à son endroit, Ultramar fait cadeau au ministre de l'Énergie et des Ressources du Québec, John Ciaccia, des installations pétrochimiques sur le site de la raffinerie Gulf pour la somme symbolique d'un dollar. Le ministre Ciaccia a formellement promis en campagne électorale que ces installations ne seraient pas démolies et Ultramar l'aide à remplir sa promesse. Les hommes politiques, autant à Québec qu'à Ottawa, ne trouvent plus rien à redire contre Ultramar. La raffinerie Gulf est fermée définitivement.

Cette fois, Nicolas Gravino sent venir la fin. En effet, c'est le signal qu'attendait Gaz Métropolitain pour annoncer son retrait définitif. La pétrochimie n'intéresse pas Pierre Martin: si deux géants du pétrole, Gulf et Ultramar, n'ont pas jugé bon de poursuivre ces opérations pétrochimiques, il ne voit pas comment Gaz Métropolitain pourrait faire mieux. Chez Lavalin, Bernard Lamarre passe à deux cheveux de poser le même geste, mais sa témérité l'emporte, encore une fois. À force d'en discuter avec Jacques Lamarre, Nicolas Gravino a réussi à persuader ce dernier des possibilités de viabilité qu'offrent les installations pétrochimiques. Jacques se fait convaincant, Bernard Lamarre acquiesce et s'entend avec John Ciaccia qui lui remet le tout pour la somme d'un dollar. Lavalin promet de faire fonctionner les unités à au moins

80% de leur capacité pour une période minimale de cinq ans.

Un autre pas est franchi, quelques mois plus tard, avec la création de la filiale Phénolmont. Lavalin rachète d'Ultramar d'autres installations et 1,1 million de mètres carrés de terrain, le tout pour 6,5 millions. Les gouvernements fédéral et provincial remplissent aussi leurs promesses. Lavalin obtient une subvention de deux millions d'Ottawa et un prêt du même montant de la Société de développement industriel du Québec (SDI).

Nicolas Gravino est toujours chez Lavalin. Pierre Martin a accepté de le lui prêter à la condition de pouvoir le rapatrier chez Gaz Métropolitain au moment qu'il jugera opportun. Lorsque ce moment arrive, Gravino est flatté de voir que la chicane éclate entre Pierre Martin et les dirigeants de Lavalin à son sujet. Lavalin veut le garder: «Nous n'aurions jamais acheté si nous avions su que Nicolas ne viendrait pas avec nous», déclare Bernard Lamarre en élevant la voix.

Gravino sait qu'aucun des quatre associés ne possède d'expérience pratique dans la gestion manufacturière. Il est donc en bonne position pour négocier et l'offre ne se fait pas attendre. «Si tu acceptes de rester avec nous, nous te vendons 5% des actions de la compagnie Phénolmont pour un million. Nous te prêterons 500 000 $ sans intérêt pour en payer la moitié et avec le 5% de profits que tu toucheras de la compagnie, tu pourras rembourser l'autre partie. Tes employés toucheront, quant à eux, 10% des profits.»

Nicolas Gravino, qui n'est pas du genre impulsif, soupèse l'offre. D'abord, il se sent tenu par sa promesse aux employés de remettre en marche les installations. Son rêve est de rouvrir un jour la raffinerie et avec la puissance financière de Lavalin derrière Phénolmont, tout est possible. L'offre sur la table est aussi alléchante car il est d'avis que toutes les installations pétrochimiques, une fois remises en état de fonctionnement, vaudront au moins vingt millions. Il accepte l'offre des dirigeants de Lavalin et se remet au travail avec une ardeur décuplée. Quelques mois plus tard, 160 personnes ont repris leur besogne. Le moral est excellent. En échange de concessions salariales de 13,5%, et d'autres, au chapitre des heures supplémentaires et des vacances, les employés obtiennent tel que promis 10% des profits nets. Ils ignorent tout des stratégies qui s'élaborent dans la salle du conseil chez Lavalin.

L'ancien vice-président de Gaz Métropolitain est très heureux dans sa position d'actionnaire minoritaire, convaincu d'avoir réalisé une bonne affaire. Il est bien surpris lorsque, quelques mois plus tard, Jacques Lamarre lui annonce: «Nous avons fait évaluer les installations; ils ont décidé que tout le complexe vaut 85 millions[5].» L'évaluation de la Société Consultants Industriels Beaudry Bélisle & Associés, pour le compte de Lavalin, le confirme. Nicolas Gravino comprend que sa participation de 5% vaut maintenant 4,2 millions. Jacques Lamarre le ramène sur terre:

«Notre entente ne tient plus. Nous ne pouvons plus te donner 5% des actions de la compagnie pour le même prix. Ton option d'achat te coûtera dorénavant 3,2 millions de plus.» S'il veut conserver ses actions dans la compagnie, Nicolas Gravino devra s'endetter pour la différence. La compagnie lui prête l'argent sans intérêt, mais encore doit-il retirer des profits des opérations pour pouvoir la rembourser. Il n'y en aura pas si Lavalin décide d'hypothéquer les installations au maximum. Nicolas Gravino constate à son désarroi que Lavalin s'arroge le droit de s'enrichir instantanément, mais lui refuse ce même droit, après tout ce qu'il a fait pour la firme. Malgré tout, sa nature pacifique prend le dessus. Intenter des poursuites contre Lavalin pour les obliger à reconnaître ses droits risque de l'entraîner dans un processus très complexe. Il n'a ni la force morale ni les moyens financiers pour le faire.

Lavalin va de l'avant. Elle se livre à une série de transactions que seuls les meilleurs analystes financiers peuvent décortiquer. La société Phénolmont est liquidée au profit de la société-mère Lavalin inc. qui fonde une nouvelle entité, Kemtec, qu'elle revend à Lavalin Industries pour 85 millions. Il s'agit d'une filiale qui englobe non seulement Kemtec, mais aussi l'UTDC, la nouvelle venue ontarienne[6]. On prend la décision de profiter du Régime d'épargne-actions (REA), pour émettre des actions dans le public. Les acheteurs des titres obtiennent une déduction auprès de Revenu Québec de 50% du coût d'acquisition, ce qui rend l'achat des actions attrayant pour les gens à revenus élevés. Pour couronner le tout, on apprend que seulement 15% des actions de Lavalin Industries seront émises sur le marché. C'est pourquoi, quand le premier prospectus est déposé auprès de la Commission des valeurs mobilières, il soulève de très grandes interrogations. On s'interroge sur le fait que Lavalin puisse se revendre pour 85 millions une entreprise qu'elle a payée 6,5 millions au départ.

Jean-Paul Gagné, rédacteur en chef du journal *Les Affaires*, scrute le prospectus à la loupe. Il en conclut: «Pour Lavalin, l'achat des actifs de l'ex-raffinerie Gulf et sa revente à Lavalin Industries est une opération éminemment profitable. Les terrains ont une valeur imposable d'un million de dollars, mais seront revendus au prix de cinq millions aux actionnaires (400% de profit). Les bâtiments, qui ont un coût fiscal de 500 000$, seront revendus au prix de 10 millions (1900% de profit). Les équipements valent 23,5 millions du point de vue fiscal, mais seront revendus aux actionnaires 70 millions (198% de profit)[7].»

Lavalin rajuste son tir en ramenant l'émission publique de 50 à 40 millions et en modifiant la nature des titres émis. Même si, dans le prospectus final, l'acheteur d'un titre peut lire en toutes lettres que même si chaque action se vend 10$, il a entre les mains une valeur de 4,65$, l'émission trouve rapidement preneur.

Les premières armes de Lavalin dans le monde manufacturier se révèlent plus pénibles que prévu. En cinq semaines, le prix du benzène, une matière première entrant dans la composition des produits fabriqués par Kemtec, passe de 2,35 $ US à 0,95 $ US le gallon. La compagne voit d'un coup ses inventaires dévalués de six millions. Dans son premier rapport annuel, l'entreprise doit déclarer des pertes de 2,4 millions. Un an seulement après l'acquisition du complexe, les dirigeants de Lavalin ont le choix: cesser la production ou investir à nouveau pour construire de plus grosses unités. Les unités existantes ne peuvent assurer des marges de profit raisonnables. La décision est prise: Kemtec construira dans un premier temps une unité de paraxylène, un produit utilisé comme matière première dans la fabrication du polyester. Cet investissement de 120 millions placera Kemtec au quatorzième rang des producteurs mondiaux.

Le projet d'expansion donne l'occasion à Jacques Lamarre d'aborder à nouveau, avec Nicolas Gravino, la question de sa participation minoritaire. Il ne veut pas lui faire de cadeau car il est déçu de son rendement. Même s'il reconnaît que son directeur n'est pas responsable de la conjoncture internationale difficile ayant entraîné la chute du prix du benzène, il ne peut passer l'éponge. Leurs relations se sont à ce point détériorées que le président de Lavalin serait content de le voir partir même s'il n'y a encore personne pour le remplacer.

«Gravino, nous allons réinvestir 120 millions dans Kemtec. Il va de soi que nous ne pouvons pas te laisser garder tes 5% d'actions aux mêmes conditions. Je t'offre de nous les revendre et de doubler ton salaire.

— Vous êtes des profiteurs. Vous voulez m'éliminer pour pouvoir gérer l'affaire à votre guise. Je ne suis pas d'accord», déclare-t-il avant de sortir cette fois en claquant la porte. Encore une fois, il ne voit pas pourquoi il devrait réinvestir puisque les emprunts seront faits au nom de Kemtec, dont il est actionnaire minoritaire, et que la dette sera remboursée à même les profits d'exploitation de la compagnie.

Nicolas Gravino ne veut toujours pas quitter. Il comprend mal que les dirigeants de Lavalin lui tiennent rigueur de la perte subie à la suite de la chute du prix du benzène. C'est le propre du monde industriel que de réserver des surprises. Ils ne semblent pas vouloir admettre que l'exploitation d'une usine est bien différente de la gestion d'un projet en ingénierie. L'usine requiert une attention quotidienne et à longue échéance, contrairement à un projet d'ingénierie qui a une durée définie. Il considère également que Lavalin a beaucoup trop endetté Kemtec et il se montre davantage critique envers eux. Il commence en effet à se percevoir de plus en plus comme le défenseur des actionnaires minoritaires dans la compagnie, en l'occurrence lui-même et les employés, puisqu'ils ont droit, eux aussi, aux bénéfices d'exploitation.

Ses relations sont devenues très tendues avec les dirigeants de Lavalin. Lorsqu'il a été question, par exemple, de l'agrandissement de l'usine de cumène, qui sert à produire le phénol, usine que Lavalin proposait de construire elle-même pour 26 millions, Gravino a déclaré à Bernard Lamarre: «J'ai demandé une soumission chez un de vos compétiteurs aux États-Unis, Universal Oils Products, qui peut la construire pour 14 millions.

— Tu n'as pas honte de laisser des gars du Texas venir voler nos emplois au Québec? a rétorqué ce dernier.

— Tu n'as qu'à m'offrir de la faire au même prix», de renchérir Gravino.

Bernard Lamarre était furieux que Nicolas Gravino ait entrepris ces démarches sans lui en parler. Même si le projet a été abandonné, l'incident a laissé sa marque. Au moment où Nicolas Gravino annonce qu'il prend quelques semaines de vacances, Jacques Lamarre révèle sa stratégie. Il veut profiter de l'absence du président de Kemtec pour tester son remplaçant, un ex-cadre de Petro-Canada qui était déjà chez Petrofina lors de son acquisition controversée par le gouvernement canadien.

«Je voudrais que Damien de Gheldere te remplace pendant tes vacances.

— Il n'en est pas question, répond Nicolas. Robert Richer

peut très bien assurer la bonne marche des opérations.» C'est un ancien dirigeant de Gulf Canada. Il est vice-président des opérations et l'homme de confiance de Nicolas Gravino.

«Si tu le prends sur ce ton, il existe 90% de chances que nous t'ayons remplacé de façon permanente à ton retour.

— Si vous le faites, je considérerai cela comme un bris de contrat.»

C'est dans cet état d'esprit que Nicolas Gravino part en vacances en Argentine. À son retour, une surprise l'attend. Il apprend qu'il n'était pas aussitôt monté dans l'avion que Jacques Lamarre téléphonait au président du Syndicat des travailleurs en pétrochimie de Montréal-Est, Serge Baril: «Je t'annonce que Nicolas Gravino n'est plus président de Kemtec. Il ne le sait pas encore. Nous attendons qu'il revienne de vacances pour le lui annoncer. Notre intention est de lui offrir un poste de consultant. Je voudrais que tu fasses dès maintenant connaissance avec Damien de Gheldere, l'homme que nous avons choisi pour le remplacer.»

La nouvelle lui est confirmée par Bernard Lamarre à son retour à l'usine: «Nous te donnons une heure pour venir nous voir afin de régler nos comptes. Si tu n'es pas d'accord, tu n'as qu'à intenter des poursuites contre nous.»

La journée même, Nicolas Gravino quitte Kemtec avec le sentiment de s'être fait rouler. Après avoir mis toute son expérience et tant d'espoirs dans ce projet, il est obligé, après deux ans et demi, de partir sans avoir retiré les fruits de son labeur. Jacques Lamarre répète désormais à qui veut l'entendre: «Ce complexe pétrochimique vaut 600 millions. Bientôt, il vaudra un milliard. Toute l'affaire a été géniale.» Mais même avec le départ de Nicolas Gravino, la rentabilité de Kemtec ne s'améliore pas. En juillet 1990, la compagnie annonce des pertes de 7,7 millions pour 1989[8].

S'il avait été seul en cause, Bernard Lamarre n'aurait peut-être pas pris cette décision de renvoyer Nicolas Gravino. C'est sa nature de laisser traîner les choses lorsqu'il y a des susceptibilités en jeu. Ainsi, il n'aime pas congédier un employé de crainte de s'en faire un ennemi. Son frère Jacques ne pense pas de cette façon. Ça lui est égal de passer pour un dur et il ne tolère pas que le patron intervienne dans ses décisions. Il suffit qu'un employé lui dise: «Je veux parler à Bernard», pour qu'il lui réponde: «Va le voir, mais ne reviens plus ici.»

Jacques tient son frère sur la corde raide en lui répétant qu'il est toujours prêt à partir. C'est ce sentiment d'indépendance qui lui permet de dire à l'occasion au président de Lavalin: «Tu ne devrais pas t'en mêler», ce que personne d'autre n'ose faire. De cette façon, il estime qu'il protège son frère contre sa tendance à penser qu'il peut tout régler lui-même. Jacques refuse de consulter Bernard d'abord: il décide et le tient informé. Agir autrement ralentirait la bonne marche de l'entreprise.

Lavalin est devenue une très grosse organisation. Bernard Lamarre constate lui-même qu'il ne peut plus gérer comme avant. Il doit admettre que le contact direct avec chacun n'est plus possible. C'est le prix à payer pour maintenir une entreprise d'une telle envergure, prix qui n'est pas toujours d'ordre monétaire.

# RÉFÉRENCES DU CHAPITRE 13

1. Hélène Baril, «Un homme modeste à la tête d'un empire: Bernard Lamarre», *Le Soleil,* 19 février 1985.

2. Pierre April, *Presse canadienne,* «Le ministre Côté réagit», *Le Droit,* 18 décembre 1985.

3. Alain Dubuc, «Le Québec devra importer en masse son pétrole raffiné», *La Presse,* 17 janvier 1986.

4. Maurice Jannard, «Une commission donne raison à Ottawa d'avoir approuvé la fermeture de Gulf», *La Presse,* 14 juin 1986.

5. Copie de la lettre envoyée à Dominion Securities Inc. le 14 octobre 1986 par Beaudry, Bélisle & Associés inc., consultants industriels. Dossier de la Commission des valeurs mobilières du Québec.

6. Voir le chapitre 12, «Un pied de nez à Bombardier», où les tractations entourant l'achat de l'UTDC sont racontées.

7. Jean-Paul Gagné, chronique «Analysez avant d'acheter», *Les Affaires,* 29 novembre 1986.

8. Penny MacRae, «Lavalin Industries expects to break even», *The Gazette,* 28 juillet 1990.

# Chapitre 14

# L'EXPANSION FAIT DES MALHEUREUX

Depuis plus d'un mois, André Marsan essaie, sans succès, de parler à Bernard Lamarre. Au téléphone ou à son bureau, le président de Lavalin reste inaccessible. Il se résigne donc à lui écrire en ce mois de septembre 1986. Se résigner? Oui, c'est bien le mot. La décision a été extrêmement difficile. André Marsan est bouleversé à la perspective de quitter Lavalin où il a passé les plus belles années de sa vie.

Depuis que Bernard Lamarre lui a proposé de se joindre à son entreprise en 1973, sa vie a changé. Il a pu développer, chez Lavalin, cette expertise qu'il cherchait dans le domaine des études d'impact sur l'environnement et connaître le milieu des affaires de l'intérieur. Grâce à sa crédibilité personnelle, il a généré sa part de revenus dans la compagnie sans jamais savoir vraiment si Bernard Lamarre appréciait son travail. Il soupçonnait que oui.

L'expérience s'est aussi révélée très enrichissante du point de vue personnel. Lavalin est devenue sa famille. Il appréciait les petites attentions manifestées par la direction envers les employés. Dès 1973, Lavalin avait commencé à subventionner un comité d'activités sportives et culturelles. Tournois, visites d'expositions, assistance à des concerts et pièces de théâtres étaient devenues accessibles pour ceux qui le désiraient. Il se rappelait avec une grande nostalgie le traditionnel panier de Noël. Mireille Casgrain, responsable de l'événement chez Lavalin, s'en occupait si bien que chacun y trouvait de petites douceurs pour lui-même et pour les membres de sa famille. Quelle belle époque, aussi, que celle où il parlait à Bernard Lamarre tous les jours et l'entendait répéter: «Un employé heureux est un employé productif.»

Rien n'est plus pareil à présent. Ces quatre dernières années, des changements radicaux sont survenus dans le fonctionnement de la compagnie. Fini le temps où André Marsan pouvait dire: «Je suis André Marsan, je fais partie de Lavalin, mais je fonctionne de façon autonome.» Il y a maintenant des divisions techniques, des unités locales et des unités principales qui rendent compte de leurs activités à un vice-président de groupe. Sa filiale est perdue quelque part dans l'organigramme. Lui qui s'est toujours senti libre de mener ses affaires à sa guise s'est vu, du jour au lendemain, imposer quelqu'un pour regarder par-dessus son épaule. Il n'a jamais pu s'y habituer, surtout que les nouveaux arrivants sont formés à un modèle de gestion corporative bien différent de Lavalin.

La compagnie a, bien sûr, avalé de gros morceaux qu'il lui a fallu du temps pour digérer. Le Groupe Shawinigan en fait partie. Au moment de son acquisition par Lavalin en 1982, cette entreprise compte plus de 1 100 employés répartis dans 30 filiales. C'est une expertise sans précédent pour permetre à Lavalin de soumissionner les projets hydro-électriques à travers le monde[1]. Mais son intégration à Lavalin est difficile, comme d'ailleurs plusieurs autres acquisitions.

En 1979, Global Trading de Calgary, un organisme de gestion d'approvisionnement et de fourniture d'équipement à l'échelle internationale, s'est jointe à Lavalin. Cette compagnie est déjà spécialisée dans la fourniture de matériel de forage et de construction de puits dans l'Arctique soviétique. En 1980, Lavalin s'est implantée dans l'industrie de la pâte et du papier en achetant McGurk, Matthews, Greggain & Associés, une firme de l'est du Canada. La même année, trois autres filiales sont venus s'ajouter: Piette Audy Bertrand Lemieux, une firme de génie-conseil de Québec, la firme torontoise James F. MacLaren, spécialisée en génie municipal et MacLaren Plansearch, rattachée au domaine des océans et des opérations en mer. En 1981, Lavalin stabilise sa présence sur la côte du Pacifique en achetant King Murphy & Associés, une société à l'œuvre dans le domaine des usines de sciage et des systèmes de manutention générale du bois.

Ces nouveaux arrivés se sentent perdus chez Lavalin. Habitués à une direction décentralisée et démocratique, ils sont parachutés dans une entreprise où la fin justifie les moyens: le meilleur homme à la meilleure place, peu importe ceux qu'il faut bousculer pour atteindre ce but. Les décisions sont prises rapidement, avec un minimum d'informations sur le pourquoi et le comment des choses. Chez Lavalin, c'est «un boss», Bernard Lamarre, qui décide, avec son intuition.

Les acquisitions engorgent la procédure comptable. La centralisation de la facturation, par exemple, occasionne de graves problèmes. Les factures ne partent plus. Les clients eux-mêmes se plaignent de ne pas les recevoir. Ceux qui les reçoivent ne les comprennent pas. La compagnie vit une crise de croissance très grave. Avec le nombre élevé d'acquisitions et la disparité des systèmes de comptabilité, on est constamment en retard pour produire les états financiers. Quand l'année financière se termine au mois d'août et que les états financiers préliminaires ne sont pas prêts avant Noël, il est bien difficile de gérer efficacement.

André Marsan ne s'est jamais accoutumé à l'envahissement qui a suivi les grandes acquisitions, même s'il s'est habitué à la dizaine de chiffres qu'il lui faut composer pour placer un appel interurbain! En outre, le patron est devenu inabordable. Les nouveaux gestionnaires qui ont fait irruption chez Lavalin, depuis 1980, se sont comportés en véritables conquérants. Ils ne sont pas ingénieurs et n'offrent aucune compétence réelle pour la bonne marche d'un bureau de génie-conseil traditionnel. Pourtant, certains peuvent retenir toute l'attention de Bernard Lamarre au point où les anciens, comme lui, se sentent exclus, ayant peur de le déranger. L'arrivée de ces nouveaux venus qui accaparent souvent les premières places est démoralisant pour ceux qui attendent patiemment leur tour.

Bernard Lamarre a aussi fait beaucoup de place à sa famille et à ses frères en particulier. Pierre a préféré le quitter pour créer sa propre entreprise, mais il y a Jacques, l'associé, et Louis que Bernard a laissé à Paris pour y représenter Lavalin pendant plusieurs années. La présence de Louis, le hippy en manches de chemines, comme certains se plaisent à le surnommer en raison de son allure un peu gauche et débraillée ainsi que de sa diction un peu molle, déclenchait des sentiments partagés dans les salons parisiens. Bernard ne semblait pas s'en apercevoir ou refusait de l'admettre. Toujours est-il qu'après l'avoir remplacé là-bas par Yves Bérubé, l'ex-ministre péquiste, un autre parachuté de dernière heure, il a confié à Louis un secteur d'avenir: Lavalin Aviation. C'est aussi son beau-frère Jean-Marc Dumas, l'époux de sa sœur Suzanne et spécialiste en radiologie, qui dirige l'hôpital Bellechasse à Montréal.

Ses propres enfants prennent aussi de plus en plus d'importance. Bernard Lamarre voulait que trois des sept deviennent ingénieurs. Sa fille Michèle ne s'est pas fait prier. Elle a même obtenu un doctorat en ingénierie de l'Université Stanford en Californie. Avec Philippe et Jean, ce fut plus compliqué. Lorsque Philippe lui a annoncé qu'il voulait devenir historien, la réaction de Bernard a été immédiate: «Voyons, l'histoire, ce n'est pas notre branche. Nous avons un bureau d'ingénieurs, franchement. Deviens ingénieur, ensuite, tu seras historien.» Philippe l'a écouté et travaille maintenant dans l'entreprise. Jean, son plus vieux, n'en a fait qu'à sa tête. Il est devenu administrateur après avoir effectué un baccalauréat en commerce à l'École des HEC. Bernard Lamarre aurait voulu insister, mais la crainte de commettre la même erreur que son beau-père, Jean-Paul Lalonde, envers son fils qui s'est finalement suicidé, l'a retenu. Père et fils filent maintenant le parfait bonheur même si Jean continue en public à désigner son père par l'appellation «monsieur Lamarre» comme s'il lui était parfaitement étranger. Bernard est bien fier de son aîné qui a épousé une demoiselle de Chicoutimi, née comme lui sur la rue Bossé Ouest et qu'il a connue dans l'entreprise. Jean fait d'ailleurs l'objet d'une surveillance constante de la part des employés. Si, par hasard, il rit fort et aux éclats, il est tout de suite soupçonné de vouloir imiter son père.

Tous ces nouveaux arrivés prennent de plus en plus de place chez Lavalin et réussissent facilement à monopoliser l'attention du patron. Lui, André Marsan, en souffre. Il est certain que l'entreprise en souffre aussi. On ne peut avoir la même discussion sur l'environnement avec un Marcel Dufour, un Jacques Lamarre ou un Armand Couture – même si ce dernier s'est pourtant sensibilisé davantage à ce secteur au cours de la réalisation du projet de la baie James – qu'avec un Bernard Lamarre. Quand on l'a côtoyé pendant si long-temps, c'est comme si on ne pouvait plus s'adresser à un autre: «Quand on a connu un grand homme, tous les autres semblent petits.»

André Marsan aime profondément son patron. Il admire son charisme, son intelligence, sa capacité de travailler sans relâche, son attitude détendue, son air rieur et son absence de mesquinerie. Ces qualités de bourreau de travail restent pour André Marsan un mystère! Il apprécie par-dessus tout la sensibilité sociale et l'ouverture d'esprit dont le président de Lavalin à toujours fait preuve. S'entretenir d'un problème avec Bernard Lamarre, c'est comme recevoir une piqûre de dynamisme car pour celui-ci, il n'y a jamais de problèmes, il n'y a que des solutions. D'être maintenant éloigné de son patron a blessé l'amour-propre du fidèle employé. Il ne comprend plus Bernard Lamarre. Aux réunions mensuelles des cadres, il cherche en vain, dans les discours du président, les signes d'une sensibilité toujours présente à l'environne-ment. Peine perdue! «Trouvez des contrats! Faites-vous payer!» Ou encore: «Un bon service est un service payé.» Telle est devenue sa rhétorique.

André Marsan sait que sa filiale a généré des profits, mais

il est incapable de dire si les quatre actionnaires, Bernard Lamarre, Armand Couture, Marcel Dufour et Jacques Lamarre, sont ou non millionnaires[2]. Contrairement aux attentes de plusieurs, il soupçonne Lavalin de ne pas toujours rouler sur l'or. À deux reprises, depuis 1980, les vérificateurs ont confirmé que l'entreprise n'a réalisé aucun profit sur l'ensemble de ses activités. Mais c'est tout ce qu'il peut avancer car les bilans de Lavalin restent un secret bien gardé.

En raison de son poste de directeur, chaque année il avait droit à un pourcentage des profits de la filiale qu'il dirige. Mais les règles du jeu ont changé du jour au lendemain, et ce, sans consultation. En 1980, la direction a décrété que les affiliés toucheraient dorénavant un montant forfaitaire sur l'ensemble des profits d'exploitation de la compagnie Lavalin inc. Il a eu tort de croire que la modification pourrait lui être avantageuse. «Maudit Bernard, il nous coûte cher. On n'a pas de profits, mais sa galerie de tableaux prend de la valeur», entendait-il dire autour de lui. André Marsan n'avait pas besoin d'une toile d'art abstrait sur le mur de son bureau pour trouver la stimulation pour travailler. Il était bien plus important, à ses yeux, que ses employés puissent obtenir des augmentations salariales.

Ainsi, il aurait préféré ne pas emménager au nouveau siège social situé au 1100, boulevard René-Lévesque. Payer vingt dollars le pied carré pour l'espace qu'il occupe dans cet édifice alors que ses compétiteurs en environnement se logent ailleurs, pour trois fois moins, lui paraît inacceptable. Il trouve aussi injuste que les coûts de Lavalin International soient assumés par toutes les filiales. La prospection internationale coûte cher. Décrocher des contrats en environnement qui sont, par définition, de petits contrats n'intéresse pas les représentants de Lavalin à l'étranger!

La plus grande déception d'André Marsan est de n'avoir pas réussi à transformer les mentalités. Il aurait voulu que Lavalin devienne un leader en environnement. Une compagnie comme celle-là constitue une force politique qui peut réaliser de grandes choses si elle est bien guidée: «Il me semble que cela irait très bien avec l'image de la compagnie», avait-il précisé à Bernard Lamarre à plusieurs reprises.

Ce qu'il voit maintenant autour de lui l'inquiète au plus haut point, particulièrement l'acquisition des installations de l'ancienne raffinerie Gulf de Montréal. Étudiant, il y avait travaillé à ramasser les résidus d'huile et les déchets pour les enfouir dans un dépotoir sur le terrain même de la raffinerie: «N'achète pas ça, Bernard. Tu hypothèques le futur de Lavalin. Shell a été poursuivie pour des milliards aux États-Unis parce qu'elle a contaminé une nappe souterraine. On n'achète pas un dépotoir, une "dump", sans savoir ce qu'il y a dedans. Ultramar veut s'en débarrasser comme du diable.»

Le président de Lavalin n'a pas écouté ses conseils. Cet emplacement d'élimination des déchets domestiques et pétroliers fait maintenant partie de ses propriétés. Pour toute consolation, André Marsan sait que Lavalin est allé chercher quinze millions de Kemtec, au cas où elle aurait un jour à dépolluer la zone contaminée. Avec la présence de ce terrain pollué et l'acquisition d'une entreprise polluante, Marsan risque de se retrouver au milieu d'une controverse où il aura à choisir entre sa conscience environnementale et sa solidarité corporative. Son intégrité en souffre.

Il avait pourtant réussi, quelques mois plus tôt, à engager Lavalin dans des secteurs de pointe, tels la recherche et le développement. Il avait obtenu pour ce faire l'aide de Bernard Coupal, son bras droit chez André Marsan & Associés, et de Jean Lamarre, le fils de Bernard. Tous trois n'avaient pas eu trop de mal à convaincre Bernard Lamarre. Il figure parmi ceux qui déplorent souvent le peu de fonds consacrés à la recherche au Québec, une situation qui nuit selon lui au développement de la province. Jean l'a souvent entendu dire: «Il faudrait qu'un jour le Québec soit assez fort pour que la péréquation soit à l'envers. Qu'on ne soit plus en train de quémander d'Ottawa. Que nous soyons ceux qui parlent, qui donnent et puis ceux qui luttent pour en donner le moins

*Bernard Lamarre et son fils, Jean.*

possible. Toujours se demander si l'Ontario en a assez donné est une attitude de pays conquis dont il faut absolument se débarrasser.»

L'objectif était d'acquérir des participations minoritaires dans divers projets de haute technologie que Lavalin pourrait commercialiser par la suite. André Marsan avait trop vite conclu à un feu vert de la part de Bernard Lamarre.

L'engouement des Québécois pour les investissements dans le Régime d'épargne-actions au Québec rendait possible une émission publique. Les firmes de courtage se battaient littéralement pour lancer ces émissions: «C'est facile, allez-y», lui avait affirmé un représentant de McLeod Young Weir. Le prospectus avait été préparé rapidement sans que les projets mentionnés fassent l'objet d'un examen approfondi. En investissant deux millions de son propre argent, Lavalin s'était retrouvée avec une émission d'actions dans Lavalintech à cinq dollars l'unité, lancée le vingt-trois décembre 1985, et dix millions de plus dans ses coffres. Les dirigeants de Lavalin avaient tellement d'autres chats à fouetter, à ce moment-là, que la transaction était passée presque inaperçue. Le problème de créances impayées en Algérie, la réalisation du toit du Stade olympique pour laquelle sa filiale Socodec venait de signer un contrat clé en main, les négociations secrètes pour l'acquisition de la raffinerie Gulf et, enfin, le refus du président de Bombardier, Laurent Beaudoin, de s'associer pour acheter la société ontarienne UTDC, constituaient des préoccupations plus urgentes.

Lorsqu'il s'était décidé à regarder de plus près dans les coffres de Lavalintech, quelques mois plus tard, Bernard Lamarre avait éprouvé tout un choc! La caisse s'était vidée à un rythme inquiétant. La moitié de l'émission était déjà engagée dans des projets qui ne lui disaient rien qui vaille. Le seul projet qu'il trouvait intéressant, une déchiqueteuse pour le bois, venait d'être interrompu par le décès du promoteur, le président de sa filiale de Colombie Britannique, King Murphy, tué dans un accident d'automobile.

Lui qui déteste avoir des comptes à rendre s'imaginait déjà dans l'obligation d'expliquer, à des milliers d'actionnaires en colère, ce qu'il était advenu des fonds de Lavalintech. Avant de laisser tout l'argent disparaître, il décrète un gel sur les dépenses. L'argent en banque était là pour y rester. La dernière chose dont Lavalin avait besoin était un échec à la Bourse, surtout que Bernard Lamarre avait l'intention de lancer d'autres émissions publiques dans un proche avenir.

Du jour au lendemain, André Marsan ne comprend plus rien. Toutes ses propositions d'investissements se voient refusées et il n'y a aucun moyen d'en discuter. Le nouveau responsable de Lavalintech, Guy Laberge, se contente de dire non. Marsan se sent impuissant et découragé. Il considère comme une faillite totale sa tentative de sortir Lavalin des secteurs traditionnels comme ceux des raffineries pour la projeter dans des secteurs de pointe. Toutes ses illusions concernant la volonté de Lavalin de s'engager à fond en environnement se sont envolées. Démissionner est devenu pour lui la seule solution honorable.

C'est la lettre de démission d'André Marsan que Gisèle Dupont apporte à son patron Bernard Lamarre qui ne soupçonne rien de la détresse de ce dernier. À la lecture du message, le président de Lavalin bondit sur sa chaise. Il n'en croit pas ses yeux. André Marsan fait partie de Lavalin, c'est impensable qu'il s'en aille. Grâce à ses études d'impact en environnement, il est responsable de la lancée de l'entreprise sur la route de l'aluminium. C'est lui qui leur a fait obtenir la construction de l'usine Alcan à Grande-Baie. Il est le premier à reconnaître ses talents et il se refuse à le voir partir. Optimiste quant à ses chances de lui faire changer d'idée, il demande tout de suite à sa secrétaire de lui téléphoner pour l'inviter à dîner en son nom, le lendemain soir, au Beaver Club.

André Marsan comprend tout de suite l'état d'âme de Bernard Lamarre lorsqu'il voit son patron déposer bien en évidence sa lettre de démission sur la table. C'est le signe

*André Marsan.*

qu'il peut la reprendre: «Écoute, André, veux-tu de l'argent?

— Ce n'est pas de l'argent que je veux. Pour moi, c'est terminé. Je ne pense pas que je vais trouver ce que je cherche chez Lavalin.»

André Marsan explique de son mieux les raisons de son

départ. En quittant le restaurant, Bernard Lamarre reprend la lettre de démission.

Quelques jours plus tard, Marsan reçoit une lettre de recommandation suivie d'un post-scriptum: «Il peut revenir en tout temps et nous espérons qu'il reviendra.»

Même s'il n'est plus chez Lavalin, André Marsan continue à s'inquiéter lorsqu'il apprend que Lavalin a puisé un million dans les fonds de Lavalintech, pour acheter l'éolienne de Cap-Chat. Pour lui, l'éolienne, construite avec 35 millions des fonds publics, a perdu ses possibilités d'avenir avec la baisse du prix de l'énergie[3]. Lavalin s'était retrouvée avec cette éolienne non complétée, en 1982, lors de l'achat du Groupe Shawinigan. Hydro-Québec et le Conseil national de recherche du Canada (CNRC) ne voulaient plus la terminer. Bernard Lamarre avait suggéré: «Donnez-nous les sept millions qui restent dans la cagnotte et nous allons finir le projet.» Il en avait confié la réalisation à son expert Normand Morin qui avait trouvé le moyen de la faire se tenir debout avec ses 115 mètres de hauteur. «Toutes les grandes éoliennes au monde se sont effondrées. La seule qui tienne encore debout, c'est la nôtre», déclarait-il avec fierté[4]. Une fois l'éolienne en rotation, Bernard avait demandé à Guy Laberge, devenu responsable de Lavalintech: «Veux-tu examiner la possibilité pour Lavalintech d'acheter l'éolienne pour un million et de l'exploiter?»

Si l'éolienne était rentable, pourquoi Lavalin ne l'a-t-elle pas gardée dans ses actifs? Cela reste un mystère pour André Marsan[5]. Des mystères, il s'en trouve bien d'autres dans l'entreprise, car le succès de Lavalin n'est pas toujours explicable. Le hasard joue souvent en faveur de Bernard Lamarre qui sait comment lui donner un coup de pouce; mais si les amitiés qu'il crée lui rapportent des faveurs, elles peuvent aussi amener des retombées fort désagréables.

*Éolienne de Cap-Chat, Québec.*

## RÉFÉRENCES DU CHAPITRE 14

1. Pierre Gingras,«Lavalin acquiert Shawinigan Engineering», *La Presse*, 25 novembre 1981. Annonce d'une entente de principe. Le Groupe Shawinigan a des bureaux à Calgary, à Vancouver et à Dartmouth en Nouvelle-Écosse. Il possède aussi une pièce de grande valeur pour l'échiquier ontarien dont Lavalin peut s'enorgueillir: c'est Warnock Hersey, fondée il y a près de cent ans et spécialisée dans le domaine des essais et de l'inspection. La firme est implantée dans plus de 40 États américains. Elle inspecte et vérifie la qualité des produits pour le compte de quelque 600 usines de fabrication.

2. Gilles Des Roberts, «Les principales fortunes privées du Québec», *Les Affaires +*, août 1990. Dans une liste qui contient supposément le nom des Québécois possédant des actifs d'au moins 50 millions, Bernard Lamarre se classe au 13e rang sur 30 avec un actif évalué à 75 millions.

3. L'éolienne, désignée sous le nom d'Éole, dieu du vent, fonctionne en mode automatique et s'ajuste, sans intervention humaine, aux fluctuations du vent pour produire de l'électricité.

4. Anne Gardon, «Normand Morin, technicien par excellence», *Commerce*, décembre 1989.

5. Article non signé publié dans «Nouvelles financières», «Lavalintech veut se racheter», *La Presse*, 5 avril 1990. Le conseil d'administration veut racheter 10% des actions en circulation. Il estime que ces titres sont sous-évalués sur le marché et leur rachat constituerait une utilisation pertinente des fonds de la société.

**Chapitre 15**

# LE BOOMERANG
# DE L'AIDE AUX AMIS!

Pendant les trente années qu'il vient de passer aux commandes de Lavalin, Bernard Lamarre a précisé sa définition de l'amitié. Il est d'avis que l'on ne force pas la nature et que, par conséquent, les amitiés ne peuvent se créer sur commande. Le temps est aussi trop précieux pour le perdre avec des gens qui ne peuvent rien nous apporter. Dans la vie, c'est donnant donnant et ceux qui ne l'avouent pas sont des menteurs.

L'appui d'amis bien placés a donné à Lavalin la chance de se démarquer par rapport aux autres compagnies et de prendre une longueur d'avance. C'est sa firme que l'on choisit lorsque survient une catastrophe. C'est Bernard Lamarre que les gouvernements consultent pour tester leurs politiques et que les chefs invitent à leur table.

Les contrats préférés de Lavalin sont ceux de dernière minute où il n'y a pas de compétiteur: un entrepôt de BPC qui brûle à Saint-Basile-le-Grand, un pont qui s'écrase, une explosion dans le pont-tunnel Louis-Hippolyte-Lafontaine. Ces circonstances particulières où il faut de la compétence et où le gouvernement paie les factures les yeux fermés.

«Saint-Basile: la facture s'élève maintenant à plus de 36 millions et c'est pas fini. Québec a déjà versé près de sept millions à la compagnie Sanexen-MacLaren – MacLaren est une filiale de Lavalin – pour la restauration de cet emplacement, dont 55 000$ en intérêts pour le retard dans le paiement des factures[1].»

Lavalin se vante aussi de pouvoir exploiter l'hôpital Bellechasse de Montréal à meilleurs coûts que le gouvernement. Pourtant, une enquête menée par un journaliste révèle qu'il n'en est rien: «Cet hôpital privé offre en réalité moins de services qu'un hôpital public, pour un budget comparable. Le surplus dégagé chaque année, soit au moins un million, sur un budget de seize millions, ne provient pas d'une bonne gestion, mais du fait que l'établissement reçoit un fort budget pour les services qu'il offre à la population[2].» En fait, l'opération est tellement rentable que, pour diminuer ses impôts, Lavalin loue l'hôpital à prix fort à la Corporation qui gère l'établissement. À défaut d'investir dans de nouveaux équipements, c'est la seule façon, note le journaliste, «de réduire le surplus». Étant donné que le gouvernement provincial paie sans jamais poser de questions, l'opération est sans risques; 93% du budget d'exploitation provient du ministère de la Santé et des Services sociaux et le reste est défrayé par les bénéficiaires.

Les amitiés cultivées par Bernard Lamarre lui permettent également de faire étalage de sa générosité: lorsqu'il aperçoit son *alma mater*, le collège Mont-Saint-Louis, à l'abandon, il passe à l'action. Après avoir tenté en vain d'inciter Guy Legault, de la ville de Montréal, à l'acheter, il fait pression sur le ministre de l'Éducation, Claude Ryan. L'ancien collège est racheté par la ville. Lavalin gère le contrat de conversion du bâtiment en un bloc de 106 condominiums haut de gamme[3]. On apprend que la réfection qui devait coûter douze millions en coûtera vingt. «Un scandale!», crie la Coalition démocratique de Montréal.

Pour tisser cette toile d'appuis, le président de Lavalin a engagé non seulement d'anciens ministres, mais il a pigé aussi dans leur personnel en embauchant leurs adjoints et leurs chefs de cabinet. Il a misé sur la peur du lendemain qui frappe la plupart de ceux qui se lancent dans cette avenue incertaine qu'est la politique en leur offrant une solution de rechange. Les députés et leur entourage y pensent maintenant à deux fois avant de refuser d'aider Lavalin.

Toutefois, au début de 1986, Bernard Lamarre n'est pas sans remettre en question cette stratégie qui l'a toujours bien servi. Tout se passe en effet comme si le destin s'acharnait à vouloir lui faire payer cher son amitié avec Marcel Masse.

Après avoir fait la pluie et le beau temps chez Lavalin, au point que tous les associés refusaient d'approuver ses comptes de dépenses, Marcel Masse a réussi sa rentrée en politique en septembre 1984, avec les conservateurs de Brian Mulroney. Nommé ministre des Communications du Canada, il prouve rapidement qu'il n'a pas l'intention de renier son ancien patron. Il fait d'ailleurs suer quelques fonctionnaires en insistant pour que le nom de Lavalin soit mentionné dans un communiqué publié par le ministère des Communications, annonçant son départ pour l'Algérie: «L'Algérie est le partenaire économique le plus important du Canada en Afrique. Dans ce contexte, monsieur Masse aura l'occasion d'évoquer d'autres dossiers tel que celui de l'amiante, dont le Canada est le principal fournisseur. Le ministre abordera également les projets de la société Lavalin. Cette entreprise canadienne s'est associée à d'ambitieux projets en Algérie au cours des dix dernières années et espère continuer à jouer un rôle important dans le développement de ce pays[4].» Bernard apprécie cette aide de Marcel Masse pour activer le règlement de créances qui traînent avec le gouvernement algérien.

Les deux hommes restent en contact régulier, installant même une ligne téléphonique directe entre leurs deux bureaux. Un jour que Marcel Masse fait une escapade à New York pour quelques jours, c'est à Bernard Lamarre que l'on téléphone du bureau du premier ministre pour savoir où l'oiseau s'est envolé. On connaît les vieilles habitudes du patron de Lavalin qui insiste pour pouvoir rejoindre ses employés en tout temps, même pendant les fins de semaine. Cela fait partie de la discipline Lavalin que de toujours rapporter ses déplacements.

258

PHOTO: CANAPRESS PHOTO SERVICE

*Marcel Masse lors de son retour triomphant à la Chambre des communes, le 28 novembre 1985, après l'enquête de la GRC.*

Tout à coup, mauvaise nouvelle! La Gendarmerie Royale du Canada enquête sur les dépenses engagées par l'organisation de Marcel Masse pendant la campagne électorale de 1984 et découvre que Lavalin a violé la loi. Pour la première fois, la compagnie paye publiquement pour l'amitié du patron avec Marcel Masse. L'acte d'accusation stipule que le vingt-sept août 1984, Lavalin, n'agissant ni comme agent officiel ni comme intermédiaire de cet agent, a versé 1 455,68 $ à Marthe Lefebvre, organisatrice pour la campagne électorale de Marcel Masse. Deux semaines après l'élection, Lavalin a de nouveau versé 592 $ à cette même personne. En mai 1985, soit huit mois après les élections, Lavalin a remis 1 456,58 $ à Voyages Eaton de Montréal, toujours pour payer des dépenses survenues pendant la campagne électorale. Lavalin plaide coupable. Le juge condamne l'entreprise à trois amendes totalisant 2 400 $[5].

Pour une firme qui dépense quinze millions par année en achat de billets d'avion et cinq millions en interurbains, les montants en cause sont dérisoires. Mais la loi c'est la loi! Lavalin l'a violée et doit payer[6].

Trois ans plus tard, elle paye de nouveau. Lavalin fait encore une fois la une des journaux à propos de Marcel Masse. Le journaliste Michel Vastel du *Devoir* ressuscite toute l'affaire en publiant la lettre que le commissaire aux élections a fait parvenir au ministre Masse à la suite de l'enquête sur les dépenses électorales. Toute la population canadienne apprend que Marcel Masse s'est rendu coupable d'une infraction, mais qu'il n'a pas été poursuivi. Le commissaire a jugé que la faute commise ne justifiait pas la «nature draconienne de la pénalité qui lui serait imposée».

Marcel Masse s'en sort la tête haute: toute l'affaire tourne en queue de poisson puisque la GRC refuse d'ouvrir les dossiers contenant les preuves de l'infraction et que, de toute façon, le délai de poursuite est expiré. Pour Lavalin, toute l'affaire mine encore sa crédibilité. Les journaux du Canada anglais sautent sur l'occasion pour attribuer les succès de l'entreprise à ses relations politiques, même si Marcel Masse se porte volontiers à sa défense: «Je ne comprends pas pourquoi Lavalin serait pénalisée sous prétexte que j'ai travaillé pour elle. Je ne comprendrais pas plus pourquoi Bell Canada ne pourrait faire affaire avec le ministère des Communications que je préside, parce que j'aurais travaillé pour eux.» L'épisode n'assombrit pas ses relations avec Bernard Lamarre.

Mais un autre incident intervient encore une fois dans leur amitié. Tout commence par une déclaration de Marcel Longtin, président du Syndicat des fonctionnaires du ministère fédéral de l'Énergie: «Le ministre Marcel Masse a été vice-président de Lavalin et il veut maintenant transférer un centre de réputation internationale à son ancien patron. Nous ne permettrons pas que le gouvernement dilapide un service qu'il a mis quarante ans à construire avec l'argent des contribuables. Le service canadien de cartographie qui emploie 1300 personnes est le plus réputé au monde[7].»

L'intérêt de Lavalin pour ce service a surgi un peu par hasard. Le Conseil du Trésor, dirigé par Robert René de Cotret, a approché la firme à l'automne 1986 pour savoir si elle était intéressée. Bernard Lamarre a trouvé l'idée excellente puisqu'elle offrait la possibilité d'acquérir une expertise instantanée dans un domaine d'avenir. Lavalin compte déjà une filiale, Photosur, spécialisée dans la photographie aérienne et la géophysique aéroportée à partir de données recueillies par satellites. Cette acquisition augmenterait son expertise. Plusieurs pays veulent des cartes topographiques de leur territoire.

La divulgation prématurée du plan de privatisation et surtout l'allusion à l'implication de Marcel Masse dans le dossier se révèlent catastrophiques. Pour le syndicat, c'est la meilleure arme. Le gouvernement conservateur est tellement embourbé dans toutes sortes de scandales depuis son élection en septembre 1984, scandales qui ont entraîné la démission de plusieurs ministres, qu'il ne voudra pas en ajouter.

Bernard Lamarre a raison de craindre la réaction du gouvernement. La suite des événements lui donne raison.

«Lavalin est prête à s'associer au gouvernement sur la base d'un projet conjoint. Nous cherchons à établir de bonnes relations avec le personnel partout où nous achetons», déclare Bernard Lamarre au cours d'une conférence de presse à Montréal convoquée spécialement pour rassurer les parties. Le président du Conseil du Trésor, Robert René de Cotret, ne veut rien entendre. Il ferme le dossier la journée même en déclarant: «Je dis carrément qu'on a eu des discussions qui étaient uniquement exploratoires. Il n'y a jamais eu de négociations, il n'y a jamais eu de contrats, il n'y a jamais eu de tentatives de contrats.»

Bernard Lamarre soupçonne le ministre René de Cotret d'avoir peur, mais peur de quoi, des réactions de ses collègues anglophones? Il se demande si Marcel Masse n'a pas raison d'affirmer: «Il y a chez certains, et particulièrement au Canada anglais, un côté mesquin qui les porte à croire que le succès de Lavalin vient du fait qu'elle obtient des contrats par manœuvres politiques et non pas par compétence. C'est une façon pour eux d'expliquer leur propre échec, de montrer pourquoi ces "frogs" réussissent.»

Même si Bernard Lamarre ne peut confirmer ses soupçons, la chose lui semble évidente. Finalement, bon joueur, il choisit de ne pas en faire un drame. Après tout, il n'aurait pas été de tout repos d'intégrer 1300 employés syndiqués dans son organisation.

Toutefois, l'incident le fait réfléchir, il se demande si sa stratégie d'embaucher des ex-politiciens n'est pas en train de se retourner contre lui. Les allusions constantes à son amitié pour Marcel Masse commencent, en tout cas, à l'agacer sérieusement. Il se rend bien compte qu'elles fournissent à ses compétiteurs des excuses pour l'attaquer publiquement.

Il en a la preuve quelques mois plus tard. La directrice de CADAPSO, une association d'Ottawa œuvrant dans l'informatique, Mme Fruji Bull, ameute toute la communauté d'affaires en expédiant une lettre à plusieurs ministres pour dénoncer le choix de la filiale de Lavalin, Fenco, pour l'installation d'un système de communications confidentielles reliant le ministère des Affaires extérieures à Ottawa avec ses bureaux et ambassades à travers le monde, un contrat de 150 millions. «Cette firme d'ingénieurs ne possède aucune expérience dans les systèmes informatiques requis par le gouvernement[8].»

Surpris par l'attaque, Bernard Lamarre ne réagit pas car il n'est pas inquiet outre mesure de ces accusations de favoritisme dans l'octroi du contrat, pas plus que de l'ouverture d'une enquête par la GRC quelques jours plus tard. Fenco-Lavalin a été approchée pour soumissionner ce contrat par Honeywell, une compagnie américaine qui souhaitait se donner une façade canadienne pour la partie électronique. Fenco-Lavalin s'est montrée astucieuse en approchant à son tour Canac Telecom, une filiale du Canadien National, pour la programmation. Bernard Lamarre a présumé que la participation de Canac Telecom dans le groupe rassurerait les décideurs du ministère des Affaires extérieures. Quoi de plus sécurisant pour des fonctionnaires que de traiter avec d'autres fonctionnaires! Surtout que ses compétiteurs Systemhouse et DMR possédaient peut-être de sérieux handicaps. L'un d'eux venait d'embaucher l'ex-sous-ministre des Approvisionnements et Services, Ray Hession, ce qui incite les fonctionnaires à s'éloigner afin de ne pas être accusés de conflits d'intérêts. L'autre s'était, paraît-il, associé à une compagnie ayant la réputation d'avoir des espions partout. Mauvais signe pour traiter avec les Affaires extérieures.

Le président de Lavalin gagne et madame Fruji Bull perd la face: la GRC conclut qu'aucune irrégularité n'a entaché le processus de soumissions. Les plaintes reçues étaient non fondées[9]. La réaction de ses compétiteurs continue à agacer Bernard Lamarre. Jamais il n'aurait cru qu'ils iraient aussi loin.

Bernard Lamarre admet qu'il a des contacts politiques. Telle une araignée, il a patiemment tissé une toile qui recouvre le Québec et même le Canada tout entier. Elle est faite d'amis, de gens qui ont déjà travaillé pour lui, d'autres qui espèrent joindre un jour le giron Lavalin. Ce sont tous ces collaborateurs reconnus ou méconnus qui lancent, au cours d'une réunion quelconque, sans crier gare: «Pourquoi ne pas vous adresser à Lavalin?»

Cette toile lui permet de faire nommer ses experts au sein d'organismes ou d'associations de grande envergure. Ses amis haut placés, y compris Marcel Masse, lui donnent pour ce faire un précieux coup de main. Ainsi, le président de Fenco-Lavalin, René Cayer, s'est vu confier le mandat d'examiner les perspectives de développement des technologies de l'hydrogène au Canada. Le ministre des Communications n'a eu aucun scrupule non plus à nommer le représentant de Lavalin à Ottawa, Pierre Camu, président de l'Agence de surveillance du secteur pétrolier. C'est Bernard Lamarre lui-même qui a pressé Pierre Camu d'accepter l'offre de Marcel Masse, allant même jusqu'à réduire sa semaine de travail pour qu'il puisse exercer ses nouvelles fonctions: «Monsieur Camu, Marcel Masse va vous téléphoner pour vous offrir quelque chose. Je pense que vous devez accepter parce que c'est, à mon avis, important que nous nous engagions en tant que francophones[10].»

Ces nominations font maintenant partie du quotidien du président de Lavalin. Il a cessé depuis belle lurette de se préoccuper à leur propos des qu'en-dira-t-on. À l'occasion d'ailleurs, elles masquent seulement un souci de sa part de se débarrasser élégamment d'un employé encombrant. Pour ne pas froisser son orgueil et ne pas s'en faire un ennemi, il s'assure qu'un titre ronflant est rattaché à la position offerte.

Bernard Lamarre ne perd jamais de temps à se demander si des nominations pour les siens alimenteront les conversations dans la capitale nationale et cette fois-ci, à propos de Pierre Camu, encore moins: un peu contre son gré, il s'est encore engagé dans une nouvelle aventure, cette fois pour venir en aide au gouvernement conservateur.

Lors de l'élection partielle dans la circonscription fédérale de Saint-Maurice, les organisateurs de ce parti voulaient, à tout prix, voir leur candidat remporter la victoire contre le successeur de Jean Chrétien. Ils étaient persuadés que la réouverture de l'usine Carbure Shawinigan, fermée depuis deux ans, améliorerait grandement leurs chances. L'usine employait 400 travailleurs avant sa faillite.

Lorsqu'ils avaient approché Bernard Lamarre afin de vérifier son intérêt pour le projet, ils l'avaient trouvé peu enthousiaste. Celui-ci avait gardé une mauvaise impression de l'usine lorsqu'il était allé la visiter avec son épouse, par un beau dimanche après-midi ensoleillé. Louise avait détesté l'endroit. Tout enduit de suie noire, le bâtiment lui était apparu lugubre et sans avenir. Marcel Dufour et Armand Couture étaient aussi contre l'idée d'investir deux millions dans un tel projet.

Sa première réaction fut donc de répondre non. Toutefois, comme Bernard Lamarre mesure toujours avec soin l'impact d'une décision négative, il se ravisa. Politiquement, un oui ne risquerait jamais de l'embarrasser tandis qu'un non pourrait lui créer des embûches. Il était sur le point de recevoir une subvention d'Ottawa pour remettre en marche les installations du complexe pétrochimique de Gulf à Montréal. C'était précisément Michel Côté, devenu ministre de l'Expansion industrielle régionale, qui était l'organisateur des élections dans Saint-Maurice et il était aidé par Marcel Masse...

Lavalin devait accepter pour une autre raison également. La firme avait réalisé, à la demande du Commissariat industriel de la Haute-Mauricie, une étude au coût de 275 000 $ confirmant le potentiel de rentabilité de l'usine. Les experts de Lavalin avaient conclu à une très forte demande pour les produits suivants: le gaz d'acétylène et le noir d'acétylène, utilisés principalement dans la fabrication de piles. Cette opinion d'experts avait impressionné la compagnie Graybec, un fournisseur de chaux dont Carbure Shawinigan était le meilleur client. Le carbure est produit avec un mélange de chaux et de charbon chauffé à haute température. Le président de Graybec, Gilles Boyer, désireux de mousser ses ventes, voulait bien retrouver la clientèle de l'usine. Il avait lancé un ultimatum aux membres du comité qui luttait pour sa réouverture: «Si Lavalin trouve le projet intéressant à ce point, qu'elle le prouve et s'associe avec nous. Notre condition première pour investir est que Lavalin dise oui.»

Un troisième élément qui incitait Bernard Lamarre à céder était cette certitude d'obtenir le contrat de douze millions pour moderniser l'usine. Les contrats de cette importance ne courent pas les rues au Québec et lorsqu'il s'en présente un, Lavalin l'examine avec soin.

La bonne nouvelle fut annoncée quelques semaines avant l'élection partielle. L'intervention de Lavalin et sa réputation avaient redonné confiance aux fournisseurs, aux banquiers et aux employés. L'usine rouvrit ses portes sous le nom de Shawbec et obtint les subventions promises.

Vingt mois plus tard, c'est l'échec. Les investisseurs apprennent que Socodec, filiale de Lavalin, a failli dans sa tentative de moderniser l'usine. Elle a installé de la machinerie de l'an 2000 dans une usine qui date du début du siècle et a raté son coup[11]: «Socodec a refait le bâtiment administratif, acheté une bouilloire au coût de 500 000 $ pour aider la fournaise et dépolluer l'usine. Elle a aussi installé des convoyeurs pour l'alimentation des matières premières, mais Socodec a oublié des choses fondamentales. Les experts n'ont pas prévu la condensation qui s'est formée dans la chute d'alimentation et qui empêche la chaux de tomber régulièrement. Une ensacheuse automatique dernier cri, achetée en Allemagne pour 550 000 $, gît encore dans sa boîte dans un coin de l'usine[12]», écrit le président de Shawbec, Pierre Poulin, à François Dionne, directeur du projet chez Socodec.

Les prévisions de ventes ne se sont pas réalisées non plus. Shawbec n'arrive pas à écouler sa production. Ses anciens clients se sont tournés vers d'autres fournisseurs lorsque l'usine a fait faillite en 1984. Les experts de Lavalin n'ont pas prévu que la reconquête des marchés serait aussi difficile.

Quelques semaines plus tard, Bernard Lamarre reçoit de la visite: «Nous sommes fatigués de mettre de l'argent. Ou bien vous en mettez vous aussi, ou bien nous lâchons», de déclarer le représentant de Graybec.

Pendant qu'une équipe de Lavalin réfléchit à la possibilité d'investir de nouvelles sommes, le ministre de l'Environnement du Québec, Clifford Lincoln, vient tuer le projet: Shawbec fait partie de la liste noire des industries qui doivent cesser de polluer d'ici cinq ans. Bernard Lamarre se souvient des avertissements d'André Marsan à propos du danger pour Lavalin d'associer son nom à des industries polluantes: «Que le diable emporte Shawbec.» Plusieurs petits entrepreneurs de la Mauricie apprennent à leurs dépens que Lavalin les a laissés tomber. «Des 12,7 millions de créances laissées par Shawbec, plus du quart est dû à des petits entrepreneurs ou à des fournisseurs. Le bilan de la compagnie montre un passif de 3,5 millions au chapitre des créanciers non garantis[13].»

Pour une des premières fois depuis le début de son existence, Lavalin perd la face; ses experts ne sont donc pas infaillibles. Bernard Lamarre y voit la preuve que certaines amitiés peuvent coûter cher non seulement en matière monétaire, mais aussi dans un domaine où Lavalin ne peut se permettre trop d'erreurs: sa crédibilité. Cela devrait le faire réfléchir car il déteste par-dessus tout devoir s'avouer vaincu. Mais non! l'optimisme a vite fait de reprendre le dessus. Il ne peut en effet se résoudre à refuser des occasions sous prétexte qu'elles pourraient tourner au désastre.

C'est le cas lorsque le gouvernement conservateur se cherche désespérément un sauveur pour acheter des installations menacées de fermeture en Nouvelle-Écosse. Les propriétaires veulent vendre ou fermer ces installations vétustes où travaillent 2 000 employés. Encore une fois, Bernard Lamarre ne résiste pas à la tentation et accepte pour une bonne raison: il sait qu'un oui placera le cabinet conservateur dans de bonnes dispositions pour lui octroyer le contrat de

250 millions pour la fabrication de camions militaires, contrat encore une fois très convoité par Bombardier[14]. Le lien est évident: Lavalin Industries obtient le contrat de fabrication le cinq février 1988 et le huit mars suivant, elle annonce qu'elle fait l'acquisition des installations physiques et des inventaires de Hawker Siddeley Canada situés à Trenton, en Nouvelle-Écosse. Lavalin Trenton Works débourse 11,6 millions et, en retour, obtient d'importantes subventions du gouvernement fédéral pour moderniser l'usine et sauver 450 emplois.

Bernard Lamarre sait très bien que l'expérience est une suite d'erreurs à ne pas répéter, mais c'est plus fort que lui, il considère que, dans l'ensemble, ses amitiés avec les politiciens l'ont bien servi et il sait surtout qu'il en aura encore bien besoin. Pourtant lorsque Michel Côté se tourne vers Lavalin après avoir dû démissionner du Cabinet fédéral pour avoir omis de déclarer un emprunt de 250 000 $ à un homme d'affaires de Québec, René Laberge, il est mal reçu par Bernard Lamarre. «Michel, tu es un comptable de profession, pourquoi ne retournes-tu pas faire de la comptabilité plutôt que d'essayer d'administrer puisque tu n'es pas bon dans ce domaine[15].» Michel Côté se retrouve chez Sofati.

Bernard Lamarre peut maintenant se permettre de faire le difficile et de choisir ses protégés. Lavalin doit jouer dans les «grosses ligues» et il lui faut des amis au profil international.

# RÉFÉRENCES DU CHAPITRE 15

1. Michel Venne, «Saint-Basile: la facture s'élève à 36 millions et ce n'est pas fini», *La Presse*, 3 février 1990.

2. Roch Côté, «L'hôpital Bellechasse de Montréal: un hôpital qui coûte cher en administration», *La Presse*, 20 mai 1989.

3. Lavalin, *Rapport d'activité annuel*, 1988.

4. «Marcel Masse se rend en Algérie et en Arabie Saoudite pour promouvoir les exportations en matière de technologie de pointe», communiqué du ministère des Communications, 9 avril 1985.

5. Joyce Napier, «Trois plaintes de fraude contre Lavalin», *La Presse*, 31 janvier 86.

6. Presse canadienne, «L'ex-attachée de presse, Marthe Lefebvre, est acquittée», *La Presse*, 25 juillet 1990. Après avoir reporté l'audition de la cause à treize reprises depuis février 1986, l'accusation relative à une dépense de 64,26 $, non autorisée par l'agent officiel de Marcel Masse a été retirée par la Couronne, faute de preuves suffisantes.

7. Maurice Jannard, «Ottawa envisage de vendre sa cartographie à Lavalin», *La Presse*, 6 mars 1987.

8. Kathryn May, «Complaints start govt. bid review», *Ottawa Citizen*, 11 juillet 1988.

9. Presse Canadienne, «Fenco-Lavalin: tout est correct», *Le Droit*, 28 juillet 1987.

10. Nomination de Pierre Camu annoncée le 15 août 1988.

11. Jugement rendu le 27 septembre 1989. Cour supérieure, district de Saint-Maurice n° 410-05-000189-886. Le juge a conclu que Socodec inc. avait enregistré son privilège de constructeur au montant de 1,640 million $ hors délai. Lavalin a perdu dans sa tentative de faire reconnaître le solde impayé comme créance privilégiée la plaçant au premier rang des personnes remboursées par la liquidation des actifs.

12. Copie de la lettre retrouvée dans le dossier de la Cour supérieure.

13. Presse canadienne, «Shawbec: un échec», *La Presse*, 20 juillet 1988.

14. Voir chapitre 12 «Un pied de nez à Bombardier» où l'annonce du contrat à Lavalin Industries est mentionnée.

15. Presse canadienne, «L'opposition s'en prend à Michel Côté», *Le Droit*, 29 août 1987. Alors que Michel Côté était ministre du MEIR, le ministère de l'Expansion industrielle régionale, des experts avaient décelé un dépassement de 330 millions de dollars dans le budget du ministère et conclu à plusieurs déficiences dans sa gestion.

Chapitre 16

# LAVALIN SANS FRONTIÈRES

Maintenant, ce n'est plus un pont, un barrage ou une route que Lavalin cherche à vendre à l'étranger. Dans ces secteurs, ses preuves sont déjà faites. Avec l'acquisition de l'UTDC[1], Lavalin fait face à un nouvel apprentissage. Elle doit vendre des systèmes de transports en commun sur rails et, de cette façon, prouver aux Ontariens que des Québécois peuvent rentabiliser leur société qualifiée par plusieurs d'éléphant blanc. «Nous serions contents si nous en obtenions un et au septième ciel si nous en avions deux», avait déclaré Bernard Lamarre lors de la première assemblée annuelle des actionnaires en 1987.

Le défi est alléchant mais aussi très difficile car la compétition est féroce et les marchés se trouvent, en effet, à l'étranger. Plusieurs grandes capitales mondiales sont à la recherche de tels systèmes. Chaque projet oscille entre 200 millions et deux milliards. Ceux de Taïpei et de Beijing sont estimés à 250 et 200 millions respectivement. À Ankara, en Turquie, les coûts pourront atteindre 500 millions. À Bogota, en Colombie, le gouvernement envisage de dépenser un milliard tandis qu'à Bangkok, en Thaïlande, il est estimé à deux milliards.

Ce sont de gros contrats pour lesquels il faut être prêts à déployer un grand jeu de cartes. La partie est tellement corsée que toutes les occasions sont bonnes pour marquer quelques points. Ainsi, la présence d'ambassadeurs aux titres ronflants pour vanter les mérites et la technologie de la firme à l'étranger, peut faire toute la différence. Lavalin a la chance de pouvoir compter sur l'appui du président du Sénat canadien, Guy Charbonneau. Retiré du milieu des affaires, sans problèmes d'argent, il est la personne idéale pour représenter Lavalin à l'étranger.

En voyage, il est reçu partout et avec tous les honneurs car, si au Canada la réputation du Sénat n'impressionne personne, ailleurs, son titre est considéré comme très prestigieux. Il est souvent arrivé à Guy Charbonneau, depuis qu'il a été nommé au Sénat en 1979, de recevoir des demandes de Bernard Lamarre. Il n'a jamais dit non pour la simple raison qu'il ne peut rien lui refuser. Il le connaît depuis trente ans.

Lorsque Guy Charbonneau était courtier d'assurances, Lavalin était son client et quel client! Trente ans de relations d'affaires ne s'effacent pas si facilement. Guy Charbonneau a très bien connu les fondateurs de Lalonde & Valois, Jean-Paul Lalonde et Roméo Valois. Il a vu également Bernard Lamarre faire son entrée dans l'entreprise en 1955 et en prendre les commandes quelques années plus tard. Il a, à titre de courtier, partagé toutes les aventures de la firme au Canada et à l'étranger. Le compte de Lavalin lui procurait des revenus très appréciables et il avait pu le monnayer lors de la vente de son entreprise, Charbonneau Dulude & Associés, après sa nomination au Sénat.

Bernard Lamarre avait d'ailleurs été soulagé de voir que le premier ministre Brian Mulroney avait préféré Guy Charbonneau à Martial Asselin pour la présidence de la Chambre Haute, même si plusieurs considéraient que ce dernier constituait le choix logique en raison de sa très longue expérience parlementaire. Asselin souffrait d'un handicap insurmontable: celui d'être toujours resté fidèle à Joe Clark. Il avait refusé de se ranger du côté de Brian Mulroney durant la course au leadership dont celui-ci était sorti vainqueur. Le premier ministre lui-même et ses supporteurs ne le lui avaient pas pardonné.

Guy Charbonneau n'avait pas ce problème de loyauté.

Au contraire, il avait été nommé sénateur grâce à l'insistance de Brian Mulroney auprès de Joe Clark, qui lui préférait Claude Dupras, président de l'Association des jeunes conservateurs[2].

«J'ai besoin de quelqu'un qui puisse appuyer la campagne du non au Québec, prononcer des discours, monter sur les estrades. Guy Charbonneau fera partie de la seconde vague de nominations», lui avait déclaré Joe Clark. En colère, Mulroney avait tout de suite rétorqué: «Et s'il n'y a pas de seconde vague?[3]»

Le premier ministre Clark s'était ravisé et avait nommé Guy Charbonneau et Arthur Tremblay. Guy Charbonneau, qui «levait des fonds pour le parti depuis 1956 contre vents et marées[4]», avait été reconnaissant à Brian Mulroney pour son intervention et ne s'était pas gêné pour l'appuyer ouvertement contre Joe Clark dans la lutte à la direction du Parti conservateur en 1983. C'est lui qui avait poussé Brian Mulroney à annoncer sa candidature: «Écoute, Brian, si tu veux diriger ce parti un jour, il faut que tu fasses quelque chose[5]», lui avait dit Charbonneau. Brian Mulroney avait réagi à ces propos en se lançant dans la course. Il avait été élu chef et était devenu premier ministre en septembre 1984.

Resté collecteur de fonds du Parti conservateur à Montréal, Guy Charbonneau continue à exercer une influence prépondérante sur son ami Brian. Il a placé des hommes de confiance dans plusieurs cabinets ministériels au point que les députés du Québec le surnomment «le pape».

Bernard Lamarre en profite. Guy Charbonneau a une autre raison de ne pas lui refuser ses faveurs. Chaque fois qu'il s'est adressé à lui pour trouver du travail chez Lavalin à des proches, à des amis ou encore à des militants du Parti conservateur, Bernard Lamarre les a embauchés. Guy Charbonneau n'est d'ailleurs pas un ingrat. Il s'en souvient et trouve tout à fait normal d'accéder à ses demandes.

Celui-ci était déjà allé en Chine, en Italie, en Union soviétique et en Thaïlande pour le compte de Bernard Lamarre. Ce dernier avait profité d'un de ces voyages officiels en Union soviétique pour le faire accompagner du ministre des Affaires culturelles du Québec, Clément Richard, et du futur directeur général du Musée des beaux-arts de Montréal, Pierre Théberge. Il s'agissait alors d'obtenir certaines œuvres de Léonard de Vinci qui se trouvaient dans la réserve du musée à Leningrad, en prévision de l'exposition prévue à Montréal en 1987.

En Italie, pour décrocher le contrat du métro de Milan, Guy Charbonneau avait rencontré le premier ministre italien, Amintore Fanfani, qu'il avait connu au cours d'une visite officielle précédente. La visite fut couronnée de succès. La filiale de Lavalin, l'UTDC, avait obtenu le contrat de 230

*Guy Charbonneau, prés. du Sénat canadien, et son épouse lors d'une audience privée avec le pape Jean-Paul II, 1985.*

millions, qu'elle devait réaliser en collaboration avec une société italienne[6].

En Chine, Guy Charbonneau était allé rencontrer le vice-premier ministre pour donner un coup de pouce en vue de l'obtention du contrat d'extension du métro de Beijing et du contrat du métro de Shanghai. Mais en Chine comme en Union soviétique, Lavalin avait déjà foncé tête baissée, y dépêchant dès 1981 son représentant Edouard Siouffi. En 1984, Jean Gagnon, vice-président de Lavalin International, était allé s'établir dans la capitale avec son épouse et une secrétaire. Sa mission consistait à publiciser Lavalin auprès des dirigeants chinois et à surveiller le contrat d'une usine de calcination de bauxite pour lequel quinze à vingt Québécois allaient travailler pendant environ deux ans. L'intervention de Guy Charbonneau était arrivée à point. Lavalin avait obtenu, à l'été 1985, la réalisation d'un plan directeur pour le métro de Beijing, copié sur le modèle du *SkyTrain* de Vancouver.

Cette fois-ci, c'est le contrat de construction du métro d'Ankara qui est visé. Bernard Lamarre sait que Guy Charbonneau a ses entrées auprès d'Ozal Turgut, le premier ministre turc. Charbonneau l'a rencontré au cours d'un voyage précédent. «Guy, je voudrais que tu ailles à Ankara. Étant donné que tu seras déjà en Europe, Jacques pourra aller te rejoindre à Londres et vous iriez tous les deux. Ce contrat-là est très important pour Lavalin.»

Parce qu'il s'entretient régulièrement avec le sénateur Charbonneau, Bernard Lamarre sait que Yolande Bourguignon, l'épouse de ce dernier, expose ses toiles à Monaco à la fin du mois. Guy n'aura qu'à voler de Nice vers Londres pour retrouver Jacques, puis filer avec lui à Istanbul pour quelques jours, avant de revenir à Montréal. Tout paraît si simple! Pourquoi se priver des services de Guy Charbonneau puisqu'il est d'accord pour faire le voyage?

La stratégie consistant à utiliser des noms prestigieux fonctionne fort bien. Encore une fois le déplacement de Guy Charbonneau se révèle très utile. L'UTDC décroche le contrat convoité de 700 millions dans le projet de construction du métro d'Ankara[7]. «L'UTDC prendra en charge la gestion globale du projet, la conception et la fourniture des véhicules. Deux grandes entreprises turques participent au consortium qui concevra, aménagera et exploitera le réseau pendant au moins dix ans.» Bernard Lamarre est sans gêne. Il sait que les concurrents de Lavalin ne se gênent pas non plus pour recourir à de gros noms. Ainsi, Lavalin a perdu un important contrat au Nigéria parce que les Allemands y ont dépêché rien de moins que l'ex-chancelier Helmut Schmidt pour impressionner les dirigeants de ce pays. Le coup de pouce de telles personnalités est d'autant plus précieux qu'à son avis les fonctionnaires canadiens à l'étranger ne sont d'aucun secours. Bernard Lamarre a cessé, depuis longtemps, de compter sur eux. Il a eu sa leçon lorsqu'un jour il s'est adressé à l'ambassadeur du Canada à Washington, Allan Gotlieb, pour obtenir son aide afin de rencontrer quelqu'un là-bas: «Nous ne sommes pas là pour cela. Si vous venez à moi en tant que président du Musée des beaux-arts de Montréal, je peux le faire. Par contre, si c'est en votre qualité de président de Lavalin, c'est impossible», s'était hâté d'enchaîner ce dernier. Bernard Lamarre en était resté bouche bée. L'ambassadeur du Canada à Washington voyait son rôle strictement comme celui de représentant d'un organisme public envers d'autres organismes du même type. Voilà qui paraissait incroyable aux yeux du patron de Lavalin.

Bernard Lamarre considère également étrange que les journalistes canadiens ne comprennent pas la nécessité d'une cohésion entre les dirigeants d'entreprises et les hommes politiques. Les Américains, eux, l'ont compris. La firme américaine Bechtel a embauché Georges Schultz et il y travaillait encore au moment de sa nomination comme secrétaire d'État. Caspar Weinberger, un autre acteur important de la politique américaine, a aussi travaillé pour Bechtel de même que Richard Helms, ancien directeur de la CIA, et William Simon, secrétaire du Trésor.

Le président de Lavalin a tenté de l'expliquer à plusieurs journalistes qui l'ont questionné sur l'éthique de son voyage avec Pierre Elliott Trudeau en Union soviétique en 1986. En fait, Bernard Lamarre a demandé deux fois à l'ex-premier ministre du Canada de venir lui ouvrir des portes dans ce pays. Ces deux fois, les journalistes n'en ont rien su. Ce n'est que lors du troisième voyage, un voyage purement touristique, qu'ils ont rapporté la nouvelle[8]. En plus de monsieur Trudeau, Bernard Lamarre et sa femme voyageaient en compagnie du sénateur Léo Kolber[9] et de son épouse, de même que de Paul Desmarais accompagné de sa belle-fille, Hélène Blouin. Les voyageurs étaient restés trois jours à Moscou et avaient voyagé pendant sept jours dans l'*Orient Express*. «Qui paie le voyage de monsieur Trudeau?», avaient demandé les journalistes bien au fait que l'ex-premier ministre n'aime pas sortir de l'argent de ses poches.

Lorsque Lavalin avait décroché un important contrat pour l'extraction de gaz naturel en mer Caspienne, trois mois plus tard, certains représentants des médias avaient sauté aux conclusions et lié le contrat au voyage de monsieur Trudeau, rumeur que Bernard Lamarre avait dû démentir. «Les interventions ponctuelles de monsieur Trudeau n'ont pas nui, mais elles ne sont pas les seules responsables de l'obtention de ce contrat. Ce n'est pas aussi facile, c'est un travail de longue haleine», avait-il expliqué.

En effet, Lavalin était entrée en relation avec l'Union soviétique par le biais de sa filiale Partec à Calgary, après que l'Alberta eut signé des accords de coopération avec l'URSS dans le domaine du gaz. Quand les Soviétiques étaient débarqués dans cette ville, en 1977, ils étaient allés chez Partec constater, *de visu,* son expertise dans le traitement du gaz naturel à forte teneur en soufre, un gaz que l'on extrait de gisements non seulement au Canada mais aussi en Union soviétique. Il s'agit d'un gaz très corrosif qui demande une manipulation spéciale. L'expertise de Partec dans la prévention de la corrosion, grâce à la mise au point d'une technique de désulfuration efficace, pouvait devenir très utile aux Soviétiques.

L'année suivante, ceux-ci avaient invité Lavalin à soumissionner ce projet d'extraction de gaz en mer Caspienne, surnommé l'Astrakan. L'invasion soviétique en Afghanistan était venue tout bousculer puisque le gouvernement canadien avait refusé, par mesures de représailles, d'offrir les garanties de financement. Les Soviétiques avaient eux-mêmes abandonné le projet pour le ressusciter quelques années plus tard. Lavalin avait soumissionné à nouveau mais un compétiteur allemand avait raflé le contrat. Au total, la firme canadienne avait englouti quatre millions de dollars en pure perte dans ces soumissions au grand désespoir de Marcel Dufour, président de Lavalin International.

Lorsque les amis soviétiques avaient plus tard insisté pour que Lavalin soumissionne pour un autre grand projet toujours en mer Caspienne, Marcel Dufour s'était retenu pour ne pas les envoyer promener. Il s'était ravisé sur les conseils de Rodolphe Chiasson, son vice-président. Ce dernier était persuadé que l'Union soviétique offrait des possibilités illimitées et que seul un changement de stratégie s'imposait: il fallait s'associer à une compagnie française: «Les Russes n'ont aucun intérêt à engager une firme canadienne puisque le Canada ne leur achète que très peu de produits. Par contre, ils exportent beaucoup de gaz naturel en France. Ils pensent y acheter les outils et les biens dont ils ont besoin[10].»

Puisqu'on devait passer par la France, Lavalin avait pris les grands moyens en achetant la division ingénierie de l'importante société européenne Lafarge Coppée. Cette acquisition lui avait permis d'entrer en concurrence avec les firmes d'ingénierie européennes et d'étendre ses tentacules en France, en Belgique et en Grande-Bretagne. Elle avait soumissionné avec un consortium de firmes européennes, *Machinoimport*, et décroché le contrat de trois ans pour gérer la construction d'un complexe de purification du pétrole et du gaz. Plus tard, un autre contrat de 350 millions était venu s'ajouter, contrat qu'elle avait obtenu seule. Ne jamais lâcher! Voilà la grande leçon que les dirigeants de Lavalin avaient retenue de la négociation de contrats internationaux. «Nos stratégies, c'est 5% d'inspiration et 95% de transpiration», de dire Bernard Lamarre[11].

La connivence des pouvoirs politiques est une nécessité pour effectuer de véritables percées sur la scène internationale. Lorsque Lavalin est choisie comme maître d'œuvre pour un projet clé en main, il lui incombe également de dénicher le financement auprès de sources publiques, dont la Société pour l'expansion des exportations. Si le risque est trop grand et que la Société refuse de l'assumer, les contacts politiques sont très utiles puisqu'il faut obtenir la garantie du gouvernement du Canada et l'approbation du premier ministre[12]. En ce sens, on peut dire que Lavalin prend des risques, mais elle les fait surtout partager à tous les Canadiens.

Bernard Lamarre trouve tout à fait normal d'endetter ainsi la population. «Ce qui est bon pour Lavalin est bon pour le Canada, puisque tant et aussi longtemps que nous allons réaliser des profits, le gouvernement n'aura pas à subvenir à nos besoins.» Il est persuadé que c'est en agissant en égoïste qu'il se montre le plus utile à son pays: «Ma philosophie de base est de créer des emplois. Aucun de mes associés n'a de yacht, ni ne joue au golf. Nous avons vécu comme il faut, mais sans ostentation. J'ai travaillé moi-même de dix à douze heures par jour toute ma vie. Je trouve que nous n'exagérons pas.»

Ne pas exagérer! Ce n'est pas l'impression qu'il donnera plus tard lors de la réalisation d'un certain contrat qui s'est révélé un véritable coup de dés pour Lavalin.

## RÉFÉRENCES DU CHAPITRE 16

1.  Voir chapitre 12 où les circonstances entourant l'acquisition de la société ontarienne Urban Transport Development Corporation sont relatées.

2.  Président de l'Association des jeunes conservateurs il fut battu dans la circonscription de Saint-Henri–Wesmount en 1980. Président du Parti civique et candidat à la mairie de Montréal, il est aussi défait par Jean Doré aux dernières élections municipales.

3.  Ian MacDonald, *Op. cit.*, p. 159.

4.  *Ibidem* p. 159.

5.  *Ibidem* p.159.

6.  Ken Romain, «Milan rail deal sends UTDC to Europe», *The Globe & Mail,* 17 août 1988.

7.  «L'UTDC, une filiale de Lavalin Industries est le maître d'oeuvre canadien du Projet de transport urbain d'Ankara», communiqué du ministère des Affaires extérieures, 6 février 1989.

8.  Neil Macdonald, «Lamarre knows how to build right political bridges», *The Ottawa Citizen,* 28 février 1987.

9.  Gilles Des Roberts, «Les principales fortunes privées du Québec», Magazine *Les Affaires +,* août 1990. La valeur estimative du Sénateur Kolbert est de 150 millions.

10. Georges-Hébert Germain, «Le castor bricoleur, La saga de Lavalin», *L'Actualité,* février 1987.

11. France Dyèvre, «Bâti d'une seule pièce», *Commerce,* octobre 1983.

12. Pour le contrat de construction d'un système de transport en commun à voies élevées dans la ville de Bangkok, capitale de la Thaïlande, la Société pour l'expansion des exportations a refusé de garantir le financement, compte tenu du risque associé au projet de 1,8 milliard.

# Chapitre 17

# LE COUP DE DÉS DE BERNARD LAMARRE

Même si les Jeux olympiques ne sont plus qu'un souvenir en 1985, Lavalin est toujours mêlée au dossier du stade. La firme a réussi à se faufiler pour maintenir une présence auprès de la RIO[1] qui cherche désespérément une solution pour y mettre un toit. Lavalin a ainsi vérifié la solidité des appuis du mât du stade pour y découvrir de graves lacunes. Son expert Normand Morin a donc proposé de le terminer avec de l'acier plutôt que du béton, pour le rendre plus léger mais tout aussi résistant.

Lavalin tourne autour de la Régie suffisamment pour savoir ce qui s'y passe et donner ses opinions sur les nombreux concepts proposés: Jodoin-Lamarre-Pratte propose une toiture fixe métallique pour 87,5 millions; Birdair, une toiture fixe flexible pour 61,8 millions; Boulva, la toiture de Taillibert modifiée pour 50 millions. Personne n'a encore retenu le parachèvement du toit rétractable selon la formule originale de l'architecte Roger Taillibert; Bernard Lamarre va le proposer.

Il mise sur l'importance de donner un monument à Montréal. Le mât du stade deviendra ce que la *Tour Eiffel* est à Paris ou l'*Empire State Building* est à New York. Un funiculaire construit dans la plus haute tour inclinée au monde, pouvant transporter en quelques minutes plus de 90 personnes à la fois à 169 mètres du sol (l'équivalent d'un édifice de 42 étages), immortalisera le mât. Cependant, le gouvernement québécois n'est guère enclin à vouloir dépenser davantage. La conjoncture économique ne se prête pas du tout à des extravagances du genre. On en est à comprimer les dépenses dans les fonds réservés à la santé, à l'éducation et à l'aide sociale. Par ailleurs, les chiffres prévus pour le parachèvement du toit du stade ont augmenté de façon inquiétante, passant de 67 millions en 1981 à cent millions l'année suivante. Or, la ville de Vancouver s'est dotée d'un stade au complet, couvert celui-là, pour 124 millions.

La solution proposée par Lavalin de parachever le stade selon la formule originale est aussi dénoncée par tous les experts, dont Jean-Claude Marsan, qui l'a étudiée de long en large: «Comment 200 000 spectateurs de plus par année pourront-ils amortir un investissement de cent millions en plus de chauffer un stade qui n'est pas isolé pour l'hiver et faire fondre la neige sur le toit de toile à grand renfort de BTU pour empêcher que son poids ne jette le mât par terre[2]?»

Monsieur Marsan qui semble être un des seuls à avoir compris les intentions réelles de Bernard Lamarre ajoute: «Dans le fond, ce n'est pas un toit que l'on veut, mais une tour. D'autres solutions de toits, plus réalistes et de loin plus valables du point de vue de l'entretien et du confort, ont été proposées, pour la moitié du coût prévu pour le parachèvement du mât. Voilà tout le problème: les Québécois, qui ne contrôlent pas le réel, ont un besoin viscéral de se réaliser dans l'imaginaire. Un monument, le plus souvent, n'a pas d'utilité pratique. Sur ce point: le toit rétractable de Taillibert n'a pas dix chances sur cent de fonctionner[3].»

Peu importe, Lavalin s'empare du contrat. Le quinze mars 1985, tous les membres de la Régie des installations olympiques, à l'exception de Lucien Saulnier, appuient la convention de type «clé en main» négociée entre les représentants de la RIO et ceux de Socodec, filiale de Lavalin[4]. En plus du funiculaire, le contrat comporte un autre volet: le recouvrement du Stade avec une toiture rétractable pouvant accepter une pleine charge de neige, et dotée d'une jupe d'étanchéité ainsi que d'une double toile. «En contrepartie des travaux, la Régie lui versera un montant forfaitaire de 118 millions[5].»

Bernard Lamarre considère le projet comme un défi technique. Il sait qu'il mise gros et se sent comme un joueur de bridge qui n'a pas beaucoup de points dans son jeu, mais qui décide de tenter sa chance malgré tout. Pourquoi prendre un tel risque? Pour plusieurs raisons apparentes: le contrat permettra à Lavalin de se doter d'une expertise professionnelle indispensable qu'elle pourra exporter par la suite; encore une fois les contrats de 118 millions ne sont pas nombreux et lorsqu'il s'en présente un, autant ne pas le laisser s'échapper. Enfin, il est possible que le président de Lavalin soit trop fier de sa ville pour tolérer plus longtemps ce stade à moitié

PHOTO: CANAPRESS PHOTO SERVICE

*Bernard Lamarre et le ministre Guy Chevrette,*
*annonçant la mise en place du toit rétractable, 1985.*

achevé: toujours est-il que sa nature optimiste prend encore une fois le dessus.

Le contrat prévoit d'ailleurs une porte de sortie rassurante: si jamais le toit rétractable ne fonctionnait pas adéquatement avant le trente juin 1989, Lavalin devra premièrement climatiser le stade qui, alors, restera couvert à jamais, et deuxièmement remettre à la Régie dix millions. Cette solution constitue un pis-aller car le vrai défi, celui que Lavalin veut relever, c'est de démontrer hors de tout doute la faisabilité d'un toit rétractable.

L'éditorialiste Jean-Claude Leclerc du journal *Le Devoir* ne se gêne pas pour critiquer vertement la décision gouvernementale: «En confiant à une même firme, sans plus s'embarrasser d'expertise indépendante ni de conflit d'intérêts, les études de faisabilité et de rentabilité ainsi que la direction générale des travaux par la suite, Québec réédite le coup désastreux et scandaleux d'avant 1976. En vérité, il n'y a plus personne dans le dossier pour veiller aux deniers publics, pour s'assurer que des études vraiment impartiales seront faites et surtout pour écarter ceux qui n'ont déjà que trop pillé l'interminable chantier olympique[6].»

Bernard Lamarre ne bronche pas, il a trop à faire sur le chantier. L'aventure publique débute lorsqu'un fardier de soixante-cinq mètres de longueur fait son entrée au Stade, transportant la toile qui doit le recouvrir. Les Montréalais se sont massés le long de la rue pour le voir passer. L'année suivante, un câble d'acier tombe et la déchire pendant qu'on est en train de l'installer. Deux semaines plus tard, un des vingt-six cônes par lesquels passent les systèmes d'ancrage de la toile aux câbles est endommagé par le vent. Le bris d'un câble vient ensuite retarder l'opération de déploiement de la toile.

Enfin, la toile est enfin hissée dans sa niche. Personne ne veut le croire: elle est vraiment rétractable. Lavalin a aussi rempli ses promesses quant au funiculaire que l'on inaugure le vingt-deux novembre 1987.

Un mois plus tard, les surprises commencent. Le président de la RIO, Jean Deschamps, téléphone à son ministre responsable, Gilles Rocheleau, pour l'informer de la mauvaise nouvelle:

«Monsieur le ministre, Lavalin nous réclame dix-huit millions de plus pour le toit du Stade. Ça n'a pas de bon sens, à mon avis, il faut leur parler.

Le ministre Rocheleau sursaute:

— Je pensais qu'ils avaient signé un contrat clé en main. Clé en main pour moi cela veut dire clé en main.

— Je vais aller en discuter avec Bernard Lamarre, d'ajouter Jean Deschamps.

— Surtout pas. Il n'est pas question d'amorcer des négociations avec eux. Avant de faire quoi que ce soit, je veux voir la lettre qu'ils nous ont envoyée pour en vérifier la légalité.»

Gilles Rocheleau refuse de payer. Il n'est ni avocat, ni ingénieur, mais pour lui, c'est une question de gros bon sens. Il a assisté à toutes les réunions du comité de construction de la RIO et jamais il n'a été question de cette réclamation supplémentaire. Il a toujours été convenu que Socodec, la filiale de Lavalin, n'avait pas à demander d'autorisation puisqu'elle gérait son propre contrat. Or, c'est justement le propre d'un contrat clé en main que d'assumer les risques d'imprévus. Le ministre Rocheleau est d'ailleurs persuadé, comme les autres membres du conseil d'administration de la RIO, que Lavalin a déjà prévu quelques «coussins» dans le montant de 118 millions du contrat clé en main. Il en discute avec son sous-ministre Jean-Marc Bard, qui se montre d'accord avec lui, même s'il est un ex-employé de Lavalin,

Protégé de Claude Rouleau, Jean-Marc Bard a d'abord été chef de cabinet du ministre Bernard Pinard au début des années 1970. Ensuite, lui et son ami Jean-Claude Villiard, un autre protégé de Claude Rouleau, ont suivi ce dernier à la RIO. Ils y sont restés jusqu'au déclenchement de l'enquête Malouf, puis se sont retrouvés chez Lavalin où ils ont patienté jusqu'au retour de Robert Bourassa au pouvoir. On les a bien récompensés pour leur loyauté puisqu'ils ont obtenu, tous les deux, des postes de sous-ministres. Jean-Marc s'est donc joint à Gilles Rocheleau qui soupçonne un peu tout le monde, sauf son sous-ministre en qui il a entièrement confiance, d'avoir des affinités avec Lavalin.

Que le gouvernement Bourassa veuille payer la réclamation de Lavalin sous la table, en gonflant les prix de quelques autres contrats pour y inclure ces 18 millions, ne surprendrait pas le ministre Rocheleau le moins du monde. Il désapprouve, bien sûr, cette façon d'agir et conclut dans sa sagesse que la meilleure façon d'empêcher une telle situation est d'ébruiter lui-même la nouvelle de la réclamation supplémentaire de Lavalin.

Depuis qu'il est responsable du dossier olympique, Gilles Rocheleau constate que les surprises se succèdent à un rythme effarant pour les contribuables: «Je pense que la meilleure solution est de mettre le stade dans la carrière Miron et de s'en débarrasser», confie-t-il à Jean-Marc Bard. Les prévisions pour le coût d'entretien du stade, à elles seules, le font frissonner. Annoncer lui-même la nouvelle de la réclamation lui procure une autre grande satisfaction: il se venge du leader parlementaire du Parti québécois, le député Guy Chevrette, qui l'attaque constamment en Chambre. C'est lui qui a donné le feu vert pour parachever le stade et qui a donc octroyé le contrat à Lavalin: «Monsieur Chevrette n'est sûrement pas sans reproche au cours des huit ou neuf dernières années, et s'il souhaite me dénigrer, ce n'est pas dans mes habitudes de me laisser taper dessus sans réagir[7].»

Gilles Rocheleau va de l'avant et fait analyser la réclamation de dix-huit millions par la firme d'avocats Stikeman-Elliott de Montréal. Il est satisfait du résultat. Leur avis confirme son opinion: la RIO et le gouvernement sont, juridiquement, en terrain solide pour refuser de payer la réclamation de Lavalin. Il se sent rassuré.

Quand une deuxième réclamation arrive, celle-là de 24,5

*La mise en place de la toile du Stade olympique, 1987.*

millions, Gilles Rocheleau n'est plus là pour la recevoir. Il s'est déjà fait élire à Ottawa.

Le dix-sept juillet 1989, les spectateurs rassemblés au Stade olympique voient la toile s'élever au-dessus de leur tête. Un spectacle que Lavalin leur demande de payer 162 millions au lieu des 118 millions prévus[8].

Les réclamations de Lavalin en laissent plusieurs songeurs. Il s'en trouve pour se demander si le président de Lavalin n'est pas devenu cynique en vieillissant, s'il n'est pas en train de vouloir jouer ce mauvais tour aux fumeurs et aux Montréalais qui paient, depuis 1976, pour le déficit olympique. «Les Montréalais auront payé près de 600 millions de 1976 à l'échéance de la dette (au cours de 1993) par le biais de la taxe olympique, pour renflouer le trou creusé par les Jeux de 1976. Soit l'équivalent de 48 $ de taxes en moyenne en 1989 pour le secteur résidentiel et 2732 $ pour le secteur des commerces et des industries. Sans compter les tonnes de cigarettes grillées pour alimenter le Fonds spécial olympique, qui s'est gavé bon an mal an d'environ 120 millions grâce à la mauvaise habitude des Québécois[9].»

Lavalin aurait-elle osé s'adresser aux tribunaux pour obtenir cette somme supplémentaire si elle avait réalisé ce contrat pour la compagnie Alcan, une compagnie privée plutôt qu'un gouvernement? Aurait-elle osé facturer 42,5 millions, soit 40% de plus que le prix forfaitaire agréé au départ? Dans son rapport d'activités de 1988, elle était fière d'annoncer l'achèvement de la gérance de l'Aluminerie de Bécancour avec quatre mois d'avance, sans dépassement du budget de un milliard de dollars. Faut-il y voir la preuve que, pour des contrats passés avec l'entreprise privée, Lavalin respecte le coût initial? Seul Bernard Lamarre peut répondre à toutes ces questions. Il est vrai que l'entreprise possède déjà une expérience dans la construction d'usines, mais non pas dans la conception de toits rétractables comme celui du Stade. Toutefois, on se serait attendu à ce que le montant exigé par Lavalin, 118 millions, ait englobé ce risque.

Lavalin a fait ses devoirs: les factures sont bien là pour justifier les réclamations. Toutefois, personne n'a le droit de savoir si ces montants ont été comptabilisés ou non dans les états financiers qui restent bien à l'abri des regards indiscrets. La firme a beau jeu, car même l'opposition à l'Assemblée nationale est en quelque sorte muselée puisque ce sont les députés péquistes eux-mêmes qui lui ont accordé le contrat de parachèvement.

En tous les cas, le président de Lavalin a certainement prouvé qu'il n'était pas superstitieux. C'est en effet à son frère François, celui-là même qui avait défendu et perdu la cause de Lamarre Construction la firme de son père Émile, contre le Séminaire de Chicoutimi en 1964, qu'il a confié le soin de défendre Lavalin devant le Centre d'arbitrage commercial national et international du Québec. Doit-on y voir un signe prédestiné lorsque l'on sait que comme Lamarre Construction à l'époque, Lavalin ne roule pas sur l'or. La fermeture de la galerie Lavalin «une décision imposée par la nécessité des choses, pour des raisons d'ordre économique», en dit long sur la santé financière de l'entreprise. Il ne fait aucun doute que la préoccupation constante des dirigeants demeure celle de trouver les fonds nécessaires pour mener à terme les milliers de projets qui surgissent d'un peu partout chaque jour. Or, tout comme le Séminaire de Chicoutimi envers Lamarre Construction, la compagnie d'Émile, la Régie des installations olympiques est déterminée à ne rien céder à Lavalin.

Une somme de 42,5 millions peut certainement faire toute une différence dans le devenir de l'entreprise. Jusqu'à quel point? Seul l'avenir le dira.

## RÉFÉRENCES DU CHAPITRE 17

1. Voir le chapitre 9 où il est question des sommes d'argent retirées par Lavalin de la RIO.

2. Jean-Claude Marsan, «Le parachèvement du Stade olympique: un autre monument à l'illusion», *Le Devoir*, 21 juillet 1984.

3. *Ibidem*.

4. Résolution n° 5228 de la Régie des installations olympiques.

5. Convention entre la RIO et Lavalin inc. signée par Jean Deschamps le 15 mars 1985. Chiffres arrondis, somme réelle 117 715 524 $.

6. Jean-Claude Leclerc, «Le toit du stade», *Le Devoir*, 9 juillet 1984.

7. Robert Lefebvre, «Rocheleau menace Chevrette de révélations embarrassantes», *Le Devoir*, 10 juin 1986.

8. «Taillibert poursuit la RIO pour 4,3 millions», *La Presse*, 13 février 1990. «L'architecte rappelle que la RIO a été condamnée par la Cour supérieure à lui payer la somme de 2,8 millions en guise d'honoraires pour ses services. Par contre aucun honoraire n'a été accordé pour les services de monsieur Taillibert sur des parties du mât et de la toiture amovible qui n'étaient pas encore terminées.»

9. Isabelle Paré, «Montréal refusera d'hériter en 1995 du Parc olympique», *Le Devoir*, 18 juin 1990.

# CONCLUSION

Essayons d'imaginer ce que peut représenter une entreprise comme Lavalin qui possède plus de soixante-dix filiales. Il n'est pas un secteur d'activités où Lavalin soit absent: la santé, les communications, l'environnement, l'hydro-électricité, l'aviation, la pétrochimie, le transport en commun, l'immobilier et le nucléaire. L'entreprise possède ses experts dans tous les domaines, comme si Bernard Lamarre voulait s'entêter à prouver que l'ingénierie peut solutionner tous les problèmes humains. Même s'il est déjà très difficile de démêler l'écheveau complexe de toutes ses ramifications, Lavalin achète encore. Rien ne semble pouvoir l'arrêter. On a vite tourné les pages des échecs, telles Shawbec, cette usine de Shawinigan, et Maxim, cette flotte de camions d'incendie aux États-Unis. Pour réussir à atteindre un tel degré de succès, l'entreprise n'a pas hésité à écarter tous ceux qui se mettaient en travers de sa route, les englobant au besoin pour se bâtir une expertise. La recette de Lavalin a été de tirer parti de l'expérience des autres, de l'acheter ni plus ni moins au besoin, puis de mettre sur pied un réseau de distribution à travers le monde pour la commercialiser. L'achat de Fenco, du Groupe Shawinigan mais surtout de Partec, grâce à qui Lavalin a pu se lancer à la conquête de l'Union soviétique, en constituent des exemples probants.

C'est la participation à la gérance du projet de la baie James avec ses 456 millions de rentrées de fonds qui a donné à Lavalin son élan. Personne n'en doute et Bernard Lamarre l'admet lui-même. Mais, n'eût été le sens du risque de cet entrepreneur, où en serait Lavalin aujourd'hui? Bernard Lamarre a le mérite de ne pas s'être assis sur ses lauriers. Il n'a pas émigré en Floride ou encore dans un quelconque paradis financier. Au contraire, il a quintuplé d'ardeur pour faire fructifier cette manne hydro-électrique, tout en ayant la sagesse de s'entourer d'associés en mesure de l'épauler dans ses rêves de grandeur.

Sans doute Bernard Lamarre a-t-il réussi ce que peu de Québécois ont même osé imaginer: bâtir un empire de cette envergure avec le souci de laisser des réalisations de qualité. Lavalin a déjà laissé sa marque dans l'histoire par ses réalisations. Elle a prouvé que les Québécois étaient capables de grandes choses. Même si le Stade olympique ne semble pas avoir été apprécié pleinement, à cause des nombreux scandales qui ont accompagné sa construction, il n'est pas dit que les générations futures ne le jugeront pas comme un chef-d'œuvre architectural. Peut-on blâmer Bernard Lamarre d'avoir tant insisté pour le terminer selon son concept original? De la même façon, les Algériens ne pourront sans doute en vouloir à Lavalin de leur avoir laissé cet imposant monument la tour du sanctuaire du Martyr d'Alger.

Puisqu'il est impossible d'attribuer le succès de Lavalin à un miracle, il nous faut donc parler de stratégie. S'il est un doctorat que Bernard Lamarre mérite par-dessus tout, mais que personne n'a encore songé à lui attribuer, c'est bien celui en génie du pouvoir. Il n'a pas son pareil pour comprendre l'ingénierie des relations sociales et politiques. En ce sens, l'organigramme de Lavalin a certainement une valeur symbolique, car chaque acquisition et chaque contrat ont leur petite histoire. Bernard Lamarre a souhaité cette réussite au point de ne rien ménager pour l'obtenir, jonglant avec l'effet d'entraînement généré par ses propres succès. Il ne faut pas s'étonner qu'un grand nombre d'ingénieurs aient troqué leurs petites entreprises pour une place dans cette grande famille.

Pour valoriser au maximum le rôle de l'ingénieur, une mission qu'il s'est appropriée, Bernard Lamarre est allé si loin dans la diversification qu'il doit maintenant songer à faire des choix. L'expansion gigantesque qu'il a fait prendre à l'entreprise a aussi dilué sa principale raison d'être qui demeure encore aujourd'hui l'ingénierie. Lavalin peut tout faire mais osera-t-on recourir à ses services pour un tout petit projet? Personne n'est dupe également face à cet étalage de compétences qui peut faire sourire, puisqu'il est quasi impossible de pouvoir exceller dans tous les secteurs en même temps. Les efforts de Lavalin pour s'implanter dans le domaine manufacturier, avec Kemtec et l'UTDC, ou même dans l'immobilier, ne sont pas concluants. À force de s'étendre dans tous les azimuts, l'entreprise a peut-être pris des risques qui mettent sa stabilité financière en danger. Lavalin ne serait pas la première à se laisser prendre au jeu du pouvoir.

Une autre très grande question plane sur l'avenir de Lavalin: celle de la succession de Bernard Lamarre. Il a joué et joue encore un si grand rôle dans l'entreprise qu'il est légitime pour plusieurs de se demander ce qu'il adviendra de Lavalin lorsqu'il la quittera, un jour. Que sera le «train» Lavalin sans sa «locomotive» Bernard Lamarre pour continuer de développer sans cesse cette prédilection pour le succès et l'excellence? Que sera Lavalin sans cet homme capable de transformer le monde par son goût du risque et sa détermination? Les entreprises identifiées à un seul homme ont, en général, des difficultés à conserver leur image après le départ de ce dernier, surtout quand cet homme n'a pas préparé le changement. Bernard Lamarre n'agit pas différemment et ne semble pas avoir envie de le faire. Ce qui se dessine chez lui, c'est le désir d'assurer une relève dans sa propre famille. La satisfaction qu'il affiche en voyant ses frères et ses enfants s'intéresser à l'entreprise est éloquente. Son sens de la famille et sa fermeté à vouloir respecter les traditions prennent certainement le dessus. Après tout, il a érigé un château à partir d'une maison de ferme sans jamais la démolir.

L'accessibilité au patron demeure en effet réservée à un cercle trop restreint. Cette absence de communication interne étonne et déçoit ceux qui, ayant été formés à d'autres écoles, ont joint Lavalin avec l'ambition de réaliser de grandes choses. Ils ont été attirés par le charisme légendaire de Bernard Lamarre et se sont laissé prendre par l'espoir de mousser leurs idées auprès de lui. La puissance qui se dégage de cet homme a de quoi alimenter les rêves. Cependant, ces «privilégiés» ont compris bien vite qu'une garde impénétrable protège le grand patron, décourage toute approche, et que seuls quelques-uns arrivent à la déjouer. Il est vrai que Bernard Lamarre écoute, mais il se réserve le droit de penser que ses idées sont encore les meilleures. Qui pourrait l'en blâmer? Pourquoi changerait-il une recette à succès vieille de trente ans? Il est seul lorsqu'il se retire chaque année pour réfléchir aux stratégies qu'il impose ensuite à ses associés et à son entreprise.

Sa motivation réelle pour accomplir ce qu'il a fait était-elle de construire un empire, de s'enrichir, de créer des emplois ou de gagner pour le Québec et les Québécois le respect des autres et du monde entier? Force nous est d'admettre qu'il a répondu à la fois à toutes ces questions. Encore une fois, seul l'avenir nous dira s'il a réussi à dépasser son rêve de puissance pour fonder une entreprise qui saura se perpétuer et se développer sans lui. Bernard Lamarre, prototype de la réussite québécoise pour toute une génération, a-t-il vraiment bâti un pan de l'économie québécoise ou représente-t-il ce que certains détracteurs se plaisent à diffuser, un individu qui a su exploiter merveilleusement le système pour construire son empire? Le contrat du parachèvement du toit du Stade olympique est typique. Doit-on le considérer comme le défi d'un bâtisseur qui n'a pas peur des défis technologiques? ou bien comme un tour de passe-passe contractuel pour aller chercher des honoraires plantureux? Ce contrat diffère-t-il tant des autres contrats octroyés par l'État à Lavalin où l'entreprise a souvent fait montre d'audace, mais a réservé aussi des «surprises»?

Bernard Lamarre n'a manifestement aucun remords à puiser dans les fonds publics pour faire progresser son entreprise, sans doute parce qu'il est convaincu d'en faire profiter tout le monde autour de lui. Il est vrai qu'il a si souvent déploré le manque de perspective de certains hommes politiques qui ont retardé le développement de la province par peur d'un déficit, qu'il ne veut plus se laisser freiner dans son enthousiasme, maintenant qu'il a le pouvoir d'influencer les événements. Le président de Lavalin a une vision bien arrêtée de ce qui est bon pour le Québec et le Canada. Cette vision se confond avec les intérêts de Lavalin et, en ce sens, diffère certainement de celle de la majorité. Lavalin dépend des gros projets pour survivre et prospérer, des projets que le Québec et le Canada n'ont peut-être pas envie, ou les moyens, de se payer.

Lavalin a aidé à construire dans les pays du Tiers-Monde des usines qui n'ont à peu près pas fonctionné faute de matières premières, des routes qui n'ont pas été entretenues et qui sont disparues depuis. Elle a été assez habile pour suivre le mouvement et profiter de la manne des pétro-dollars qui y déferlaient. Aujourd'hui, le Canada doit effacer la dette de ces pays pour qu'ils puissent continuer à acheter du Canada. Cela fait le bonheur de Lavalin qui veut prospérer et qui doit, pour ce faire, trouver d'autres grands projets à réaliser: la deuxième baie James, le métro de Bangkok, le plus gros barrage du monde en Chine, etc. C'est là où il faudra surveiller Bernard Lamarre. Il a besoin de ces grands projets que seul l'État peut financer. Pour le reste, l'homme a en effet dépassé des limites que la plupart d'entre nous sommes même incapables d'imaginer.

-30-

# BIBLIOGRAPHIE

**Journaux et revues**

Canada, Bibliothèque du Parlement, coupures de journaux.

**Rapports**

Cliche, Robert, Brian Mulroney et Guy Chevrette, *Rapport de la Commission d'enquête sur l'exercice de la liberté syndicale dans l'industrie de la construction*, Éditeur officiel du Québec, 1975.

Dorion, Frédéric, *Rapport du Commissaire l'Honorable Frédéric Dorion, Juge en chef de la Cour supérieure pour la province de Québec*, juin 1965.

Gourdeau, Éric, *Le processus décisionnel dans la conception et la réalisation du développement nordique au Canada*, Québec, Conseil des sciences du Canada, décembre 1974.

Malouf, Albert, Jean-Guy Laliberté et Gilles Poirier, *Rapport de la Commission d'enquête sur le coût de la XXIe Olympiade*, vol. 1 à 4, avril 1980.

**Livres**

Archibald, Clinton, *Un Québec corporatiste*, Hull, Éditions Asticou, 1983, 429 p.

Black, Conrad, *Duplessis, L'Ascension*, Tome I, Montréal, les Éditions de l'Homme, 1977, 483 p.

Cloutier, François, L'enjeu, mémoires politiques 1970-1976, Montréal, Stanké, 1978.

Daignault, Richard, Lesage, Montréal, Éditions Libre Expression, 1981.

DesRuisseaux, Pierre, Le livre des Proverbes Québécois, Éditions HMH, 1978, 219 p.

Faucher, Philippe et Johanne Bergeron, Hydro-Québec, La société de l'heure de pointe, Montréal, Presses de l'Université de Montréal, 1986.

Fournier, Pierre, Le Patronat québécois au pouvoir 1970-1976, Éditions Cahiers du Québec, Montréal, Hurtubise HMR (traduit de l'anglais par Suzette Thiboutot-Belleau et Massue Belleau), avril 1978.

Fraser, Matthew, Québec Inc., Montréal, les Éditions de l'Homme, 1987, 305 p. (traduction française par Jean Bouchart d'Orval).

Godin, Pierre, Daniel Johnson, tomes 1 et 2, Montréal, les Éditions de l'Homme, 1980.

Gwyn, Richard J., The Shape of a Scandal. A study of a Government in Crisis, Toronto, Vancouver, Clarke, Irwin & Company Limited, 1965.

Lacasse, Roger, La Baie James, Une Épopée, Montréal, Éditions Libre Expression, 1983.

Lemieux, Vincent et Raymond Hudon, Patronage et politique au Québec 1944-1972, Montréal, les Éditions du Boréal Express, 1975.

Lévesque, René, Attendez que je me rappelle, Montréal, Éditions Québec Amérique, 1986.

Lisée, Jean-François, Dans l'œil de l'aigle, Montréal, Boréal, 1990.

MacDonald, L. Ian, Mulroney, de Baie-Comeau à Sussex Drive, Montréal, les Éditions de l'Homme, 1984, 393 p.

McCall-Newman, Christina, *Les Rouges*, Montréal, les Éditions de l'Homme (traduction de «Grits» par Jean Lévesque et Michele Venet), 1983.

McCartney, Laton, *Bechtel Story Friends in High Places*, New York, Simon & Chuster, 1988, 273 p.

O'Neill, Pierre et Jacques Benjamin, *Les Mandarins du pouvoir*, Montréal, Éditions Québec Amérique, 1978.

Péan, Pierre, *L'argent noir. Corruption et sous-développement*, France, Fayard, 1988, 279 p.

Sawatsky, John, *The Insiders. Government, business and the Lobbyists*, Toronto, A Doublas Gibson Book, McClelland and Stewart The Canadian Publishers, 1987.

Simpson, Jeffrey, *Spoils of Power*, Toronto, Collins, 1988.

Vastel, Michel, *Trudeau le Québécois*, Montréal, les Éditions de l'Homme, 1989, 317 p.

**Articles particuliers**

Amesse, Fernand et Jacques C. Martin,«L'industrie du génie conseil sur les marchés internationaux: une nécessité à la recherche de nouvelles stratégies», *Revue internationale de gestion*, vol. 10, n⁰ 3, septembre 1985.

Parent, Robert, «Les multinationales de l'ingénierie», *Recherches sociographiques*, vol. XXIV, n⁰ 1, janvier-avril 1983.

**Références historiques**

Archives de la ville de Montréal.

Commission d'enquête sur les Jeux de la XXIe Olympiade présidée par le juge Albert Malouf, Archives du Québec.

Comptes rendus officiels de commissions parlementaires à l'Assemblée nationale.

Dossiers de l'Agence canadienne de développement international.

Dossiers de la Commission des valeurs mobilières du Québec.

Dossiers du Palais de Justice de Montréal.

*Lavalin 50 ans*, publication de Lavalin inc. à l'occasion du 50e anniversaire.

# INDEX DES PERSONNES MENTIONNÉES

# INDEX DES
# ENTREPRISES ET DES
# ORGANISMES MENTIONNÉS

---

* *Filiale de Lavalin*

*Carole-Marie Allard*

L'auteure a commencé sa carrière dans le monde des communications à Radio-Canada, à la station régionale CBJ de Chicoutimi. Par la suite, elle a travaillé plusieurs années, à la salle des nouvelles (radio) de Radio-Canada à Montréal. Elle a ensuite animé des émissions au petit écran. D'abord à CBOFT à Ottawa et ensuite à la station CHOT de Hull qui produisait alors une émission d'affaires publiques (*Sur la Colline*) consacrée à la politique fédérale pour le réseau TVA.

Toujours de la Colline parlementaire à Ottawa, elle a contribué à l'hebdomadaire québécois *Les Affaires* puis au réseau Télémédia.

Originaire du Saguenay, elle vit à Ottawa depuis sept ans. Elle a consacré quatre ans à interviewer des connaissances, des acteurs et des partenaires de Bernard Lamarre et de Lavalin.

Elle est diplômée en droit de l'Université d'Ottawa mais d'abord en sciences politiques et en économie de l'Université McGill.

Achevé    Imprimerie
d'imprimer  Gagné Ltée
au Canada  Louiseville